工商管理系列教材

企业管理概论（第二版）

熊亚君　主　编
雷文慧　副主编

西南财经大学出版社

QIYE GUANLI GAILUN

图书在版编目(CIP)数据

企业管理概论/熊亚君主编;雷文慧副主编．—2版．
成都:西南财经大学出版社,2003．1(2014．12重印)
ISBN 978-7-81017-897-6

Ⅰ．企…　Ⅱ．①熊…②雷…　Ⅲ．企业管理—概论　Ⅳ．F270

中国版本图书馆CIP数据核字(2005)第125246号

企业管理概论(第二版)
熊亚君　主编
雷文慧　副主编

责任编辑:左强
封面设计:何东琳设计工作室
责任印制:封俊川

出版发行	西南财经大学出版社(四川省成都市光华村街55号)
网　　址	http://www.bookcj.com
电子邮件	bookcj@foxmail.com
邮政编码	610074
电　　话	028-87353785　87352368
印　　刷	四川森林印务有限责任公司
成品尺寸	170mm×240mm
印　　张	14.25
字　　数	200千字
版　　次	2003年1月第2版
印　　次	2014年12月第16次印刷
印　　数	56501—58500册
书　　号	ISBN 978-7-81017-897-6
定　　价	22.80元

修订说明

《企业管理概论》一书于1994年10月由西南财经大学出版社出版，其后多次印刷，印数已达数万册。此次我们借本书再次重印之机，根据党的十六大精神和读者的意见，作了必要的修改。

本书按照社会主义市场经济的要求，着重阐述现代工商企业管理的基本理论、基本知识和基本方法，力求反映现代管理科学的发展趋势，介绍了国内外的先进管理经验。本书既可供财经院校非工商管理专业使用，又可供企业在职干部自学参考。

参加本书编写的人员有（以编写章次的先后为序）：熊亚君（第一、三、八章），张顺之（第二、七章），段云程（第四章），雷文慧（第五、六、九章），张宁俊（第十章）。

由于我们水平有限，书中缺点、遗漏，甚至错误在所难免，恳请广大读者批评指正。

编者

2003年1月

目　录

第一章 概论

本章是全书的总论，是从总体上说明企业的概念、企业管理的性质和职能、企业组织结构和企业管理基础工作，目的是对企业和企业管理有一个总的认识，以便进一步研究各项经营管理工作。

第一节　企业的概念和类别

一、企业的概念

企业是从事生产、流通和服务等活动，为满足社会需要和获取盈利，实行独立核算，进行自主经营、自负盈亏，具有法人资格的经济单位。这个概念说明：

（1）企业是经济实体。它是从事生产或流通等经济活动的组织，是国民经济的基本单位。企业首先必须拥有一定的人员、资金和物质技术设备，并有权自主地支配和使用，具有经营管理的自主权，成为一个独立的经济实体。这是组成企业的物质基础和前提条件。

（2）企业实行独立核算、自负盈亏，具有独立的经济利益。企业是一个盈利性的经济组织，必须对自己的经营成果负完全的责任，具有自己的经济利益。为此，它必须实行独立核算、自负盈亏。应当以自己的收入抵付支出，并取得一定的盈利。如果收不抵支，企业应当承担亏损责任。

（3）企业是具有法人资格的组织。企业必须依照国家经济法规的规定，向政府有关部门注册登记，经过批准取得法人资格，才算是正式合法的企业。所谓法人是指具有一定的组织机构和独立财产，能以自己的名义进行民事活动，享有民事权利和民事义务，依法定程序成立的组织。

二、企业的类别

企业可按不同标准进行分类，分类的目的是为了按照不同类型企业的客观要求，合理地组织生产经营活动。

1. 按照企业的生产资料所有制形式可分为全民所有制企业、集体所有制企业、私营企业和合资企业。

全民所有制企业的特点是生产资料归国家所有，企业作为相对独立的经济单位只拥有使用权和经营权。企业必须维护国家财产，根据市场导向的原则进行自主经营，自负盈亏。

集体所有制企业是一定范围内的劳动群众集体占有生产资料的企业。它是独立的经济单位，独立经营，自负盈亏，可以自主地支配自己的资产和产品。

私营企业是由私人单独占有生产资料和产品的企业。这种企业的特点是完全自主经营，自负盈亏。比如，我国目前存在的外国私人直接投资的私营企业以及一些个人自办的企业。

合资经营企业是由两个或两个以上不同所有制的单位或个人共同投入资金、设备、技术及其他资源并通过协议共同经营的企业。它的主要特点是共同投资，共同经营，共分利润，共担风险。合资经营的形式有中外合营企业、公私合营企业、全民所有制与集体所有制合营企业等。

2. 根据企业所属的经济部门可划分为农业企业、工业企业、商业企业、建筑安装企业、运输企业、旅游企业等。

工业企业是从事工业生产经营活动，为社会提供工业物质产品或工业性劳务的企业。要进行工业生产经营活动，就必须拥有与之相适应的劳动者、劳动资料和劳动对象，这就构成了工业企业的生产能力。现代工业企业是建立在现代化生产技术基础上的社会化大生产，它在生产技术上具有以下特点：①采用机器体系进行生产，有系统地运用现代科学技术；②劳动分工精细，协作严密；③生产过程具有高度的比例性和连续性；④同外界有着广泛而密切的联系。

商业企业是专门从事商品交换活动的企业。它在社会再生产过程中处于生产与消费之间的中介地位。它的基本职能是作为商品交换的媒介，组织商品从生产领域到消费领域的流通，实现商品的价值。这是商业企业与工业企业、运输企业、金融企业的根本区别，也规定了商业企业为实现自身的职能而进行商品的购进、销售、运输和储存等一系列经营活动。商品的购、销、运、存构成了商业企业经营活动的基本内容。

商业企业按其在商品流通中的地位和作用可分为批发商业企业和零售商业企业。批发商业企业是为转卖而进行大批量商品购销的商业企业，它以从生产单位购进商品，供应零售商业企业销售或供应生产企业用作原材料为基本业务。零售商业企业处于商品流通的终点，它直接向消费者销售商品。商品一经售出，即离开流通领域进入消费领域，使消费者的需要得到满足，使商品价值得以实现。

3. 按企业规模可分为大型企业、中型企业和小型企业。

划分企业规模的标准，因不同国家、时期、不同的部门和行业而异。一般以企业的生产能力、机器设备的数量或装机容量、固定资产原值和职工人数等作为划分标准。

4. 按照生产力各要素所占的比重可以将企业划分为劳动密集型企业、资金密集型企业和知识密集型企业。

劳动密集型企业是指技术装备程度较低，用人较多，产品成本中活劳动消耗所占比重较大的企业。

资金密集型企业是指所需投资较多，技术装备程度较高，用人较少的企业。

知识密集型企业是指综合运用先进科学技术成就的企业。

5. 按照财产的组织形式和所承担的法律责任划分。

按照市场经济的要求，现代企业的组织形式是按照财产的组织形式和所承担的法律责任划分的，通常可分为独资企业、合伙企业、公司企业。公司是以资本的集合为基础建立的，它能够有效地实现出资者所有权与法人财产权的分离，具有资金筹集广泛，投资风险分散，组织管理体制科学等特点。因此，它是现代企业中最重要的、典型的组织形式。公司的具体形式主要是有限责任公司和股份有限公司。

有限责任公司是指由两个以上股东共同出资，每个股东以其认缴的出资额对公司行为承担有限责任，公司以其全部资产对其债务承担责任的企业法人。

股份有限公司是指注册资本由等额股份构成，并通过发行股票（或股权证）筹集资本，公司以其全部资产对公司债务承担有限责任的企业法人。

第二节 企业管理的性质和职能

一、企业管理的二重性

企业管理就是对企业的生产经营活动进行计划、组织、指挥、监督和调节。其任务是：按照客观规律的要求，合理地、严密地组织企业的生产经营活动，有效地利用人力、物力和财力，以取得尽可能大的经济效益。

企业管理是社会化大生产的客观要求和直接产物。马克思指出，管理是一种生产劳动，是每一种结合方式中必须进行的劳动。这就是说，管理之所以必要是共同劳动决定的。凡是许多人在一起相互配合的共同劳动，就必须有管理。

企业管理的性质是二重的。一方面，它是进行社会化大生产的必要条件，是组织协作劳动过程的一般要求，由此形成管理的自然属性；另一方面，它又是社会生产关系的体现，是实现生产目的的重要手段，由此形成管理的社会属性。

企业管理之所以具有二重性，是由于生产过程具有两重性质，既是物质资料的再生产，又是生产关系的再生产。要保证生产过程的正常进行，企业管理必须具有两方面的职能，一是合理组织生产力，二是维护生产关系。合理组织生产力的职能体现出企业管理的自然属性。它是共同劳动过程的一般要求，为一切社会化大生产所共有。这种自然属性，主要决定于生产力发展水平和劳动社会化程度，而不取决于生产关系的性质。因此，在企业管理中，有关合理组织生产力的一些形式和方法，虽然只是在一定的生产关系下产生，但并不为某种生产方式所特有，只要是社会化大生产，都能应用。企业管理中维护生产关系的职能体现出企业管理的社会属性，它主要取决于社会生产关系的性质，并随着生产关系性质的变化而变化。因此，在企业管理中，有关维护生产关系的原则、制度和方法，都只是适应某种生产关系的需要，为实现特定的生产目的服务，一般都具有历史的暂时性，并不为各种生产方式所共有。

资本主义企业管理的社会属性集中表现为剥削性。它的一些重要社会特征，如管理的权力属于资本家及其代理人，管理的目的是为了榨取尽可能多的剩余价值，管理方式带有专制性和欺骗性等，都是其剥削性的具体表现。

社会主义企业管理的社会属性与资本主义企业管理根本不同。在社会主义企业中，剥削社会劳动的职能被消灭了，代替它的是维护社会主义公有制和分配制度，正确处理人们在生产过程中的相互关系的职能。因此，社会主义企业管理具有一些新的特征，如管理的权力属于劳动者，管理的目的是为了发展生产，满足社会全体成员日益增长的需要，管理的方式是民主的，有可能实行民主管理等。这些特征体现了社会主义制度的优越性。

正确认识企业管理的二重性，具有十分重要的现实意义。明确了企业管理的自然属性，就可以消除左倾思想影响，研究现代工业企业的生产技术特点，吸收和借鉴资本主义发达国家的企业组织社会化大生产的先进经验；明确了企业管理的社会属性，就必须划清社会主义企业管理与资本主义企业管理的本质区别，认真总结我国企业管理的经验，充分发挥社会主义制度的优越性，逐步创立具有中国特色的社会主义企业管理体系。

二、企业管理的职能

企业管理的两种基本职能是理论上的抽象概括。由于生产过程是生产力和生产关系的统一体，人与物的关系同人与人的关系紧密联系不可分割，这两种基本职能总是结合在一起发生作用。当他们结合作用于企业生产经营活动时，表现为下列具体职能：

(1) 计划。计划就是通过调查研究，预测未来，确定生产经营的目标、方针，制订长期和短期计划，确定实现计划的措施方法，并将计划指标层层分解落实到各个部门、各个环节，组织执行。

(2) 组织。组织就是将企业生产经营活动的各要素、各环节、各方面从劳动的分工和协作上，从纵横交错的相互关系上，从时间和空间的联系上合理地组织起来，形成一个有机整体，从而有效地进行生产经营活动。

(3) 指挥。指挥就是对企业各级各类人员的领导或指导，保证企业生产经营活动的正常进行和既定目标的实现。

(4) 监督。监督也称为控制，指按预定计划或目标、标准进行检查，考察实际完成情况同原定计划的差异，分析原因，采取对策，及时纠正偏差，保证计划目标的实现。

(5) 调节。调节又称协调。它是指协调企业内部各单位、各部门的工作，协调各项生产经营活动，协调企业与其他单位之间的关系。在各方面建立良好的配合关系，消除工作中的脱节现象和存在的矛盾，以有效地实现企业的目标。

企业管理的五项具体职能是相互联系、相互制约的，不可缺少，也不能偏废。

三、企业管理现代化

企业管理现代化，是根据社会主义经济规律，为适应现代生产力发展的客观要求，运用科学的思想、方法和手段，对企业的生产经营进行有效的管理，使之达到或接近国际先进水平，创造最佳效益。

我国企业管理现代化是开创社会主义现代化建设新局面的一项重要任务，是提高企业素质和经济效益的重要手段，是迎接世界新技术革命的挑战，缩小同世界先进水平差距的迫切要求。

企业管理二重性决定了企业管理现代化的内容不仅是合理组织生产力，而且包括正确调整生产关系。具体说来主要包括以下几方面内容：

（1）管理思想现代化。正确的经营管理思想是实现管理现代化的先导，为适应企业管理的转型，必须摆脱长期形成的某些不切实际的固定观念和旧的习惯势力的影响，树立起以提高经济效益为中心的指导思想，以利于把全部经营管理工作真正转到市场经济的轨道上来。为此，必须树立市场观念、经济效益观念、质量第一观念、竞争观念、时间与信息观念、利息和资金周转观念、人才观念等。

（2）管理组织现代化。就是根据企业的具体情况，从提高企业生产经营效益出发，按照职责分工明确，指挥统一灵活，信息灵敏准确和精兵简政的要求，合理设置组织机构，配备人员，建立以责任制为中心的规章制度，保证生产经营活动有条不紊地进行。

（3）管理方法现代化。现代管理方法是现代科学技术成果（包括自然科学和社会科学）在管理上的具体应用，积极运用现代化管理方法并和以电子计算机为主的现代化管理手段相结合，将从根本上改变我国传统管理技术的落后状况。管理方法现代化就是在总结和继承传统的行之有效的管理经验和方法的基础上，积极推广先进的管理方法，如目标管理、市场预测方法、价值工程、决策技术等。

（4）管理手段现代化。就是要在企业中积极采用现代化管理工具，包括电子计算机、各种先进的测试手段、监控装置、通讯设施和办公自动化设备等。

（5）管理人员现代化。这是实现管理现代化的保证和条件，因为企业管理现代化要靠一大批具有现代化管理知识的干部去推行。管理人员现代化就是要求企业各级各类人员应掌握现代经营管理所必需的专业知识和技能，有丰富的实践经验和创新精神。

实现管理现代化必须走我国自己的道路，建立中国式的社会主义的现代化管理。中国式的现代化管理就是要从我国的国情和实际需要出发，按照我国的社会制度、民族传统、经济文化等特点，确立符合我国社会主义经济发展规律的现代化管理。这就要求我们认真总结自己的管理经验，继承和发扬中国社会主义企业管理的优点，同时吸收和借鉴工业发达国家的先进管理方法，坚持“以我为主，博采众长，融合提炼，自成一家”的原则，使之中国化，才能创建中国式的社会主义的企业管理现代化体系。

推行管理现代化是一项长期而艰巨的工作，经过长期努力奋斗才能实现，这就需要有计划、有步骤地去实现，要从本企业实际出发，实事求是地进行安排。

调动职工积极性，是推行企业管理现代化的出发点和落脚点，在推行企业管理现代化工作中，要始终把调动职工积极性放在首位。

四、企业管理基础工作

（一）基础工作的内容

企业管理基础工作，是为实现企业经营目标和管理职能提供资料依据、共同准则、基本手段、前提条件的必不可少的工作。其基本内容包括：标准化工作，定额工作，计量工作，信息工作，以责任制为核心的规章制度，基础教育等。

1. 标准化工作，包括技术标准和管理标准的制订、执行和管理工作。技术标准是对生产对象、生产条件、生产方法及包装、贮运等所作的应该达到的尺度和必须共同遵守的规定。例如，各种产品标准、设备操作、维护、检修规程等，它是企业标准的主体。管理标准是对企业各项管理工作的职责、程序等所作的规定。

2. 定额工作，包括各类技术经济定额的制订、执行和管理等工作。定额是企业在一定生产技术条件下，对于人力、物力、财力的消耗、利用和占用所应达到的数量界限的规定。主要有劳动定额、物资消耗定额和物资储备定额、资金定额、费用定额、期量标准等。

3. 计量工作，包括计量检定、测试、化验分析等方面的计量技术和计量管理工作。主要是用科学的方法和手段，对生产经营活动中的量、质的数值进行掌握和管理。

4. 信息工作，主要是企业生产经营决策及执行决策所必须的资料数据的收集、处理、传递、贮存等管理工作。它包括原始记录、统计分析、技术经济情报及技术经济档案等。

5. 以责任制为核心的规章制度的建立和修订。

6. 基础教育，指对职工的思想教育和本职本岗位必须的技术业务教育。

（二）基础工作的特点

企业管理基础工作具有以下特点：

（1）群众性。它涉及的面广，工作量大，必须依靠广大职工认真制订和贯彻执行。

（2）经常性。基础工作是任何时候、任何一项管理业务所不可少的，是企业各专业管理机构日常工作的重要内容。

(3) 先行性。基础工作是为各项专业管理提供资料、准则、条件和手段，一般走在各项专业管理职能之前。

(4) 变动性。基础工作一经建立应保持相对稳定，但它必须随着生产技术条件的变化而变化，以适应管理发展需要。

(三) 基础工作的作用

企业管理基础工作的主要作用表现在以下几方面：

(1) 它为企业各项专业管理工作提供数据、信息、标准和资料，是企业管理人员正确执行计划、组织、指挥、协调和控制等管理职能的客观依据。

(2) 它所提供的各项标准是建立正常生产秩序，有效地组织生产经营活动的重要手段。

(3) 它所提供的各项定额和实际完成资料，是企业进行经济核算，贯彻按劳分配的科学依据。

企业管理实践经验证明，加强基础工作是提高企业管理水平的重要途径。为了健全基础工作，企业应提高职工对搞好基础工作重要性的认识。大力加强对基础工作的组织管理，健全机构，充实人员，配置必要的设备器具，尽快使管理基础工作达到先进、准确、齐全、配套的水平。

第三节　领导体制、组织机构和规章制度

一、领导体制

企业领导体制是企业中最重要、最根本的制度。我国企业领导体制有多次变革，现在多数企业实行地是厂长（经理）负责制。

(一) 厂长（经理）负责制

厂长（经理）负责制就是厂长（经理）对企业的生产经营和行政管理全权负责。首先，实行厂长（经理）负责制是社会化大生产的客观要求。我国社会主义工业企业绝大多数是现代工业企业，采用机器体系进行生产，技术要求严格，劳动分工精细，协作关系复杂，生产过程具有高度的连续性，只有实行厂长负责制，由厂长对生产经营实行指挥和统一领导，才能够对生产技术和经营管理问题迅速作出决断，对外部环境各种信息迅速作出反应，提高企业的应变能力，提高企业的经济效益和社会效益。其次，实行厂长（经理）负责制，又是实践经验的

总结。我国企业的领导体制经历了一个长期实践，逐步完善的过程。1984 年，党中央在作了大量调查研究，认真总结历史经验以后，决定在企业中实行厂长（经理）负责制，以适应生产发展和经济体制改革需要。

厂长是企业的法定代表人。这是由企业的法人地位和厂长在企业所处的领导地位决定的。全民所有制企业具有法人资格，厂长作为企业的主要领导人，对内负责领导和组织生产经营工作，行使国家赋予的管理权力，代表企业向国家负责；在对外经济活动中，有权代表企业同有关部门、企事业单位等发生经济联系，签订合同或协议，开展各种形式的交流和协作，并代表企业进行民事法律活动等。

厂长在企业生产经营中处于中心地位，对企业负有全面责任。厂长处于生产经营中心地位，是因企业活动以生产经营为中心，厂长是企业生产经营的决策者、指挥者和人事管理权的行使者。厂长对企业全面负责的含义是：全民所有制企业是一个经济组织，作为企业领导人的厂长，对企业经营活动及其后果，不仅要对国家负责，也要对企业的职工负责。厂长既要对企业的物质文明建设负责，也要对企业的精神文明建设负责。

按照责权一致的原则，为了确保厂长对企业负起全面责任，法律赋予厂长有经营决策权、生产经营指挥权、行政干部任免权、对职工奖惩权等职权。

实行厂长（经理）负责制以后，党在企业的基层组织处于政治核心的地位。企业党组织的主要任务是对党和国家的方针、政策在本企业的贯彻执行实行保证监督。保证监督的主要内容是：坚持企业生产经营的社会主义方向，企业和厂长正确执行党和国家的各项方针、政策及法律、法规；企业职工能充分享有民主权利；企业正确处理好国家、企业和职工三者利益的关系；企业遵纪守法，维护国家利益和企业的合法权益；企业和厂长在干部问题上坚持德才兼备和“四化”的方针。企业党组织除要以主要精力加强党的建设。搞好思想、组织、作风建设，领导企业的思想政治工作和精神文明建设，是搞好保证监督的根本保证。企业党组织除要充分发挥监督保证作用外，还应当参与讨论企业的重大问题并提出意见和建议，支持厂长独立负责地处理经营管理、生产指挥、技术开发中的问题。要通过调查研究，主动出主意想办法，协助厂长搞好企业内部改革。

实行厂长（经理）负责制，必须健全职工代表大会制度和各项民主管理制度，充分发挥职工代表大会审议企业重大决策，监督企业行政领导和维护职工合法权益等方面的作用。

（二）公司的领导制度

在现代企业制度中，根据权力机构、经营机构、监督机构相互分离、相互制衡的原则，形成由股东大会、董事会、监事会和经理层组成的公司治理结构，保证权责明确，各司其职，有效的行使决策、监督和执行权。

股东大会是公司的最高权力机构。有权选举和罢免董事会和监事会成员，制定和修改公司章程，审议和批准公司的财务决算、投资以及收益分配等重大事项。

董事会是公司的经营决策机构，对股东大会负责。董事长一般是企业法人代表。主要职责是：制定公司经营目标、重大方针和管理原则；选举、委任和监督经理人员并决定他们的报酬和奖励；提出盈利分配方案供股东大会审议。

经理统一主持公司的日常生产经营和管理，对董事会负责。主要职责是：执行董事会决议；主持公司日常业务活动；经董事会授权，对外签订合同或处理业务；任免下层经理人员；定期向董事会报告业务情况，提交年度报告。

监事会是公司的监督机构，对股东大会负责。监事会由股东代表和适当比例的公司职工代表组成，主要职责是依法和依照公司章程对董事会和经理行使职权的活动进行监督，审核公司的财务和资产状况。

建立有中国特色的现代企业制度，依然要发挥党的核心作用。企业党组织负责人可通过法定程序进入董事会、监事会，参与重大决策，保证监督党和国家方针政策的贯彻执行。

实行职工民主管理是现代企业制度的特征之一。在公司中依法组织工会，工会有权代表职工向董事会、监事会反映职工的意见和要求，维护职工的合法权益。在国有公司中职工民主选举的代表可进入董事会。公司设立监事会时依法应有职工代表出任监事。

二、组织机构

（一）建立组织机构的原则

为了保证厂长（经理）对企业的生产经营工作实施有效的指挥，必须建立健全以厂长（经理）为中心的生产经营管理系统，设置必要的组织机构。建立组织机构，一般应遵循下列原则：

1. 统一领导，分级管理。我国工业企业内部一般实行三级管理，即厂部、车间、班组。规模较大、产品品种较多、生产技术比较复杂的企业可实行四级管理，即在车间内增设工段一级。规模小的企业则可实行厂部、班组两级管理。公司（或总厂）下属若干工厂的一般分为四级：公司（总厂），工厂（分厂），车间，班组。

行政领导分设几级，是由企业规模大小、产品性质及生产技术特点、管理业务的复杂性等因素决定的。分级以后，要遵循统一领导、分级管理的原则，妥善处理好集权和分权的问题。一般说来，有关企业全局的管理权限应集中在厂部（公司），实行统一领导，以保证整个企业生产经营活动协调地进行。较大型的企业应从实际需要和可能出发，合理地划小内部核算单位，在保证全厂性的经营决策权和管理权集中到厂部的前提下，让下属单位有一定的经营管理自主权，以利于把经济搞活。

实行统一领导、分级管理的原则，应很好地解决管理层次和管理幅度的问题。所谓管理幅度就是一个领导人直接指挥管理下级人数的多少。企业应根据各级管理人员和业务技术水平和能力，管理活动的复杂性和相似性，上下级之间相互联系的频繁程度，管理业务标准化程度，以及机构在空间上的分散程度，确定合理的管理幅度和层次，一般来说，高层次管理部门的工作，决策性和组织性的多，需要多调查研究和分析思考，因而管理幅度要小。下级日常性管理，业务执行工作越多，因而管理幅度越大。国外研究表明，一般说，上层管理幅度 5—8 人，中层管理幅度 8—15 人，下层 15 人以上。

2. 按管理业务性质建立职能机构，合理分工，密切协作。企业应按管理业务性质分设机构，明确它们的分工协作关系，划清职责范围，提高管理专业化程度，以达到提高工作效率的目的。一般地说，业务性质不同，就应单独设置机构，如工作量不大，则可将业务性质相近的机构合并。对于某些涉及面广与多方面工作有制约关系的管理业务，如质量管理、财务管理等，最好单设机构，以免削弱应有的制约作用。由于各项管理业务之间存在着相互促进、相互制约的有机联系，各职能机构在分工基础上，必须加强协作，相互配合，应把涉及各职能部门之间必须协作配合的工作，分别作为有关职能部门的工作内容加以固定，同时把考核结果与经济利益挂钩，进行奖惩。

3. 从企业实际出发，服从生产经营需要。企业组织机构的形式和管理机构的设置都是为了实现企业的任务，因此，必须从企业实际情况出发，考虑生产技术和经营管理特点，服从生产经营的需要，绝不能强求一律或照搬其他企业的模式，并且要随着情况的变化，适时调整机构。应考虑的生产技术和经营管理特点有：企业所属部门和行业；产品性质（如产品体积大小、精度要求、技术复杂程度等）；企业规模、生产专业化程度；技术人员和管理人员配备情况等。

我国工业企业组织机构的设置，原来是以生产为中心建立的一套生产管理机构，这是与生产型管理相适应的。随着企业管理由生产型向生产经营型转变，就需要对原有组织机构进行调整，设立有关市场调查、预测、销售和售后服务方面的机构，设立有关研究经营战略问题的机构，设立有关研究和开发新产品的机构等，以适应生产经营管理的需要。

4. 精简节约，提高工作效率。企业管理机构应该是精干有力、工作效率很高的，要在考虑上述原则的同时，力求减少管理层次，精简机构和人员，充分发挥各级各类人员的积极性，更好地为生产经营服务。如果层次重叠，机构臃肿，因人设事，人浮于事，就必然浪费人力，滋长工作中的官僚主义、文牍主义，办事拖拉，降低效率，并增大管理费用和产品成本，减少盈利，而且不利于干部的培养。为了做到精简节约，提高效率，必须加强对技术人员和管理人员的培训，提高他们的思想政治水平和技术业务能力。还要处理好分工协作关系，强调管理工作的系统观念，加强相互间的联系。

（二）组织机构的形式

设置企业组织机构，需要选择适当的形式。企业组织机构的主要形式有直线——职能制、事业部制、模拟分权制、矩阵制等。

1. 直线——职能制

又称直线——参谋制，是目前我国绝大多数企业采用的组织形式。它的特点是为各层次领导者设置职能机构或人员，充当同级领导者的参谋或助手，但对下级领导者无指挥权。(见图 1—1)

直线——职能制的优点是：各级领导人员都有相应的职能机构和人员作为参谋和助手，因而能对本部门（单位）的生产、技术、经济活动进行有效地指挥，以适应现代企业管理工作比较复杂和细致的特点。而每一个部门（单位）都是由直线领导人员，即主管人员统一领导和指挥，从而可以满足企业的生产经营活动需要统一指挥和实行严格责任制度的要求。其缺点是横向协调配合困难。为弥补其缺点，可以采取设立各种综合性的委员会，由各部门负责人参加，讨论那些重大的需各部门协同解决的问题，以协调各方面的工作，或建立各种会议制度，以加强各部门的横向联系，沟通意见，协作配合。

在采用直线——职能制的企业中，对一些特殊情况可作特殊处理。例如有些

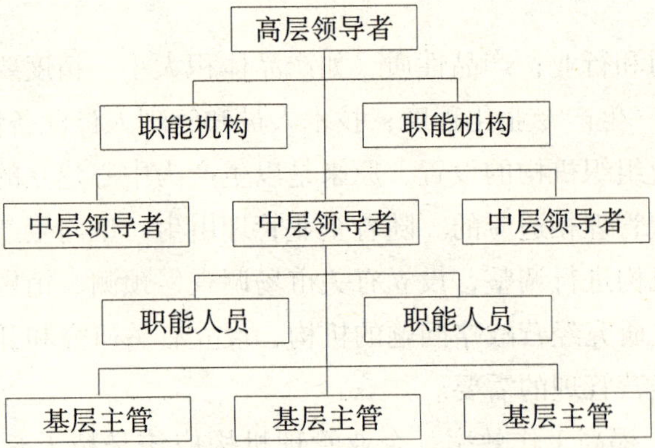

图 1—1 直线——职能制结构形式示意图

职能机构根据机构精简和提高效率的原则，可以直接领导或与车间合并。如机械动力科直接领导机修车间和动力车间，工具科领导工具车间。个别特殊管理业务不宜于分级管理的，可由厂部管理，如产品质量检验工作一般都集中在厂部质量管理科，车间的检验站属于该科的派出机构，不归车间领导。

2. 事业部制

事业部组织结构形式，是美国通用汽车公司总裁斯隆于 1924 年提出的，是目前国外大型企业普遍采用的一种组织形式。这种形式的主要特点是把企业的生产经营活动，按产品大类或地区建立事业部，实行总公司集中决策，事业部独立经营，每个事业部都是实现企业目标的基本经营单位，实行独立核算、自负盈亏，统管所属产品（或地区）的生产、销售、采购等全部活动。该种形式除对公司负有完成利润计划的责任外，内部的经营管理拥有很大的独立性。事业部制的优点是：有利于企业的最高领导层摆脱日常事务，集中力量作好战略决策和长远规划；能加强各事业部领导人的责任心，调动他们搞好生产经营活动的积极性和主动性；提高管理的灵活性和对市场的适应性；有利于发展产品专业化。但这种形式可能会造成各事业部较多地考虑各自的利益而影响相互之间的协作。它一般适用于规模较大，产品种类较多、各种产品之间工作差别较大、技术比较复杂和市场广阔多变的企业。这种组织形式示意如图 1—2。

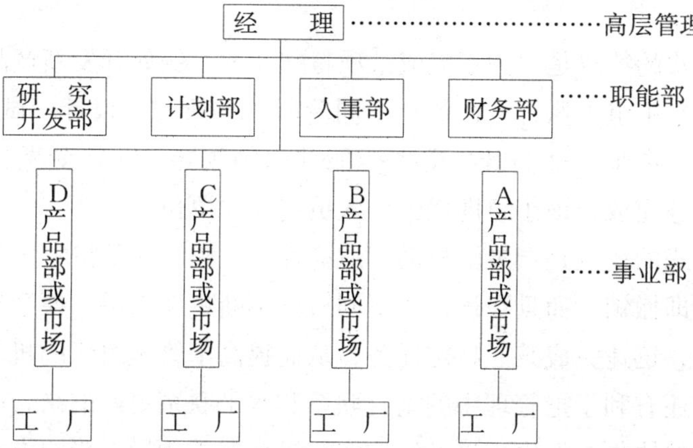

图 1—2　事业部制示意图

3. 模拟分散管理组织形式

模拟分散管理组织形式是介于直线——职能制和事业部制两种组织形式之间的一种组织形式。它的特点是把企业按生产阶段划分许多相对独立的生产经营单位，在保证生产过程连续性的条件下，给他们尽可能大的生产经营自主权，但不直接同市场发生联系。它们拥有自己的职能机构，负有“模拟性”的盈亏责任。这种形式的优点是可以调动这些单位的积极性和主动性，缺点是难以明确他们的责任，因而不好考核。这种组织形式一般适用于生产过程具有连续性的大型企业，例如钢铁联合企业、化学工业企业等。

4. 矩阵组织形式

数学上把多元素按横行、纵列排成一个矩形，叫矩阵。在企业组织结构上，把既有按职能划分的垂直领导系统，又有按产品（项目）划分的横向领导系统的结构，称作矩阵结构，又叫“规划目标结构”。示意如图 1—3。

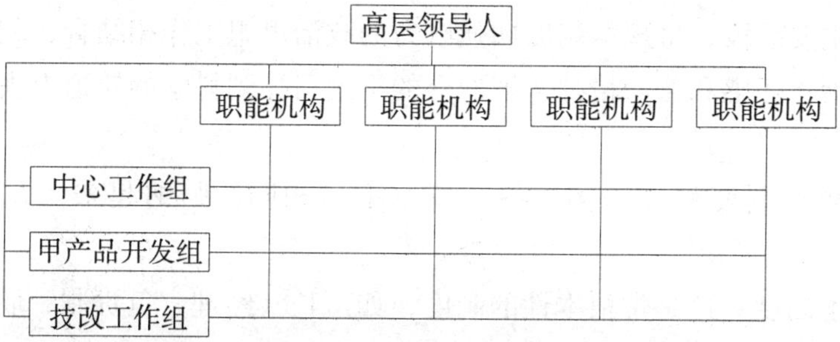

图 1—3　矩阵结构示意图

矩阵组织形式的特点是：为了完成某项特殊任务，例如开发新产品，组成专门的产品（项目）小组去执行。在各个不同阶段（如研究、设计、试制等），由有关职能部门派人参加，他们既接受本职能部门的领导，又接受项目小组的领导，一旦某项任务完成，该小组即撤销，人员仍回原单位。

这种组织形式的优点是：灵活机动，适应性强。因为它是按特定任务组织起来的，完成任务即撤销，而且在该任务不同阶段不断更新人员，便于集中各种专门的知识和技能，迅速完成某一特定任务，从而提高了管理组织的机动性、灵活性和适应性。它还有利于把管理中的垂直联系和水平联系更好的结合起来，加强各职能部门之间的协作，但由于这种结构实行纵横双重领导，当双方意见不一致时，就会使小组成员无所适从。这种形式适用于产品开发等创新性质的工作。

以上各种组织形式，各有优缺点及适用范围。因此，企业必须从实际出发，根据自己的生产性、规模大小、产品种类的多少、生产工艺特点、市场情况、管理水平等因素，选择适用的形式。

三、规章制度

规章制度就是对人们在共同劳动中应当执行的工作职责、工作程序、工作方法等作出的文字规定。它具有法定性和一定的强制性，要求企业全体成员严格地遵守和执行。

建立合理的规章制度有重要的意义。首先，这是共同（集体）劳动的客观要求。在共同劳动中，必须合理组织人们的分工协作关系，各项工作或活动必须符合客观规律的要求。这就需要有合理的规章制度来规范人们的行为，做到统一指挥，统一行动，人人有专责，办事有标准，奖惩有依据。共同劳动的规模越大，分工协作关系越复杂，规章制度也就更为必要。其次，规章制度又是调动职工群众积极性的主要手段，将规章制度和强有力的政治思想工作相结合，就能激发扩大职工的政治责任感和革命精神，把群众的干劲引导到科学的轨道上去，更好地完成各项任务。

企业的规章制度种类繁多，各企业也不尽相同，归纳起来，大体可分为三类：

（1）基本制度。这是带根本性的制度，如厂长（经理）负责制、职工代表大会制和各项民主管理制度等。

（2）工作制度。这是有关思想政治、生产技术、经营管理等的工作制度。它规定了各项工作的内容、程序和方法。

(3) 责任制度。这是规定企业内部各级组织、各类人员的工作范围，应负的责任，以及相应拥有的权力的制度。各项工作制度都是由各有关单位和人员来制定和执行的，必须落实到这些单位和人员的责任制度上。

规章制度是任何企业每时每刻不能没有的。每个企业都要根据党和国家的政策法令，从企业的实际情况出发，建立起必要的合理的规章制度。建立之后，就要严格执行，各级领导人员应带头遵守、带头执行。规章制度的贯彻执行，要求加强政治思想工作，提高职工群众执行制度的自觉性，加强业务培训工作，提高职工技术业务和水平，并提供执行制度所必须的物质条件，要经常进行检查考核，并根据各单位和个人的执行情况进行奖惩。

规章制度的贯彻执行，还需要正确处理“定”与“变”、“破”与“立”的关系，坚持合理的规章制度，及时改革不合理的规章制度。因为规章制度是根据人们对客观实践的认识而规定的，由于客观实践的发展变化，人们对客观实际认识的逐步深入，原来合理的规章制度就会变成不合理的或不完善的，这就需要及时修改或补充。修改规章制度必须采取严肃和慎重步骤；要注意保持规章制度的相对稳定性，不宜频繁修改；在修改时，要坚持先“立”后“破”的原则，即在新的规章制度尚未定出以前，应继续执行原有的，以防止无章可循，造成混乱。拟订新的规章制度，最好经过典型试验，先在小范围内试行，待取得经验后才逐步推广。修改或废除要由授权制定的单位作出决定，其他单位或个人只能提出意见和建议。

第二章 经营决策与计划

企业经营决策是有关企业总体发展和重大经营活动的决策，决策是否正确，关系到企业的生存和发展。经营决策是通过经营计划来实现的，企业的一切生产经营活动都要在计划指导下进行。本章主要讨论经营决策的原则、程序和方法；经营计划的编制、执行和控制；经营环境分析。

第一节　经营思想、经营目标、经营战略

一、经营思想

经营是商品生产者在宏观调控下以市场为对象，以商品生产和商品交换活动为手段，为了实现企业的目标，使企业的生产技术活动与企业的外部环境达成动态均衡的一系列有组织的活动。经营思想是企业从事生产经营实践活动，处理各种经营管理问题的指导思想。社会主义企业的经营思想必须反映社会主义企业的性质和特点，它的核心是提高社会经济效益，正确处理企业对社会、用户、竞争对手和企业内部职工之间的关系。企业经营思想是否正确，是决定企业经营的经济效果和实现社会主义生产目的的关键，对企业的生存和发展至关重要。

企业的经营思想，是由一些观念组成的。

1. 国家观念。为保证国民经济和社会经济协调发展，国家制定了一系列经济政策、技术政策、法律、法规和国民经济发展计划，导向企业行为。为此，企业在生产经营活动中必须遵守国家的政策、法律、法规，牢固树立国家观念，服从国家的宏观调控，促使国民经济协调发展。

2. 市场观念。市场是企业生存的空间，商品生产离不开市场，脱离市场的商品生产，毫不意义，同样离开市场的经营，也无意义。市场观念是企业经营思想的中心，企业必须深刻认识到，只有自己的产品为市场和用户所接受，其价值才能实现。市场观念要求企业树立完全为市场和用户服务的思想，真正按市场要求和用户需要来安排组织自己的生产经营活动，并利用自身的经营特长来引导社会消费，实现产需的动态平衡与结合。

3. 竞争观念。竞争是商品经济的产物和必然伴侣，哪里有商品生产哪里就有竞争。只不过社会主义竞争的性质与资本主义竞争不同。竞争是企业之间的实力较量，是企业之间在人才、技术、产品、质量、价格、经营管理及适应能力等方面的比较和竞赛。竞争是推动企业发展的社会动力。竞争的结果是“优胜劣汰”。为此，每个企业都要敢于竞争，善于竞争，扬长避短，使自己的产品和经营方式具有特色，才能在竞争中立于不败之地。

4. 效益观念。效益观念，是指企业经营应千方百计提高经济效益。企业的生产经营活动，必须讲求全面经济效益，把产量增长速度同综合经济效益统一起来，把企业经济效益同社会经济效益统一起来。要以少的投入和占用，产出更多的符合社会需要的产品，提供更多的税利。

5. 开拓观念。开拓观念，是指企业应不断进取，勇于创新。由于科学技术的发展，新产品、技术、材料、工艺的不断出现，社会需求的不断变化，必须着眼未来，加强产品、技术、人才、管理、市场方面的开发，不断进取，勇于创新，才能满足社会需要，促使企业发展壮大。

6. 战略观念。战略观念的中心思想是企业经营必须放眼于未来的全局利益和长远目标。战略观念要求局部利益、眼前利益要服从长远利益。战略要以实现长远目标为目标。企业的长远目标决定着企业长期发展方向、规模、速度和能力。企业经营的成功之道，就在于不满足现状，要高瞻远瞩，面向未来，胸怀全局，以走向世界为目标，实行战略管理。

二、经营目标

（一）经营目标的内容

经营目标是企业生产经营活动在一定时内预期达到的经营成果。经营目标按重要性可分战略目标和战术目标。战略目标的特点是：实现期较长，可分阶段实行；对企业的生存发展影响大；实现难度大并有风险；对各级经营管理层有大的鼓励作用；实现目标需要大量费用。

战术目标是战略目标的具体化。它的特点是：实现期短，反映企业眼前利益；具有渐近性；目标数量较多；实现有一定的紧迫性。

每个企业在其发展的不同历史时期，均有不同的战略目标，其内容有：

1. 成长性目标。它表明企业进步和发展水平。包括：①销售额及其增长率；②利润额及其增长率；③资产总额；④设备能力、品种、生产量。

2. 稳定性目标。它表明企业经营状况是否安全，有无亏损甚至倒闭的危险。包括：①经营安全率；②利润率；③支付能力。

3. 竞争性目标。它表明企业的竞争能力和企业形象。包括：①市场占有率；②产品质量名次。

(二) 经营目标体系

企业的总目标要通过企业内部各单位、部门的生产经营活动去实现。因此，应把总目标分解成各部门、单位的目标，形成一个上下左右紧密联系的目标体系。在这个目标体系中，总目标是企业一切生产经营活动的立足点和出发点，它按业务内容可划分为若干中间目标，中间目标又划分为若干具体目标。具体目标保证中间目标的实现，中间目标保证总目标的实现。这是目标体系中的纵向联系。同时，在中间目标之间，具体目标之间还必须形成横向的有机联系，以便使各部门、各环节的生产经营活动实现紧密的衔接配合。

(三) 经营目标的制定原则

1. 关键性原则。这一原则要求企业总目标突出企业成败的重要问题，不可列出过多目标或主次不分。

2. 可行性原则。总目标的确定必须保证能够如期实现。因此，要认真调查研究，全面分析企业外部环境和内部条件，使目标有充分依据，积极可靠，留有余地，切实可行。

3. 定量化原则。要求将定量分析与定性分析结合起来，使目标尽可能用数量指标或质量指标来表示，并具有可比性。

4. 协调性原则。要求各种目标互相之间协调一致，形成系统，不要相互矛盾、互相掣肘。

5. 激励性原则。要求目标要明确，具有鼓舞和动员作用，能激发职工群众的积极性。

6. 灵活性原则。企业经营的外部环境和内部条件都是不断变化的，企业的经营目标也应随之变化，及时进行调整和修改。

三、经营战略

(一) 经营战略的特点

战略一词，来源于军事学，是与战术一词相对而言的，指有关战略全局的计划和策略，现广泛应用于政治、经济等领域。在《辞海》中对战略的定义是：

“泛指重大的，带全局性和决定全局的计谋”。指导企业的经营活动也同指挥军事作战一样复杂，需要有正确的战略统筹全局，这就形成了企业经营战略。它是企业在市场经济条件下，在分析外部环境和内部条件的基础上，为求得生存和发展而作出的总体的、长远的谋划。其目的是使企业的经营结构、资源和经营目标等因素，在可以接受的风险限度内，与市场环境所提供的各种机会取得动态平衡，实现经营目标。

企业经营战略具有以下特点：

1. 全局性。它是以企业的全系统为控制对象，研究系统的整体组织与协调，规定企业的总体行动，而不是研究局部的、单项的活动。

2. 长远性。它是在科学预测的基础上，规划和创造未来。着眼于企业“未来”和长远成败与得失，不局限于眼前的短期利益。为了长远利益，可以暂时牺牲眼前利益。

3. 方向性。它规定企业经营大方向，基本的发展趋势，未来的主导目的。

4. 抗争性。在市场竞争中，只有战胜对手，才能求得企业的生存和发展，因此，战略带有抗争性。

（二）经营战略的内容

企业经营战略包括三个最基本内容，即战略目标、战略方针和战略规划。

1. 战略目标。经营战略目标的重点是企业的成长方向，包括市场开发、产品开发、企业规模的扩大与兼并，竞争优势的增长。这是经营战略的出发点。它在经营体系中占主导地位。

2. 战略方针。经营战略方针是为了实现战略目标所制定的行为规范和政策性决策。如果把战略目标比作过河，战略方针则是解决桥和船的问题。没有正确的战略方针，任何战略目标都难实现。因此，战略方针在经济战略体系中居于核心地位，对战略目标的实现起保证作用。

3. 战略规划。战略规划是企业经营战略的实施和行动纲领。它的任务是把企业的战略目标具体化，把企业的战略方针措施化，并制定出分阶段实现战略目标的具体步骤。所以，它在企业的战略体系中处于一个特殊地位，既是企业经营战略的一个重要组成部分，又是指导战略实施的纲领性文件，以致人们往往把经营战略与战略规划视为一体。

（三）经营战略的分类

1. 按战略的目的性，可把企业经营战略分为：

(1) 成长战略。指企业为适应外部环境的变化，有效地利用资源，研究以成长为目标的企业如何选择成长基点、成长指向等成长机会，并保证实现机会所采取的战略。重点是产品和市场战略。

(2) 竞争战略。指企业在特定产品与市场范围内，为了取得差别优势，维持和扩大市场占有率所采取的战略。重点是提高市场占有率和销售利润率。

2. 按照战略的领域，可把企业经营战略分为：

(1) 产品战略。主要包括产品扩展战略、维持战略、收缩战略、更新换代战略、多样化战略以及产品组合战略、产品线战略等。

(2) 市场战略。主要有市场渗透战略、市场开拓战略、新产品市场战略和混合市场战略以及市场营销组合战略等。

(3) 投资战略。它是一种资源分配战略。主要包括产品投资战略，市场投资战略，技术发展投资战略，规模化投资战略，企业联合与兼并投资战略。

3. 按战略对市场环境变化的适应程度，可将企业战略分为：

(1) 进攻战略。这种战略的特点是不断开发新产品和新市场，不断提高市场占有率。其内容有：技术开发战略、产品发展战略、市场扩展战略和生产扩展战略等。

(2) 防守战略。这种战略的特点不是消极防守，而是以守为攻，后发制人。其内容有：①战略指导方针上避实就虚，乘虚而入，不与强手作正面竞争；②技术上实行拿来主义，不搞风险型开发投资；③产品开发方面实行紧跟主义，后发制人；④生产方面不盲目扩大规模，而着重于集约化经营。

(3) 撤退战略。是一种战略性撤退。其情况有四：①环境的突变，原定战略已失去作用；②战略转移，因环境变化出现了更好机会；③局部撤退，积蓄优势力量，以保重点方向取得胜利；④先进后退，暂时退却，审时度势进行战略调整，再图进取。

4. 按战略的层次性分，可把企业战略分为公司战略、事业部战略和职能战略。

(四) 战略管理

战略管理是对一个组织未来的方向作出决策以及实施这些决策。它包括以下内容：

1. 战略制订。指制订战略方案。战略方案是企业为达到一定目标所制订的长远的、纲领性一套总体设想。它由战略目标、战略阶段、战略重点、战略对策等组成。制订战略方案是在正确思想指导下，在对战略环境进行分析的基础上，确定战略目标，划分战略阶段，明确战略重点，制定战略对策的过程。它是战略管理的重要环节。

2. 战略实施。它包括战略分解和战略调度。前者是把战略方案的内容分解为年度工厂方针、层层分解，形成经济责任制的目标责任，纳入经济责任制进行考核。后者是战略方案在执行过程中出现的问题时及时解决，进行平衡与协调。

3. 战略控制。指将预定的目标与实际成效进行比较，发现偏差，并采取措施予以纠正，确保目标实现。

4. 战略修订。在战略控制中，发现结果偏离目标，而战略调度又无法解决时，需要对战略进行修订。导致战略修订的原因有如外部环境发生变化，战略制订本身不符合客观规律，或执行过程中指挥失误，贻误战机等。修订有局部和总体修订，但都要慎重而行。

第二节　经营决策

一、决策的概念和原则

决策是人们确定未来行为目标并从两个以上实现目标的行为方案中选择一个合理方案的分析判断过程。这一概念包含以下要点：①决策是行动的基础；②决策有明确目标；③决策有可行方案；④决策要作分析评价；⑤决策要优选。

科学的决策应遵循以下基本原则：

1. 全局性。企业是国民经济系统的一个子系统，首先要贯彻执行党和国家的路线、方针、政策、法令和法规，适应社会的限制条件，在规定范围内进行决策。企业自身又是一个小系统，企业的经营决策，要实现企业的总目标最优，还要协调好企业内部各部门、单位之间的关系，进行综合平衡。为此，企业进行决策时，必须树立全局观念，从社会整体利益出发，使企业发展方向与社会需要一致，实现经营目标。

2. 可行性。任何一个决策方案都受若干条件的限制，要从实际出发，把市场需要和企业条件结合起来，用定性和定量相结合的方法，认真进行可行性研究和分析，量力而行，选取可靠的满意方案。

3. 经济性。讲求经济效益是决策的根本目的，是市场经济条件下商品生产性质决定的。权衡经济效益，要把速度与效益，眼前利益与长远利益，企业效益与社会效益结合起来，以综合效益、长远效益、社会效益为重。

4. 群众性。经营决策事关大局，涉及面广，影响因素多，要集思广益，动员群众献计献策，各抒己见，才能产生合理的决策。群众参加决策，还有利于决策的实施。

5. 创新性。企业进行决策时，常碰到许多新情况、新问题、非程序性的，不能墨守成规，沿用老办法，要发扬创新和勇于负责的精神，开拓新的思路，寻找新的经营方法。

二、经营决策的程序

企业的经营决策是一个提出问题、分析问题的逻辑过程，要取得有效的结果，需要遵循一定的科学决策程序。决策的全过程，一般分为以下步骤：

1. 调查研究经营环境和经营要素。经营环境是指与企业经营有关的各种外部因素，如市场因素和非市场因素。经营要素是指企业从事经营拥有的人、财、物力资源和应用资源的方法及手段。进行经营决策，显然应对上述两方面作充分的调查研究，分析企业面临的发展机会和威胁，以及企业自身的优势和劣势。

经营环境是企业不可控制的因素，应通过努力对其施加一定影响。同时，企业要有效地利用经营要素去适应复杂多变的经营环境，使企业求得生存和发展。

2. 明确经营问题、确定决策目标。经营问题是指企业经营活动的实际状态与理想状态之间的差距，而且这个差距已经超过了允许的限度，经营决策就是要寻找产生差距的原因并加以解决。确定决策目标，要明确四个问题：(1) 为什么要达到这个目标，它的必要性；(2) 选择哪些目标，谁是主要目标；(3) 目标要明确、具体，尽可能定量化；(4) 如何保证目标的实现。

3. 制定各种可行方案。可行方案是指能解决某一经营问题具备实施条件，并能保证决策目标付诸实现。制定可行方案必须两个以上；方案应具有整体上的齐全性，个体间的排它性和方案间的可比性；制定方案应不断探索，勇于创新。

4. 对方案进行可行性论证与评价。对方案的论证，主要论证技术上的先进性、经济上的合理性与实现的可能性，尤其要重视经济效益。论证中要摸清方案可能带来的不良影响和潜在问题。再经过对方案的比较分析，作出适当评价。经营目标及具体化指标是衡量经营方案好坏的标准。

5. 优选方案。在方案论证评价的基础上，决策者可以选取一个较优方案，付诸实施。所谓较优，就是比较理想的、满意的，并不是最优方案。因为最优方案需要准确掌握全部情况资料；准确预测经营环境的变化；对决策的后果无所不知；决策实施过程不受偶然因素影响；决策人有完备的分析判断能力。显然，这些条件是不可能具备的。所以，被选的方案往往是综合几个方案长处而舍弃其短的一个新方案。

6. 决策方案的实施与反馈。决策既定，就应付诸实施。因此，要落实到有关责任部门和人员，制定实施决策的规划和期限要求，解决与决策实施的有关问题。在决策实施过程中，还要建立信息反馈制，将每一局部过程的实施结果与预期目标进行比较，发现差异，查明原因，采取措施，保证决策目标的实现。

三、经营决策方法

经营决策方法是由人来掌握和运用，服务于决策过程的工具，它不能代替人去决策。正确的决策是由掌握正确决策思想和决策方法的人做出的。决策方法，总的来说，可分为两大类：主观决策法和计量决策法。

主观决策法是直接利用人们知识、经验和能力来决策的方法。它适用于受社会经济因素影响较大的、所含因素错综复杂的综合性战略问题，所以是企业经营决策采用的主要方法。该法如运用得当，可收到灵活简便、省时省力之效。但它主观成分大，论证不很严密，往往需要用计量决策法作补充。

计量决策法是应用数学的决策方法。它的核心是把决策的变量与变量以及变量与目标之间的关系，用数学关系表示出来，然后通过计算求得答案。它主要适用于经常性重复的程序性决策，所运用的数学工具多种多样，复杂程度各不相同。

（一）确定型决策

确定型决策是影响决策的因素或自然状态是明确的、肯定的，各方案的后果能准确预测，只要对各方案进行分析比较，就可选出较优方案。下面介绍盈亏平衡点法在确定型决策中的应用。

盈亏平衡点法是企业经营决策中常用的一种计量决策方法。它主要是依据与决策方案有关的产品销售量（生产量）、成本（费用）、利润的关系，分析决策方案对企业盈亏的影响，来评价和优选决策方案。企业在编制产品销售计划、生产、成本、财务等计划时，均可应用此法。

企业从事生产经营活动投入的各项费用，与产品产量（销售量）的关系是不同的。有些费用随着产量的增长而增减（如原料和主要材料费），称为变动费用。有些费用则基本上与产量增减无关，相对稳定，如固定资产折旧费等，称为固定费用。企业生产某种产品的总费用可用下式表示：

$$y_1 = V \cdot Q_0 + F \tag{1}$$

式中：y_1——生产某种产品的总费用；

Q_0——该种产品产量（销售量）；

V——单位产品变动费用；

F——该种产品应负担的固定费用。

企业的产品销售收入用下式表示：

$$y_2 = Q_0 P \tag{2}$$

式中：y_2——某种产品的销售收入；

P——某种产品的销售单价。

产品产量（销售量）、总费用与销售收入的关系可用坐标图表示。如图 2—1。

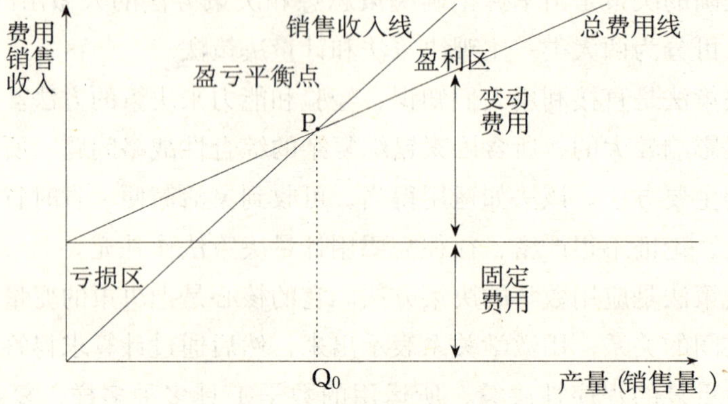

图 2—1 盈亏平衡图

图 2—1 中销售收入线与总费用线相交点 P 为盈亏平衡点，在此点时，企业的总费用与销售收入相等，不盈不亏。P 点对应的产量（销售量），称为盈亏平衡点产量（销售量）。如计划或实际的产品产量（销售量）大于 P 点对应的产量（销售量），则销售收入大于总费用，企业盈利，反之，企业亏损。

盈亏平衡点所对应的产量（销售量）Q_0，可用公式计算，在盈亏平衡点 P 时，总费用与销售收入相等。即公式（1）＝（2）。

$$Y_1 = Y_2$$

$$V \cdot Q_0 + F = Q_0 P$$

整理，

$$Q_0=\frac{F}{P-V} \quad (3)$$

从公式（3）推算，当产量（销售量）为Q）时，盈利额Z的计算可用下式表示：

$$Z=(P-V)Q-F \quad (4)$$

如要求盈利额Z，则必须达到的产量（销售量）Q的计算可用下式表示：

$$Q=\frac{F+Z}{P-V} \quad (5)$$

（二）风险型决策

风险型决策又叫随机决策。它的特点是：有明确的决策目标，如最大利润、最低成本、最短投资回收期等；有两个以上可以实现目标的供选择的方案；方案的实施，存在着非决策人所能控制的两种以上的自然状态之下的损益值；可以预测各种自然状态出现的概率。由于自然状态出现的概率非决策人所控制，决策有一定风险，故称为风险型。

风险型决策常用的方法是决策树。决策树是以图解方式分别计算各个方案在不同自然状态下的损益值，通过综合损益的比较分析，做出决策。由于这种方法所用的图形象树状，因而称为决策树。

1. 决策树的构成

（1）决策点。用方块表示，表明决策的起点和归宿。

（2）方案枝。由决策点引出的若干直线，每条直线代表一个方案，并用它连接自然状态点。

（3）自然状态点。用圆圈表示，表明各种自然状态所获得的综合损益值。

（4）概率枝。由自然状态点引出的若干直线。每一直线代表一种自然状态。

决策树模型如图2—2。

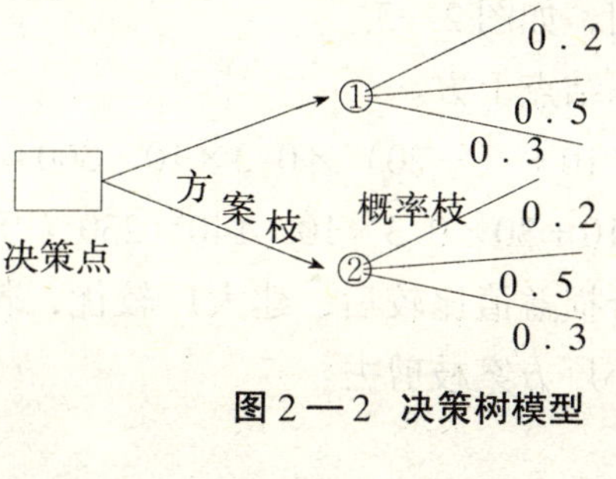

图2—2 决策树模型

2. 决策树进行风险型决策的步骤

(1) 绘制树形图。绘图的前提是预先确定有几个可供选择的行动方案，以及每个方案实施会遇到几种自然状态。绘图的程序是从左至右分层展开。先绘出决策点，引出方案枝，再在方案枝末梢绘出自然状态点，引出概率枝。然后将有关参数（概率、不同自然状态下的损益值等）注明于图上。

(2) 计算各方案的综合损益值。将各自然状态下的损益值与其概率分别相乘，然后加总，再扣除方案的投资费用，即得出方案综合损益值，注明于该方案的自然状态点上。

(3) 优选方案，剪枝决策。将各方案的综合损益值进行比较，如方案实施有费用发生，则应将状态点上的值减去各方案费用再进行比较。凡期望值小的方案枝一律剪掉，最终只剩下一条贯穿始终的方案枝，其期望值最大，将此最大值标于决策点上，则为最佳方案。

例：某企业为某一产品满足市场需求设计了两个方案，(1) 新建一个大工厂，需投资 300 万元；(2) 新建一个小工厂，投资 140 万元；使用期均为 10 年。销路好的可能性为 0.7，销路差为 0.3，两方案的年利润预测如表 2－1。该企业应如何决策？

表 2－1

方　案	自然状态	
	销路好	销路差
	0.7	0.3
大工厂	100 万元	－20 万元
小工厂	40 万元	30 万元

①根据条件绘制决策树图，如图 2—3。

②计算期望值，填在状态结点上方。

大厂期望值 $= 100 \times 0.7 \times 10 + (-20) \times 0.3 \times 10 - 300 = 340$（万元）

小厂期望值 $= 40 \times 0.7 \times 10 + 30 \times 0.3 \times 10 - 140 = 230$（万元）

③优选方案。两方案综合损益值比较后，建大厂较优，若不考虑其他因素，应选择建大厂方案，并将建小厂方案枝剪去。

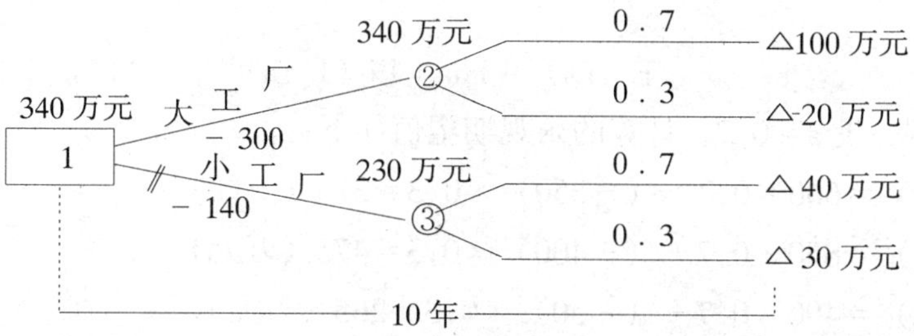

图 2—3 决策树图

（三）非确定型决策

非确定型决策，是指决策者所要解决的问题有若干方案可供选择，但对未来事件的自然状态及发生的概率都不能确定，在此情况下所作的决策称为非确定型决策。非确定型决策有以下几种：

1. 小中取大法。该法是先从每一方案中选出效益最小者，然后把各方案的最小收益加以比较，从中选出效益最大者，以小中之大作为中选方案。

例如某厂拟生产某种新产品，有新建车间、扩建车间和改造原有生产线三个方案。这些方案实施会遇到四种自然状态。在不同的自然状态下，各方案的收益值如表 2－2。

表 2－2 方案的年度收益值 单位：万元

方案 \ 自然状态	A	B	C	D	最小收益值
1	600	400	－100	－350	－350
2	850	420	－150	－400	－400
3	400	250	90	－50	－50

采用小中取大法，从表中可以看出三方案的最小收益分别为－350，－400，－50，其中第三方案的最小收益值为最大，可选为较优方案。

2. 大中取大法。该法是从每一方案中选出效益最大者，然后再把各方案的最大效益再加以比较，从大中选大作为被选方案。如上例，各方案的最大收益值分别为 600，850，400，其中最大者为 850，因此，应选第二方案。

3. 乐观系数法。乐观系数法是一种折衷的方法，它对未来形势的自然判断，选择一个系数 a，其值大于 0，小于 1。当 a=0 时，为悲观原则；当 a=1 时，为乐观原则。其计算公式为：

$$E(D_i) = H_i a + L_i(1-a)$$

如上例，设 a=0.7，计算的乐观期望值如下：

$E(D_1) = 600 \times 0.7 + (-350) \times 0.3 = 315$（万元）

$E(D_2) = 850 \times 0.7 + (-400) \times 0.3 = 475$（万元）

$E(D_1) = 400 \times 0.7 + (-50) \times 0.3 = 265$（万元）

将三方案比较，$E(D_2)$ 为较优方案。

4. 大中取小法。当某一自然状态出现时，必然有一个方案的收益值最大，如恰好采此方案，则不会后悔，如采用其它方案，就会后悔、有一个后悔值。我们可按此求出每个方案在不同自然状态下的后悔值，找出它的最大后悔值，再将各方案的最大后悔值相比，其中最小的一个方案，就可选为较优方案。

如上例，各方案的后悔值及最大后悔值如表 2－3。

表 2－3 单位：万元

方案	自然状态				后悔值				最大后悔值
	A	B	C	D	A	B	C	D	
1	600	400	－100	－350	250	20	190	300	300
2	850	420	－150	－400	0	0	240	350	350
3	400	250	90	－50	450	170	0	0	450

从表看出，它们的最大后悔值分别为 300，350，450，其中以 300 为最小，因此，选第 1 方案较优。

5. 等概率法。决策人不能确知各种状态出现的概率，可以假设每一状态出现的概率是相同的。如有几种状态出现，则每种状态的概率相等。然后，求出各种策略方案在不同自然状态下期望值，再从中选出较有利的方案。仍以上例数值，假定概率为 1/4，则各方案的收益值如下：

方案Ⅰ：

$0.25 \times [600 + 400 + (-100) + (-350)] = 138$ 万元

方案Ⅱ：

$0.25 \times [850 + 420 + (-150) + (-400)] = 180$ 万元

方案Ⅲ：

$0.25 \times [400 + 250 + 90 + (-50)] = 172.5$ 万元

三方案比较，选方案 2 为较优方案。

第三节　经营计划与目标管理

经营计划，是指在国家宏观调控下，根据社会长远和当前发展需要，企业内外部环境及条件的变化，对企业生产经营活动及各种资源从时间上和空间上做出的具体统筹安排。做好经营计划要遵循全局性、效益性、平衡性、群众性和应变性的原则。

一、经营计划的种类

工业企业的计划种类繁多，按期限分，有长期计划、年（季）度计划和月度计划。按内容分，有综合计划和专业计划。按作用范围分，有企业计划、车间计划、科室工作计划、班组直至个人工作计划等。这些计划相互联系，相互制约，构成企业计划体系。

（一）长期计划

长期计划，又称长远发展规划。一般是指一年以上的（如3年、5年、10年）远景规划。它体现了企业长期发展方向、方针、目标、规模和主要技术经济指标。长期计划对保证企业经营的连续性和稳定性，动员和鼓舞职工实现国民经济长远发展规划均有重要意义。长期计划包括：

（1）利润计划；

（2）市场营销计划；

（3）产品发展计划；

（4）科学研究计划；

（5）生产经营规划和生产技术发展计划；

（6）企业技术改造和设备投资计划；

（7）生产组织、技安、环保等的改造计划；

（8）职工培训、智力开发计划；

（9）职工生活福利提高计划。

（二）年（季）度经营计划

年度经营计划是企业长期经营计划的具体化和补充，又是实现长期经营计划的保证。它是企业全体职工在计划年度内，搞好生产经营活动的行动纲领。其主要内容有：

（1）产品销售、利润计划；

（2）生产计划；

（3）质量计划；

（4）科研与新产品发展计划；

（5）生产技术准备计划；

（6）设备维修计划；

（7）劳动工资计划；

（8）物资供应计划；

（9）成本计划；

（10）财务计划；

（11）技术改造和技术组织措施计划；

（12）环保安全计划；

（13）职工培训计划；

（14）职工福利计划。

（三）月度作业计划

月度作业计划是年（季）度计划的短期执行计划，是组织日常生产经营活动的依据。它是年季度生产计划的具体执行计划，规定着企业及其各生产环节（车间、工段、班组以至个人、机台）在月、旬、周、日内的计划生产任务，以便据以组织日常生产活动。

二、经营计划的编制

企业的长期计划要根据国家的长远规划、社会需要和企业自己发展方向和可能性来编制。年度计划要根据企业的长远计划、国家计划的要求、市场调查预测资料及企业资源条件来编制。作业计划要根据年、季度计划的要求以及主客观因素变化情况来编制。

编制计划必须充分地作好准备工作，进行调查研究，收集大量资料，以便为编好计划提供前提条件。这些工作内容包括：

（1）外部环境的调查与预测。如政治、经济发展形势、社会条件、国内外科技发展水平和发展趋势、国内外市场需求量和物资可供数量、同行业的情况、不同地区民族的消费习惯等。

（2）企业内部能力的评价。如工艺、设备、物资、职工素质和技术水平、经营管理水平等。企业能力评价在于将内部条件与外部环境联系起来对比分析，寻求有利条件和可利用的“机会”，克服劣势和回避“风险”。

(3) 收集资料。主要有：

①国家政策和计划要求；

②企业长期计划规定的年度指标；

③订货合同、供销合同、协作合同等；

④市场调查和预测资料；

⑤上年计划的预计完成情况；

⑥人力、物力、财力资源的保证程度；

⑦各类产品的技术标准和技术文件；

⑧各类技术经济定额。

企业年度经营计划的编制，分为四个阶段。

1. 确定年度经营目标

经营目标是计划的核心，编制计划，重点是确定计划目标。年度经营目标主要是经济效益指标，包括品种、质量、产量、劳动生产率、物资消耗、成本、利润等。经营计划科在发动有关车间科室调查研究、收集资料的基础上，即可认真分析研究，提出目标方案，送领导审议，作出决策。

2. 下达经营目标，发动车间、科室提出建议书

企业总体经营目标初步确定后，即由计划科分别下达各车间及有关科室。要求他们根据企业经营目标结合本单位情况分别提出计划建议书。建议书既有本单位在计划年度生产经营指标所能达到的水平，又有对企业总体目标及其他指标的建议。这一工作要动员群众献计献策。各单位提出的建议书原则上要满足企业经营目标对它们的要求，以确保企业总目标的实现。

3. 综合平衡，核定计划指标

经营计划科收到车间、科室的计划建议书后，即可进行全面的综合平衡。主要有：社会（市场）对本企业产品的需求与企业生产能力的平衡；生产任务与物资供应的平衡；生产任务与设备维修的平衡；生产任务与生产技术准备的平衡；生产任务与厂内运输能力的平衡；生产任务与流动资金、财务收支的平衡；生产与基建、技术改造任务之间的平衡；年度计划与长期计划的平衡。在综合平衡时，会发现许多矛盾，这时需要采取措施加以解决。

在综合平衡的基础上，即可核定计划指标。

4. 编制经营计划，审批下达

经上述步骤，经营计划科即可组织有关科室编制生产经营计划。此计划应提请企业领导在听取职工代表大会的意见后批准，并按规定报送有关政府机构，然后下达执行。

计划的编制，习惯上是本期计划执行的后期，编制下一期计划。由于计划严肃性的要求，计划编制以后，原则上不轻易改动。但事实上，由于主客因素变化较大时，原定计划在执行一段时间之后就脱离实际，不能发挥指导生产经营活动的作用，这时不得不对原来的计划加以修改，使之更符合实际情况。计划修改的方法是应用滚动计划法。

所谓滚动计划法，就是在编制计划时，逐年逐月往后连续滚动编制，近细远粗，通过边执行边调整的滚动修订方式，使计划既保持严肃性，又有灵活性，做到生产有缓冲，计划有弹性。因而，这种计划更具有现实性和适应性。采用滚动式方法编制 5 年计划，就是每年对上一次 5 年计划进行修正，并制定新的 5 年计划。其程序如图 2—4。

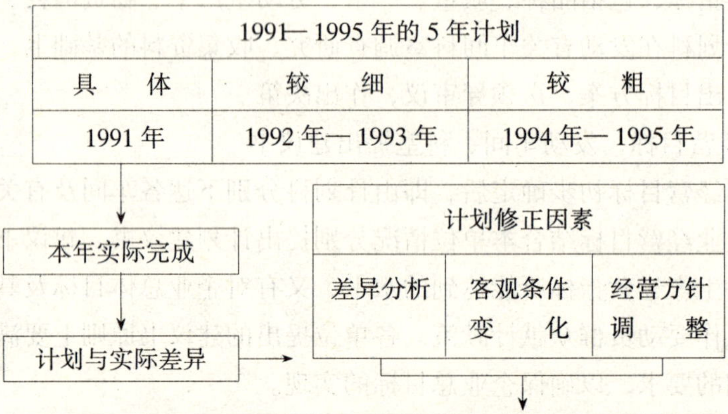

图 2 — 4　5 年计划滚动程序示意

采用滚动式方法编制计划有以下优点：

1. 可以使主观臆想的计划尽量符合客观事物情况的发展，计划的准确性大大提高，起到指导生产经营活动的作用；

2. 在长期、短期计划之间，及时调整，前后衔接，不致脱节；

3. 企业采用滚动计划法，可把产、供、销对人、财、物的需求和可能结合起来，从而取得最大经济效益。

三、经营计划的执行

计划编制只是计划工作的开始，大量的、繁重的工作是贯彻执行及控制监督。计划的执行首先要加强思想政治教育工作，激发职工主人翁责任感和为四化作贡献的积极性，增强他们的计划观念，促使为完成计划而努力；其次，要建立健全实现经营计划的工作保证体系。就是要建立完整的经营工作体系，如经营决策体系、生产指挥体系、质量保证体系、供销保证体系、财务管理体系、信息系统体系，使计划层层落实，从组织和制度上予以保证；第三，实行经济责任制。就是利用经济杠杆和手段促使职工积极地去完成计划，如实行不同形式的承包，实行厂内经济核算，签订厂内经济合同，运用厂内价格、成本、利润、奖惩等手段，把企业内部各单位和个人的责、权、利结合起来，推动职工完成计划。最后，实行目标管理。

四、目标管理

（一）目标管理的概念和特点

目标管理是现代管理的一种科学方法，也是实施经营计划管理的一种行之有效的方法。所谓目标管理，是企业在一定时期，确定总目标，分解目标，落实措施，安排进度，具体实施，取得效益，严格考核，组织内部自我控制，达到实现企业经营总目标的一种管理方法。它的特点是：

1. 建立目标锁链与目标体系。企业的目的和任务必须转化为目标，管理人员需要通过目标对下级进行领导。目标一定要有层次，形成一个目标锁链和目标体系。主要目标与分目标之间要相互配合，方向一致。只有每个职工都完成了自己的目标，企业的总目标才能实现。

2. 重视人的因素。目标管理是一种参与的、民主的、自我控制的管理制度，实行这种制度使工作人员发现工作的兴趣和价值，享受工作的满足感和成就感，同时组织的目标也得以实现。在这种制度下，上级对下级的关系是平等、尊重、信赖、支持，下级在承诺目标和被授权之后是自觉、自主和自治的。

3. 重视成果管理。目标管理通过目标的制定和展开使企业的集体“软任务”变成“硬任务”，使每个部门或个人在一项工作开始之前都清楚自己预期的工作成果，这有助于激发人们努力争取夺取胜利的热情。重视成果管理，提倡用成果数字说话，有利于克服“走过场”的坏作风。如考核到基层搞调查研究的工作成果，从目标管理角度看，不是看下到基层多少次，开多少会，下达多少文件，这是工作过程而不是工作成果。调查研究的工作成果是取得多少高质量的第一手资料。重视成果管理有利于任务落实，有利于提高管理效率。

（二）目标管理的实施

目标管理的实施由以下三个阶段构成。

1. 目标设定。目标设定是目标管理的出发点，是目标管理的中心内容。目标设定应突出重点目标，要可考核，要有先进性、可行性和灵活性，还应具有协调和民主性。

经营管理目标，是在一定时期内企业生产经营活动所要求的预期成果或期望值。目标可设若干个，其实现的期限不宜长。设定目标的程序是：

（1）最高管理部门提出企业总目标。但这是初步的，还要待下级把整套目标都制定出来后，进行目标的系统平衡和协调，并对这些目标予以修正和调整。

（2）确定下级目标。首先传达企业总目标，组织下级部门和人员进行学习和讨论，据此设定下级自己的目标。其次是组织有关部门人员进行横向协商协调，建立横向目标连锁体系。

（4）目标的平衡、矫正和决定。各级目标设定后，要由上级根据总目标要求加以审定，此时要作必要的调整与修改才能最后决定。上级审查下级目标时的依据是总目标的要求和组织上下左右目标的协调。

（5）目标体系的整理和完成。建立的各种目标，从总体上是否完整，目标体系设置是否合理，各单位目标和个别目标在目标体系中位置是否恰当等，都要做系统整理和检查，最后确定合理可行的目标体系或目标网络。

2. 目标实施。目标实施是目标管理的执行阶段，这个阶段的主要工作是：

（1）目标落实。将确定的目标体系中的各类目标分别相应地落实到有关各级、各部门和参与人的头上。

（2）制定目标对策实施计划。实施计划的内容包括：明确规定为实现目标所必须开展的工作任务；分析本单位的情况和存在的问题；决定要采取的措施及进度；确定如何检查和评定绩效。

（3）目标控制。现在目标管理特别强调授权、自主管理和自我控制，不强调硬性的作业程序和方法。上级对下级是支持、协助和指导，帮助下级改进工作，更好完成任务。

（4）目标检查。用既定的目标、标准和进度计划来测定目标实施的情况和效果。检查方式有多种，目的在于发现矛盾，解决矛盾，实行有效控制，不在于追究下级的责任。

3. 成果评价。成果评价是对目标实施过程的结果及各单位和各个人在目标实施过程中的工作成就进行评估和总结。为提高评价工作的有效性，在评价过程中要尽量将工作成绩定量化，以便正确评判；管理部门和执行单位人员共同参与测定和评价目标达成程度；应论功行赏和进行全面性的总结，找出经验和不足，为下一循环目标管理创造和提供良好条件。

第四节　经营环境

企业生产经营活动是在一定的环境中进行的，适应市场环境需求是企业经营成功的前提。企业经营环境包括外部环境和内部条件。

一、企业外部环境

从经营角度考察。企业外部环境是指那些与企业有关联的市场因素和非市场因素。

（一）非市场因素

非市场因素是指对产品市场发生间接影响的因素。主要有：

1. 人口环境因素。人口环境是构成企业外部宏观环境力量的首要因素。人口又是市场的重要因素。企业的经营者必须密切注意人口环境方面的动向，因为市场是由那些想买东西，又有购买力的人构成的。在分析研究人口因素时，应着重研究：（1）人口迅速增长的趋势；（2）发达国家的出生率下降，儿童减少，老年人增加；（3）家庭的变化；（4）人口的流动性。

2. 自然环境因素。自然环境的发展变化会给企业造成一些环境威胁和市场营销机会。因此，企业还要研究其自然环境方面的动向：（1）自然资源的拥有状况及其开发利用；（2）环境污染和生态平衡。

3. 经济环境因素。购买力是构成市场和影响市场规模大小的一个重要因素。

社会购买力又直接或间接受消费者收入、价格水平、储蓄、信贷等经济因素的影响。因此，企业经营者要分析研究：(1) 消费者收入的变化；(2) 消费者支出结构的变化；(3) 价格水平的变化；(4) 消费者储蓄和信贷的变化等。

4. 技术环境因素。科学技术的进步引起了企业管理方法和营销策略的变化。科学技术所具有强大动力在于，每一种新技术都会给某些企业造成新经营机会，因而会产生新的行业，同时，还会给某些行业的企业造成环境威胁，使旧行业受到冲击而最终被淘汰。

5. 政治法律因素。政治法律因素主要是指国家的政治变动引起经济势态的变化及政府通过法律手段和各种经济政策来干预社会经济生活。

6. 社会文化环境因素。社会文化环境因素是影响人们购买欲望和购买行为的重要因素。企业经营者要着重分析研究：(1) 不同地区、不同社会阶层的消费者的生活习惯和风俗；(2) 教育水平和语言文字；(3) 宗教信仰与价值观念；(4) 亚文化群。

(二) 市场因素

市场因素是指与企业所经营的产品市场有关的因素。主要有：顾客的需求变化，社会商品购买力变化，市场上同类产品或代用品的数量、质量、价格、竞争对手的发展动向，技术力量，设备状况，供应来源，能源条件、营销策略等。

二、企业内部条件分析

企业外部环境研究所提供的情况，反映企业的有利条件和威胁。企业能否利用机会避开威胁，要通过企业内部条件的分析和评价之后才能判断。

(一) 企业内部条件分析的内容

企业内部条件是指企业在一定的技术经济条件下，从事生产经营活动所具有的内在条件。它表现在企业的经营管理水平、竞争能力、应变能力等方面。

1. 企业的经营管理状况分析。

(1) 企业概况分析。主要有职工数量，机构设置及编制情况，企业对各类人员的培训能力，科技、管理人员知识更新的速度。

(2) 企业经营者的决策能力和组织能力分析。主要有企业经营者的自身素质（包括政治素质、文化素质、技术业务素质和身体素质）状况；对环境变化的判断能力，对企业战略性问题的决策是否果敢善断；能否知人善任，善于团结和率先下属。

2. 企业经营效益分析。主要通过企业近几年经济效益的实际水平与国家计划、行业平均水平，企业历史最好水平比较，评价企业经营状况，找出差距，分析原因。

3. 企业形象分析。主要了解企业在消费者心目中的影响，了解市场对企业或产品的评价。

(1) 产品或企业知名度分析，知名度是消费者对企业或产品的名称、商标特点等情况有所了解的人数比例，通过各地区知名度对比，可了解企业和产品影响力。

(2) 中间商意见分析。分析中间商对企业产品的评价，如质量、价格、交货期、协作态度等方面的意见。

4. 产品分析。产品分析是企业经营战略的主要依据，企业的竞争能力一般通过产品来显示，所以产品分析是企业内部条件分析的重点。

产品分析的主要内容有产品市场地位分析，产品的收益性分析，产品的成长性分析，产品结构合理性分析等。

产品的市场分析除通过企业形象分析进行定性的评价外，还要从市场占有率和市场覆盖率两方面进行定量分析。市场占有率是企业产品市场地位的重要标志。市场占有率高，产品的知名度和影响力越大，企业在价格方面的竞争能力也较强。

市场覆盖率是本企业产品投放地区占应销售地区的百分比。

$$\text{市场覆盖率}=\frac{\text{本企业产品投放地区}}{\text{产品应销售地区}}\times 100\%$$

5. 企业经营实力分析。

(1) 企业生产能力分析。主要有企业的综合生产能力、生产效率及对生产任务变更的适应性。在一般情况下，企业设备专业化程度高，则适应性弱；专业化程度低，则适应性强。

(2) 技术能力分析。指企业在设计、试制、生产产品方面的技术力量和测试手段的完备程度。其内容有新产品开发能力、产品质量的领先地位等。

(3) 销售能力分析。是在产品市场强度分析的基础上，以重点发展产品或销路不畅的产品为对象，对其销售组织、销售渠道、促销活动、销售计划等进行分析，以发现销售活动中存在的问题及原因。

6. 物资供应情况分析。主要对外协作、原材料、能源供应的稳定可靠程度进行分析，以观察对企业今后经营的影响。

三、企业内外环境综合分析

综合分析是在外部环境和内部条件分析的基础上进行的，其目的是在全面认识和确定环境中的机会和威胁以及自身优劣势的基础上，研究如何利用优势和机会，避开可能威胁和劣势的经营战略。一般采用十字图形法来分析企业的优缺点、机会和威胁情况，分别记入十字形表内（如表2－4），然后按不同组合对照分析，明确企业的战略方向。并提出如下问题：企业可用于发展机会的优点是什么？有无缺点限制或阻碍发展机会的利用；有无优点可使威胁转化为发展机会？有无缺点限制或阻碍使威胁转化为发展机会？威胁因素是否阻碍发挥优点？有没有机会因素可使缺点被排除或转化为优点等。

例如某造纸厂企业内外环境对照表如见表2－4，该企业经过综合分析作出决策，避开民用纸生产，充分利用本企业领导班子强、管理基础好、技术力量强和特殊原料用纸的地区优势，发展特殊用纸（条纹牛皮纸、尿布纸、汗巾纸），争取打入国际市场，变只能加工进口木浆、棉浆的企业劣势为企业优势，以出养进。

表2－4　　企业内外环境对照表

外部环境	不利条件（威胁）	有利条件（机会）
	1. 全国纸张滞销 2. 军工订货停止 3. 竞争对手实力强，全国几十家大造纸厂设备先进，实力雄厚，本厂产品在民品市场无地位。	1. 国内高级包装纸和特殊用纸原料是短线产品 2. 特殊用纸有出口可能 3. 有特殊用纸的地区原料的优势。
内部条件	企业优势	企业劣势
	1. 老企业、管理基础好 2. 领导班子团结，中上层干部力量强 3. 有较多老工人和工程技术人员 4. 有传统质量管理优势 5. 有丰富制造军品的经验	1. 企业规模小，厂区窄，无大量生产和发展的条件 2. 设备陈旧，资金不足 3. 无民品生产经验及销售渠道 4. 原料要求局限大，只能加工木浆、棉浆。

3 第三章 产品管理

企业存在的价值，是它能以某种产品和服务来满足社会需求。企业的经营活动是围绕如何以其产品和服务满足社会需求这个中心进行的。一个企业的生存和发展，关键在于它的产品满足社会需求的程度。因此，每个企业都必须加强产品管理，依据社会需求来安排合理的产品结构，制定产品策略，不断开发新产品。本章主要介绍产品生命周期、产品组合、新产品开发等内容。

第一节　产品的概念和产品生命周期

一、产品的概念

根据通常的理解，产品是指某种具有特定物质形状和用途的劳动生产物。从满足消费者需求的角度出发，只看到实体的或物质的产品，是一种不完整的产品概念。完整的产品概念，不仅包括产品的实体，还包括为消费者提供的便利和服务。这就是整体产品概念。整体产品概念可以分解为三个层次，即产品核心层、产品有形特征层、产品的附加利益层。如图 3－1 所示。产品核心层是指提供给消费者的功能和效用。消费者购买某种产品，不是购买产品本身，而是购买产品所具有的功能和效用，以满足某种需要。

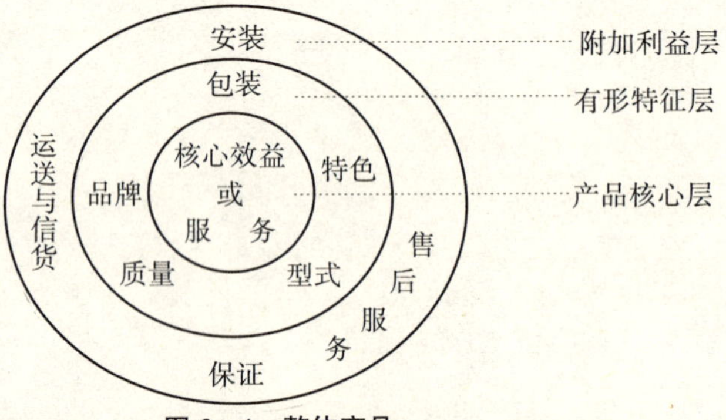

图 3－1　整体产品

产品的有形特征层指向市场提供的产品实体的外观。产品的外观指产品出现于市场的外貌。它一般由五个标志组成，一是质量，包括产品的性能、形状、尺寸等。二是特色，产品应有一定特色，才具有吸引力，为顾客所好。如牙膏，有的以防龋着称，有的以芬芳见长，有的却以洁齿去垢取胜。三是型式。型式指式样、风格与类型。产品型式多种多样，有的朴素大方，有的新颖入时等。四是品牌，品牌是产品的标志，也是产品型体的重要组成部分。具有特色的品牌，可以吸引更多的顾客注意和购买，并且用它树立产品的信誉。五是包装。包装关系到产品的外观、储运和携带使用。

产品的附加利益层是指经营某产品时，为顾客提供的各种服务。如产品知识介绍，使用技术的培训，产品的质量保证、安装、维护和修理等。消费者购买某种产品，是为了满足某种需要，因而他们购买时希望能得到和满足所需要的产品有关的一切服务。消费者的需求实际上形成了一个系统，企业所出售的也应该是一个系统，即有关的实物和服务组成的整体。

整体产品概念，对市场经营有重要意义。在市场经营活动中，企业应努力为消费者提供整体产品，即有关的实物和服务组成的整体。既要有满足需求的功能，又要有好的外观，还要有周到的服务，才能满足消费者需求。企业也只有从产品的整体概念出发来制定产品策略，才能在市场竞争中立于不败之地。

二、产品生命周期

（一）产品生命周期的含义

在市场经营过程中，任何产品都有一个产生、发展到被淘汰的过程。产品的市场生命周期就是指产品从进入市场到最后被淘汰退出市场的全过程。产品的市场生命周期，是产品的市场生命的新陈代谢的发展过程，它主要是由社会生产力的发展水平、产品更新换代的速度、消费者的需求状况和生产经营者之间的竞争状况等市场发展因素决定的。在当代，由于科学技术发展速度快，市场竞争激烈，产品的市场生命周期普遍有缩短的趋势。通过对产品的市场生命周期的研究，企业可以知道应该经营哪些产品以及采取什么策略来经营这些产品，它对于产品的开发和经营都有重要的意义。

产品的市场生命周期大致可分为投入期、成长期、成熟期、衰退期四个阶段。一般以企业的销售额和利润额的变化来衡量。如图 3－2 所示。

产品生命周期的四个阶段，只是一种典型化的描述。由于各种行业经营产品的不同，产品的生命周期及其经历各阶段的时间长短也不同。有些产品如时装，

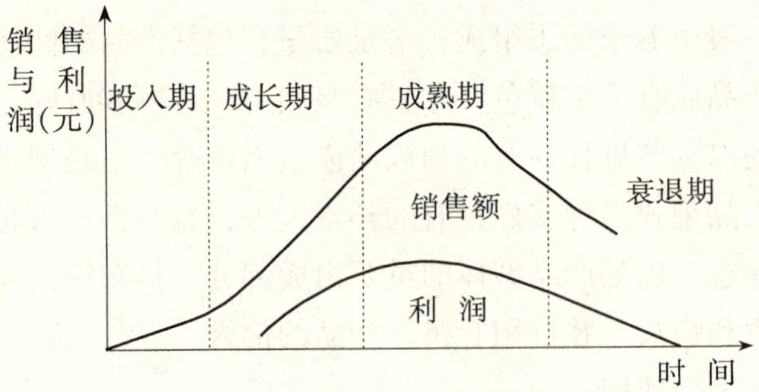

图 3-2　产品生命周期

整个生命周期可能只有几个月，有些产品的生命周期可以长达几十年甚至数百年，如茅台酒、北京烤鸭等都久负盛名，长久不衰。而每种产品经历生命周期各阶段的时间也不尽相同。此外，各种产品也不一定都能经历市场生命周期的四个阶段。有的产品可能刚进入市场不久就衰退，成为短命的产品；有的产品则可能一进入市场就达到成长阶段。但一般来说，大多数产品都将“衰老”，直到退出市场。

判断产品处于市场生命周期的哪一个阶段，是一个比较困难的问题。一般只能作出大致的判断，常见的方法有以下两种：

1. 类比方法

即根据类似产品的发展情况作对比分析，进行判断。例如，参照黑白电视机的发展资料来判断彩色电视机的发展趋向。相互类比的产品，必须具有可比性，在各自投入市场的情况要有相似之处。

2. 销售增长率比值法

即以产品销售量随时间的变化率 $P=\frac{\triangle Q}{\triangle t}$ 来判定。$\triangle Q$ 为销售量的增加量，用销售量的增长率表示；$\triangle t$ 为时间的增量，用年表示。根据国外市场学介绍的经验数据，当 $\frac{\triangle Q}{\triangle t}$ 的值大于 0，小于 1% 时，属于投入期；当 $\frac{\triangle Q}{\triangle t}$ 的值大于 10% 属成长期；当 $\frac{\triangle Q}{\triangle t}$ 的值在 1～10% 之间时属成熟期；当 $\frac{\triangle Q}{\triangle t}$ 的值小于 0 时，属衰退期。

(二) 产品生命周期各阶段的经营策略

产品生命周期各阶段有不同的特点，因此，企业在各阶段应采取不同的经营策略，以提高经营效益。

1. 投入期

产品在投入期销量小，成本高，亏损现象比较严重。企业在制定经营策略时，一方面要认识到新产品代表前途、方向，另一方面也要看到它的风险性大，成活率低。在产品策略上，要在认真分析消费者（主要是首次使用者）反馈资料上，抓好产品定型，完善产品性能，在定价上，要综合考虑产品对市场的吸引力，销售前景，成本等因素，定出合理价格；在选择销售渠道时应灵活，要加强广告和推销，广泛宣传新产品的优点、特性及能为用户带来的好处，以吸引用户对新产品注意，增加购买欲望。以上这些策略要相互配合。目的在于提高新产品的生命力和竞争力，促使其向成长期过渡。仅从价格和促销的组合就有以下几种策略。

（1）高价高促销策略。企业在制定高价格的同时，开展大规模的促销活动。这一策略采用的市场环境是：大部分潜在消费者根本不熟悉该产品，而了解该新产品的消费者求购心切，愿出高价；企业面对潜在竞争者的威胁，急需大造声势，以高价优质树立声誉，取得优势。

（2）高价低促销策略。即企业通过制定高价格，支出少量促销费用，达到获得更多利润的目的。这一策略采用的市场环境是：消费对象相对稳定；消费者对该产品的需求迫切，愿出高价购买；潜在竞争的威胁不大。

（3）低价高促销策略，企业通过制定低价格，支出大量促销费用，达到迅速打进市场占有最大市场份额的目的。这一策略采用的市场环境是：市场容量相当大；消费者虽然对该商品不熟悉但对价格却十分敏感；潜在竞争比较激烈；商品的单位成本可因大批量生产而降低。

（4）低价低促销策略，通过制定低价格，支出少量促销费用，达到在市场竞争中以廉取胜、稳步前进的目的。这一策略采用的市场环境是：市场容量大；由于新产品通常是原有产品的改进品，故为消费者所熟悉；消费者对价格比较敏感；有相当的潜在竞争者。

2. 成长期

产品在这一阶段的主要特点是：销售量迅速增加，企业利润增长很快，竞争者也随之加入。这时企业的经营目标应是：尽可能地保持和延长成长期，占领市场，扩大销售，以取得良好的经济效益。为此，企业一方面要大力发展生产，以适应市场需求增长的趋势。另一方面要努力提高产品质量，增加产品的特色；广告宣传要从介绍产品转到宣扬特色，确立产品的“知名度”；积极寻求新的细分市场，并进入有利的新市场；在大量生产的基础上，选择适当时机降低售价，以吸引对价格敏感的潜在顾客。

3. 成熟期

产品在这一阶段的主要特点是：销售量和利润都较高，但增长速度减慢，甚至开始呈现下降趋势，市场竞争激烈。这时，企业的经营目标是，巩固和进一步扩大市场，延长成熟期，争取有新的增长，以保持有较高的利润。为此，企业要继续提高产品质量，增加服务项目，改进服务方法；寻求新的细分市场，使产品进入尚未试用过本产品的市场；对有些产品可改变其特色和款式，增强某些性能，发展变型产品，以适应各种不同的需求；此外，还可通过降低售价来吸引老用户和争取新用户。

4. 衰退期

这一阶段的主要特点是销售量急剧下降，企业利润大量减少。这时，企业应根据具体情况，在继续留在市场还是退出市场作出抉择。留在市场经营衰退期产品的企业，可以采取以下几种策略：

(1) “连续策略”。就是继续沿用过去的策略不变，仍然保持原来的细分市场、销售渠道、定价和推广宣传方法等。

(2) 集中策略。企业把人力、物力集中到最有利的细分市场和销售渠道上去，缩短经营战线，从最有利的市场和渠道中获取利润。

(3) 榨取策略。精简推销人员，大力降低销售费用，增加当前的利润。

如果企业决定停止经营处于衰退期的产品，也必须审慎地作出如下选择：立即停产，或是将产品制造权转让给其他企业；采取逐渐减产、逐步淘汰的方法，使企业的资源有秩序地转向新的经营项目。

发展新产品，一面有步骤地撤退老产品，使新老产品顺利地接替，最大限度地减少企业的损失。

（三）延长产品的市场生命周期的主要方法

延长产品的市场生命周期，与提高企业的经济效益有十分密切的关系。延长产品市场生命周期一般可采用下列方法。

1. 促使消费者习惯使用

许多消费者购买和使用某种产品，往往会受心理状态、生活习惯、惠顾动机等的影响，从而信赖某一厂牌产品，而不轻易改变自己购买习惯。因此，企业可以通过促使消费者习惯使用，以达到延长产品的市场生命周期的目的。在产品成长期和成熟期，通过加强广告宣传，扩大推销，保证产品质量和良好的服务，树立起产品信誉，使产品在消费者心目中有良好的印象，就能有效地延长产品的市场生命周期。

2. 进行产品改革

处于成熟期的产品，可通过对产品特性作出某种改进而吸引新的使用者，或者为现有使用者开辟新用途，而使呆滞的销售量获得回升。产品改革有三种形式：第一，是质量改良，就是提高产品质量，增加使用效果。如提高产品的耐久性、可靠性。食品工业方面诸如提高产品美味或速食性等均属于质量改良。第二，特性改良。这是指提高产品的适用性、安全性和或使用上的方便而作的改进。第三，形态改良。这是产品外型的改进。在家庭日用工业品、食品等方面，企业可通过外型和色彩的变化或包装装潢的改进来扩大产品的销售。

3. 开拓新市场

开发新的市场，为产品寻找新的买主。新市场是相对于原有市场而言的。如果产品原有市场在本省、本国，则外省、外国就是新市场。如有的商品在城市市场开始衰退，则可向农村市场发展；本地市场衰退，可向外地市场开拓。国外工业发达国家的通常作法是把已经处于成熟甚至衰退期的产品向发展中国家推进，或者直接转移到国外生产，以更低的成本进入当地市场，从而提高产品的销售量和利润率。

第二节　产品组合

一、产品组合概念

对生产经营多品种企业，要对企业生产经营的全部产品的组合进行分析。所谓产品组合，就是指企业生产经营的全部产品的有机结合方式。产品组合包括产品的广度、深度和关联性三个基本因素。

产品组合的广度，是指一个企业生产经营的产品系列的数目。产品系列也叫产品线，是具有相同的使用功能，而规格型号不同的一组类似的产品项目。

产品组合的深度，是指在各个产品系列中，不同规格产品项目数。产品项目是同一产品系列中的价格、型号等属性有别的不同产品。

产品组合的关联性，是指各个产品系列之间，在最终用途、生产条件、分配渠道或其他方面存在的相关程度。

产品组合的广度、深度和关联性如图 3－3 所示。

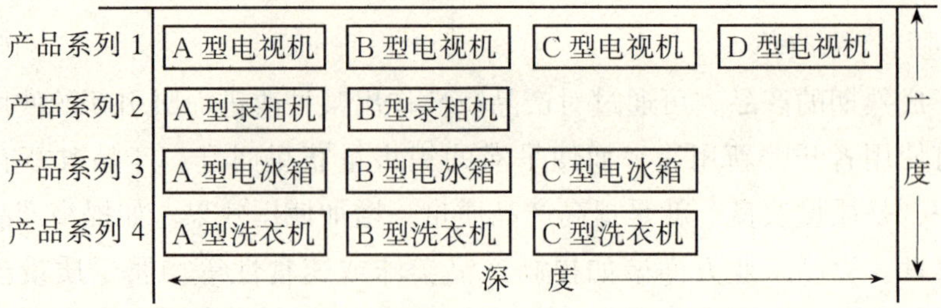

图 3－3

产品项目数为 12；

产品系列数（产品组合的广度）为 4；

产品系列中所包含的产品项目的平均数（产品组合的深度）为 3（12÷4）。

从该公司的 4 个产品系列看，都是家用电器产品，在原材料采购、生产技术、广告宣传及销售渠道等方面联系密切，是关联性较强的产品组合。

企业产品组合的广度，深度及其关联性，要受三个条件的限制。

第一，受企业所拥有的资源条件的限制。一个企业所拥有的资源总是有限的，而且企业总有自己的特长和薄弱环节。因此，并不是经营任何产品都是可能的、有利的。

第二，受市场需要情况的限制。企业只能拓宽或加强具有良好发展前景的产品系列。

第三，受竞争条件的限制。如果新增加的产品系列将遇到强大的竞争对手，利润的不确定性很大，那么与其加宽产品系列，不如加深原有的产品系列更为有利。因此，企业对其产品系列的广度、深度和关连性的决策有多种选择。

二、产品组合策略

企业根据市场情况和经营实力对产品组合的广度、深度和关联性实行不同的有机组合，称为产品组合策略。产品组合策略是市场营销策略的重要组成部分。常见的产品组合策略有以下几种：

（一）扩大产品组合策略

这种产品策略是增加产品组合的广度或深度，即增加产品系列或产品项目，扩展经营范围，生产经营更多的产品以满足市场需要。扩大产品组合的优点是：

1. 有利于充分利用企业的人力和各种资源，发挥各种生产能力，降低成本，增强企业竞争能力。

2. 减少季节性与市场需求波动的影响，使企业经营风险分散，增强企业经营的安全性。

3. 可充分利用商誉和商标，可获得大量采购同类原材料的折价优惠，有利于提高企业的市场经营效率。

4. 适应顾客多方面的需要，有利于扩大营业规模。

但这种策略有很大制约性，它要求企业拥有多条生产线，具有多种销售渠道，促销也要多样化，这会使生产成本和销售费用增加。

扩大产品组合的方式包括：(1) 在维持产品原有的质量和价格的前提下，增加同一产品的款式和规格；(2) 增加不同质量与不同价格的同类产品；(3) 增加相互关联的产品；(4) 增加与现有产品使用同一原材料或相同生产技术的其他产品；(5) 增加可获得较高利润而与现有产品完全无关的产品。

(二) 缩减产品组合策略

缩减产品组合，就是取消一些产品系列或产品项目，集中力量生产经营一个系列的产品或少数产品项目，实行高度专业化。缩减产品组合的优点是：(1) 企业可集中资源、技术于少数产品，提高产品质量，降低消耗；(2) 减少资金占用，加快资金周转；(3) 扩大少数产品的生产规模，以便从事大批量生产，产生规模效益；(4) 减少产品脱销断档现象，加强对消费者的销售服务；(5) 使广告宣传、分配渠道等目标集中，提高效率。但这种策略风险性较大，一旦生产经营的产品在市场上失利，企业可能受到严重损失。

缩减产品组合有三种方式：(1) 保持原有产品广度或深度，即不增加产品系列和产品项目，只增加产品产量，降低成本；(2) 缩减产品系列，企业根据本身特长和市场的特殊需要，只生产经营某一个或少数几个产品系列；(3) 缩减产品项目，即在一个产品系列内取消一些低利产品，尽量生产利润较高的少数品种规模的产品。

(三) 高档产品策略和低档产品策略

所谓高档产品策略，就是在一种产品线内增加高档高价产品项目，以提高企业现有产品的声望。

低档产品策略，是在产品线中增加廉价产品项目，目的是利用高档名牌产品的声誉，吸引买不起高档产品的顾客，慕名来购买这种产品线中的廉价产品。

以上两种策略，都有一定的风险。因为无论是在廉价产品线中增加高档产品，还是在高档产品线中推出低档产品，都可能引起买主的混淆。例如，采取高档产品策略的企业如何改变企业在买主心目中的形象，是很不容易的。而采用低档产品策略的企业，如果处置不当，又容易损害企业和原有名牌产品的声誉，所以采取这两种策略，必须十分慎重。

三、产品组合的调整和优化

产品组合策略是根据企业生产经营能力和市场环境所作出的决策，由于企业所处的市场环境不同，产品组合策略也应当随之发生变化。因此，企业要经常分析产品组合中各个产品系列和产品项目的销售、利润和市场占有状况及其发展趋向，及时进行必要的调整，以不断优化产品组合。

为使企业经常保持产品组合的最佳状态，首先要分析产品线和产品项目的现有的和潜在的贡献。美国著名管理学家杜拉克认为产品可以分为六类：

1. 未来的支柱产品，如新产品或改进的现有产品，是企业未来赖以生存的产品。

2. 目前的支柱产品，这是目前销量最大、盈利最多、企业现在赖以生存的产品。

3. 可抚育产品，即予以扶持，将来可以成为支柱的产品。

4. 过去的支柱产品，是企业过去赖以生存，而现在已处于衰退阶段的产品。

5. 销路不好但仍可继续经营的产品。

6. 已丧失销路，或未打开销路的失败产品。

生产经营多种商品的工业企业，应在上述六类产品之间不断进行平衡，既不能把企业的力量都集中在目前的主要产品上，忽视新产品开发，招致未来的困难，又不能把希望都寄托到未来的主要产品上，使企业目前处境困难。而是应该使各类产品处于一种合理的平衡状态，使整个企业总的利润在充分利用企业生产经营能力的情况下达到最大。

与工业企业相比，商业企业一般不受生产设备条件的限制，更加可以灵活地调整自身的产品组合。因此，商业企业应当认真加强市场调查和预测，随时根据市场需求和企业主客观条件的变化，对所营销的商品品种及时进行调整，充分发挥商业企业营销灵活、适应性强的特点，使企业营销的商品始终保持旺盛的生命力，不断提高经济效益。

调整和优化产品组合的方法很多，现介绍两种常用的方法：

1. 波士顿矩阵分析法。

这是一种以销售增长率和市场占有率为基础，通过分析产品市场地位来合理改善产品组合的方法，该法由美国波士顿咨询集团创立。

运用波士顿矩阵分析首先要绘制出矩阵图（图 3－4）。该图纵坐标代表销售增长率，说明产品在市场上的成长程度，分界线为 10%，相当于产品生命周期中成长期与成熟期的分界线。横坐标表示相对市场占有率，即每一产品相对于同行业中最大竞争者相同产品的市场占有率的比值。当此值大于 1 时，说明该企业在行业中占主导地位，反之处于从属地位。这样，矩阵由四个明显不同的区间构成。

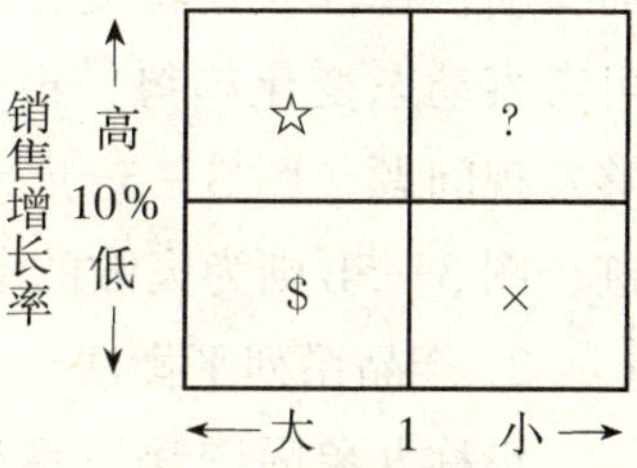

图 3－4　波士顿矩阵

（1）“＄区”。本区产品的市场占有率较高，销售量增长较缓慢，属成熟产品。由于投入少产出多，这类产品是企业财力的支柱，故叫做“金奶牛产品”。对这种盈利产品，管理的目标是维持市场占有率，改进工艺，降低成本和增加收益率。

（2）“☆区”。该区中产品的特点是销量增长快，市场占有率也高，很有发展前途，因而被称为“明星产品”。这类产品的发展往往还需要较多的投资，若管理恰当，可能逐渐发展为“金奶牛”产品，但也很可能因管理不善而遭受失败。

（3）“？区”。处于本区中产品的特点是，销售增长率较高，市场占有率较低。市场占有率低意味着市场地位不佳，高增长率表明需要大量资金维持。这类产品称之为“问题产品”，问题在于它们存在两种变化可能，或者经过努力（主要是投入更多的资源）而成为“明星产品”，或者在竞争中失败而使销售量下降。对这类产品，管理部门应扶优汰劣，认真分析不同产品的前景，合理使用有限的和各种资源。

（4）“×区”。本区产品市场占有率低，销售增长率亦低，常被形象地称为“瘦狗产品”。除非为了保持产品品种和规格的完备性，否则，一般应该有计划地加以淘汰。

运用波士顿矩阵分析企业产品时，首先，应将各产品项目（或产品线）按坐标要求置入矩阵图中相应地位置。从静态来看，“☆区”和“＄区”中的产品越多，企业产品组合的基本状况良好；其次，通过对产品组合中项目进行比较，有助于管理人员选择确定产品管理的重点，规划产品线扩充的方向，制定扶优汰劣的计划；第三，利用该矩阵把握产品市场状况的变化趋势。任何一个产品项目在矩阵中的位置，都会随产品生命周期变化而变动，管理人员将变化的运态轨迹描绘出来，即可考察动态变化趋势，再与成功的轨迹比较，还能够发现问题。图 3—5a 展示的是成功的动态变化轨迹；图 3—5b 则为失败的动态变化轨迹。

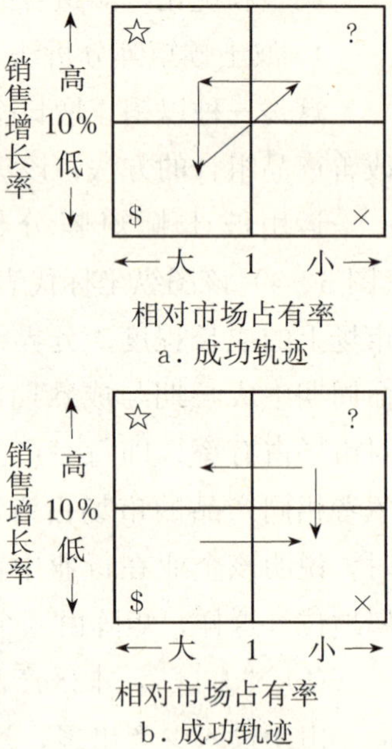

图 3-5　波士顿矩阵动态变化轨迹图

2. 产品系列平衡法

也称九象限图法，系根据企业各类产品的市场吸引力和企业实力对产品分别进行评分，然后综合评价的方法。此法于 60 年代首先由美国通用电气公司采用，然后推广到日本等其他国家。其步骤如下：

第一步，确定市场引力与企业评分标准。

通常将市场引力又分为资金利润率、销售增长率、市场容量和产品重要性四个因素，然后对每一因素划分若干等级，还为每一等级确定分数标准。市场容量指市场上可能容纳该产品的能力，产品重要性指对国计民生的重要程度。如表 3-1。

表 3-1　**产品市场引力各因素评分标准表**

资金利润率		销售增长率		市场容量		产品重要性	
等　级	评 分	等　级	评 分	等　级	评 分	等　级	评 分
30%以上	8	投入期	9	大	8	大	9
15～30%	4	成长期	7	中	5	中	5
15%以下	1	成熟期	4	小	2	小	1
		衰退期	1				

同样，对企业实力，也可按市场占有率、生产能力、技术能力、质量状况和销售能力等因素分等级确定评分标准。如表 3-2。

表 3-2　　产品企业实力各因素评分标准表

市场占有率		生产能力		技术能力		质量状况		销售能力	
等　级	评 分	等 级	评 分	等 级	评 分	等 级	评 分	等 级	评 分
50%以上	10	大	8	强	10	好	10	强	10
30～50%	7	较大	5	较强	8	较好	7	较强	7
10～30%	3			一般	4	一般	4	一般	4
10%以下	1	小	2	弱	2	差	2	弱	2

应当指出，各种因素划分为三级、四级乃至更多的级，并无一定的标准，不过一般划分为三级的较多，以简化计算，并便于最后每种产品都按大、中、小三等级，而各等级的评分是：大 8～10 分；中 4～7 分；小 1～3 分。

第二步，按上列评分标准，分别为每种产品进行评分并计算其市场引力与企业实力评分的总和。

第三步，根据产品的市场引力和企业实力得分情况，确定划分大、中、小三等分数标准。

例如市场引力的三等分标准为：

大—25 分以上；中—10 分至 25 分；小—10 分以下。

企业实力的三等分标准为：

大—35 分以上；中—15 分至 35 分；小—15 分以下。

可列表如下，见表 3-3。

表 3-3　　产品综合评价标准

市　场　引　力		企　业　实　力	
等　级	评　分	等　级	评　分
大	25 分以上	大	35 分以上
中	10～25 分	中	15～35 分
小	10 分以下	小	15 分以下

第四步，以市场引力为纵轴，以企业实力为横轴，各分大、中、小三等，画出九象限图，再根据每一产品在市场和企业实力上所得的两项总分，分别列入象限图。

假设产品甲，经计算某市场引力总分为 27 分，企业实力总分为 42 分，可知二者均属大的等级，应置于第一象限（即 A 象限）。

又设产品乙，其市场引力总分为21分，企业实力为30分，则两项指标均属中等，所以应列入5象限（即E象限）。

各个产品均据此计算，分别列入相应象限。见图3-6。

企业实力 市场引力	大	中	小
大	甲A	D	G
中	B	乙E	H
小	C	F	I

图中：A、B、C等表示象限代号，甲、乙等表示产品代号

图3-6　产品分布九象限图

第五步，根据各象限的特点，对不同象限中产品作出相应决策。

A象限：这一象限中的产品，其市场引力和企业实力都最强大，应采取大力发展的方针，加强竞争能力，扩大销售，提高市场占有率。

B象限：这类产品企业实力强大，而市场引力属中等，应努力改进产品，以发展新用途、新用户，充分利用企业实力。有的产品可采取维持现状决策，以适应市场饱和的状态。

C象限：产品企业实力大而市场引力小，一般应考虑减产或退出市场。

D象限：这是属于市场引力大而企业实力中等的产品，应采取增加投资，提高生产能力与技术能力，改进产品质量，降低成本措施。

E象限：这是两种指标均处于中等水平的产品，应采取维持现状的对策。

F象限：这是企业实力中等而市场引力小的产品，一般应予停产撤退。

G象限：这是市场引力大而企业实力小的产品。由于这类产品有较好的市场前景，应积极投资以增加实力。

H象限：这是市场引力中等而企业实力小的产品，应在维持现状的基础上，尽可能地提高市场占有率，取得一定的盈利。

I象限：这是两种指标处于很小水平的产品，应积极采取措施进行撤退，并作好生产设备的调整和销售队伍的转移工作。

产品系列平衡法的作用在于将社会需要和企业本身条件有机地结合起来，以九象限图形象地表示出哪些是重点发展的对象（如A、D、G象限中的产品），

哪些是改进或维持现状的对象（如B、E、H象限中产品），哪些是应予撤退的对象（如C、F、I象限中产品），从而为企业正确地作出产品决策，提供了比较科学的依据。但如何评等记分，并无确切地统一的客观标准，因此制定标准时，不免多少带有主观成分，这是其不足之处。

第三节　产品商标和包装

一、商标

（一）商标的概念

商标就是商品的标志。它是商品生产者或经营者用以标明自己所生产或经营的商品，与其他人生产或经营的同一商品有所区别的标记。这种标记用文字、图形、字母、数码、线条、名称或颜色等组成。

商标不仅是商品的标志，而且也是一种无形财产，一种知识产权。所谓知识产权，就是从法律上确认和保护人们（包括法人和公民）在科学、技术、文学、艺术等精神领域所创造的“产品”具有专有权或独占权，他人不得任意侵犯；如有侵犯，将受到法律的制裁。知识产权包括两部分，即工业产权和文学艺术产权（亦称版权）。商标就是一种工业产权。商标，现已作为企业的一种财产正式列入资产账目；在经营中，商标也可以转让、作价，具有交换价值。

（二）商标的作用

商标的作用，主要表现在以下几方面：

1. 区别同种或类似商品的不同生产者或经营者。这是商标最本质、最基本的作用。对于不同种类商品，人们通过商品名称、原料、功能、用途以及外观等就可以区分开来。但不同企业生产或经营的同种或类似的商品，其商品名称、外观形态、功能是相近甚至相同的，在这种情况下，如何区别同种商品的生产者或经营者，很重要的标志就是商标。商标通过注册，具有排他性和享有专用权。注册后的商品商标，不允许发生混淆，例如，某厂生产的肥皂使用了芙蓉牌注册商标，另一厂就不得再使用相同的商标，这就使商标对同一商品起到了区别不同生产者和经营者的作用。对于假冒商标，就要按照法律加以处理。

2. 表示和保证商品质量和特色。商标一旦固定用于某种商品，经过反复使用，它就成为商品质量和特色的象征，成为商品信誉和商品形象的代表。商标对质量的保证作用，是指使用同一商标的商品质量保持在一个水平上。这种保证作用，主要是通过企业内部使用同一商标的商品的原料、零部件、工艺、工装等方面统一标准并坚持标准生产来实现的。

正是由于商标的这一作用，企业在市场竞争中通过保持或不断提高商品质量来培植和巩固本企业的商标信誉，进而以商标信誉作为商品质量的担保。从这个意义上来说，商标就成了责任的标记。消费者也可以通过商标监督商品质量。消费者一旦发现使用某一商标的商品质量下降，便会改变购买对象或向有关部门投诉。

3. 广告宣传。商标具有显著的特征，它简洁、明快、容易叫出名称，独特醒目，便于识别，容易给人们留下深刻的印象；而广告的目的也在于引起人们的注意，加深记忆，诱导人们的购买欲望和购买行为。所以商标能起广告宣传的作用，具有广告宣传的功能。

（三）商标设计的基本要求

从市场经营的角度来看，好的商标设计要体现以下要求：

1. 商标的设计必须符合国家商标法规定的要求。我国商标法对商标设计的文字、图形的基本要求是：（1）商标设计不能同国家名称、国旗国徽，军旗、勋章相同或者相近似，以维护国家尊严；（2）商标设计不能和外国及国际组织的国家名称、国旗、国徽等标记相同或近似，以免引起国际纠纷；（3）商标设计不能带有民族歧视、欺骗性及损害社会主义道德风尚的内容。

2. 商标设计要求构思新颖，美观大方，能给消费者留下美好印象和深刻记忆，并且能引起强烈的兴趣，诱发购买动机。

3. 商标设计要求能表现企业和产品特色。对于一个具体的企业或产品，并不是任何造型的美观的商标都能适用。商标设计要求考虑到能显示企业或产品的特色，使消费者对企业产生良好印象。如用飞机和地球形状组成的图案作商标，使人一看就会联想到该公司的业务性质和经营范围。

4. 商标设计要求简单明了。即要求商标发音简捷，图案清晰，符号简明，使人容易接受。尤其是在现代社会中，只有简单明了的商标图案，才能迅速强烈地捕捉住大众视线，并留下深刻印象。因此，图案的笔画粗细、文字间隔、排列结构等方面，都要适应人们视觉的要求。

5. 出口商品的商标设计要避免忌讳的发音和图案。出口商品的设计，除了要讲究美观、大方和新颖诱人外，还要适应各国的宗教信仰、风俗习惯的要求，避免使用当地忌讳的发音和图案。

（四）商标策略

商标不仅是产品的名称和标志，而且是企业的一种重要的推销手段，它是整个产品策略的重要组成部分。要发挥商标的作用，必须正确地运用商标策略。

商标策略包括以下几个方面：

1. 是否使用商标。由于商标在企业市场经营中有着重要的作用，因而许多产品都使用商标。但以下几类产品，一般不宜或不必使用商标：(1) 广大用户对某种产品的需要基本相同，而不同企业生产的该产品，只要规格相同，其质量无显著区别，如电力、煤炭、水泥、钢材等。(2) 消费者习惯于不按品牌购买的产品，如食油、食糖等。(3) 生产简单、价格低廉，又无一定技术标准的产品，如小农具。(4) 临时性生产的产品。这些产品由于不使用商标，可以减少费用和简化管理。

2. 使用谁的商标。从历史传统上看，商标是商品生产者的标记。但自从商业脱离产业而成为独立的部门，商业的发展使商业企业也形成了自己的声誉，在顾客中有一定的影响。顾客总是愿意购买具有良好声誉的商业企业出售的商品。因此，商品生产者就需要衡量商标在市场上的声誉，在采用谁的商标上作出选择。一般说如果企业需在一个对本企业产品不熟悉不了解的新市场上推销产品，或者在市场上本企业的信誉远不及销售者的信誉时，则适宜采用销售者的商标。

3. 是否采用统一的商标。企业如果生产经营多种产品，是否采用同一种商标，有以下三种策略可供选择：

(1) 区别性策略，即企业对自己生产或经营的不同规格不同质量的产品采用不同的商标。这种策略的主要优点有三：第一，便于企业扩充高、中、低档各种类型的产品，以适应市场上各种不同的需要，又并未将企业声誉系于一种产品上，当某一商标的商品在市场上信誉低落时，不会株连本企业其他商标的商品；第二，每一种产品采用一个商标，各种产品皆能自立，刺激内部竞争；第三，有助于扩大企业产品的阵容，提高企业的声望。

(2) 同一型策略，即企业生产或经营的所有商品采用同一种商标。这种策略有利于利用本企业已取得声誉的商标将其他新产品带入市场，从而减少广告促销费用。但采用这种策略要有一定的条件：①这种商标在市场上已获得一定的声誉；②采用同一商标的各种产品具有相同的质量水平。如果各类产品的质量水平不同，使用同一的商标就会影响具有较高质量水平的产品声誉。

(3) 差异性策略，即企业对生产营销的同一质量的商品给不同的商标。这种策略可以根据不同国家、不同民族、不同宗教信仰制定不同色彩、图案、文字的各种商标，有利于适应各种不同消费习惯，避免因商标的不恰当而影响销售。

（五）企业内部的商标管理

为了有效地依法保护注册商标专用权，维持注册商标信誉，使用注册商标的企业应将商标管理列为企业管理的内容之一，指定部门和专人负责商标管理工作。企业商标管理工作的任务如下：

1. 按照《商标法》的规定，及时办理商标注册、续展、转让以及变更注册事项等的申请和使用许可合同的签订等事宜。

2. 按照核准注册的文字和图形正确使用商标。对商标的印制、使用、保管以及废次商标标识的处理等，都要建立严格的审查和管理制度，防止实际使用的商标图样失真和商标标识失散。

3. 注意市场动态和经常查阅《商标公告》，发现有损于自己商标权益的情况，及时依法提出异议、争议和控告，切实保护注册商标的专用权。要注意积累使用商标的商品销售情况（包括销售地区、时间、数量和用户评价等），以便一旦发现自己的注册商标被侵权，即可以此作为提出索赔的依据。

4. 按照注册商标核定使用商品的范围和现行技术标准，加强对商品的质量管理，以维护商标信誉，不能以改换商标来掩盖商品的质量下降。

5. 健全商标档案，做好商标注册证、商标申请书和商标设计资料等的保管。

二、包装

（一）包装的作用

包装是产品的容器和外部包扎。它既是整体产品的组成部分，又是实现商品价值和使用价值并使之增值的重要手段。绝大多数商品，只有经过包装，生产过程才算最后完成，商品才能进入流通领域和消费领域。除少数产品，如原木、砖瓦、砂石、煤炭等外，一般商品都需要不同的包装。搞好包装，对市场营销具有重要作用：

1. 保护商品。这是包装主要目的和重要功能。商品在流通过程中，最容易受到外界的影响和损害，特别是易腐烂、易破损、易燃、易蒸发的商品。有了包装，就可以防止商品破损，散失、溢出或变质，从而保护商品的使用价值。

2. 方便商品运输和储存。通过包装把零星、分散的商品装成一个整体，包装上有有关商品的鲜明标记，这就便于在运输和储存中装卸、搬运、堆码、清理盘查、计数点件，方便保管。

3. 美化商品，促进销售。商品采用包装以后，首先进入消费者视觉的，往往不是商品本身而是商品的包装。好的包装能引起消费者的兴趣，触发其购买动机，因而成为“无声的推销员”。商品的内在质量是商品市场竞争能力的基础，但是一个优质产品如果不和优质的包装相配合，在市场上就会削弱竞争能力，降低商品的“身价”。这在国际市场上表现得更为明显。

4. 便于购买和使用。经营者经营千百万种商品，如果没有包装，就难以把商品陈列出来，也难以计数、盘点、售卖。有了包装，就给商品经营带来很大方便。从消费者的角度来说，商品通过一定形式的包装，才能方便购买、携带和保管。同时，通过包装附印说明，可以使消费者了解商品的使用和保管方法。

5. 增加利润。优良、美观的包装，往往可提高商品的身价，使顾客愿意付出较高的价格来购买，并能增加销售量。同时，由于包装的保护，减少了损耗。这些都能使企业增加利润。

（二）包装的设计

包装分为外包装与内包装。外包装称为运输包装，如纸箱、木箱、麻袋等，其设计总的原则是“牢固、适用、经济”，主要着眼于保护商品和便于运输。内包装也叫做销售包装，如盒、瓶、罐等，其设计着重考虑美化商品、促进销售和便于使用。我们这里所说的包装设计，主要是指商品的内包装设计。商品的内包装设计，有以下几点要求：

1. 包装设计必须根据每一种商品的理化性质，销售和消费方式的不同，做到造型美观大方，图案生动形象，尽量采用新材料，新颖多样，不千篇一律。

2. 包装应与商品的价值或质量水平相适应，生活消费品特别是其中的贵重商品（如珠宝、首饰、人参等）和艺术品、化妆品的包装要能烘托出商品的高贵、典雅和艺术性。如珍贵的首饰和玉雕、牙雕等配以各种镶嵌、雕刻、编制等名贵手工艺包装盒，名画配以樟木雕刻的画卷盒包装，贵重皮大衣配以高级手提皮箱包装等。当然，不能单纯追求包装的华贵，搞成“金玉其外，败絮其中”，但也不能用“烂稻草包珍珠，自贬身价。”

3. 包装要能显示商品的特点或独特风格。对于以外形和色彩表现其特点或风格的商品，如服装、装饰品、食物等，其包装应考虑能向购买者直接显示商品本身，以便于选购。常用的方法有全透明包装、开天窗包装，或在包装上附有彩色画片。

4. 包装的造型和结构应考虑使用、保管和携带的方便。包装的造型、结构除了外型美观新颖大方等艺术性方面的要求外，还要考虑出售和使用上的方便，在便于使用的前提下，还要考虑贮存、运输、陈列、携带上的方便。

5. 包装上说明要求能增加顾客的信任感并能指导消费。包装说明应根据顾客的心理对不同商品有不同的重点。如食品类的包装应说明用料、食用方法；药物类商品应说明成份、功效、服用量、禁忌及是否有副作用等。总之要能直接回答购买者所关心的问题，以解除购买者可能存在的疑虑，在包装上要有针对性的说明，以增加顾客对商品的了解和信任。

6. 维护消费者和社会的利益。要防止不根据商品特性的要求，片面追求商品的包装装潢美，使包装过于奢华，甚至用过分包装来掩盖商品的质量。以保护消费者的利益，和避免造成社会资源的浪费。对有害的包装物应禁止使用，以减少环境污染。

（三）包装策略

包装是促进销售的工具。优良的包装能触发消费者的购买行为。因此，还要研究包装的策略。可供企业选择的包装策略有如下几种：

1. 类似包装策略。所谓类似包装策略，就是一个企业所生产的各种不同产品，在包装上采用相同的图案、色彩，使顾客极易发现是同一家企业的产品。这种包装策略的优点是既可以扩大企业和产品的影响，扩大推销效果，又能减少包装设计，节省费用。所以，一般名牌厂商、专业化制造商大都采用这种包装策略。但是类似包装策略一般只适用于质量同样水平的产品，如果质量相差悬殊，就不宜采用这种包装策略。

2. 多种包装策略。多种包装策略，就是企业或经营者依据人们生活消费的组合习惯，将几种有关联的商品配套装在同一包装物中。如针线盒、小工具箱。这种包装策略的优点是：一物带多物，便于消费者使用，也扩大了产品的销售。

3. 再使用包装策略。即原包装的商品用完后，空的包装容器可以做其他用途。如一个精巧别致的饼干盒，一个具有独特造型的酒瓶，对消费者都颇有吸引力。这种包装策略的优点是：有利于诱发消费者的购买动机，同时能发挥广告宣传的作用。

4. 附赠品包装策略。在商品包装物上或包装内，附赠奖券或实物，吸引消费者购买，以扩大销售，称附赠品包装策略。如儿童市场上玩具、糖果等商品附赠连环画、识字图，化妆品包装中附有奖券等。

5. 改变包装策略。商品包装上的改进，正如商品本身的改进一样对打开销路有重大意义。当企业的某种产品在同类产品中质量近似而销路打不开时，就应该注意改进包装设计。当一种产品的包装已采用较长时间也应考虑推陈出新变换包装。这种用改变包装的办法达到扩大销售目的就是改变包装策略。改变包装包括材料的改变、包装形式的变化、包装技术的改进等。改变包装，常产生意想不到的经济效果。当然采用这种策略也是有条件的，就是商品的内在质量要达到使用要求。如果不具备这个条件，商品的内在质量不好，那么即使在包装上作了显著改进也无助于销售的扩大。

第四节　新产品开发

一、新产品的概念及其开发的重要性

（一）新产品的概念

从市场营销的角度看，凡是企业向市场上提供的过去没有生产过的产品都可以称为新产品。具体说来，新产品可分为以下四类：

1. 全新产品。这是指应用科技新原理、新技术、新材料制造的前所未有的产品。对大多数企业来说，独立发展这种新产品是很困难的，因为一项新的科学技术的发明并应用于生产，需要经历较长的时间，要花费巨大的人力和资金。这种全新产品要经国家科学技术管理部门的鉴定批准，并可申请专利，得到法律的保护。

2. 换代新产品。这主要是指适合新用途、满足新需要，在原有产品的基础上采用新技术而制造出来的新产品。例如：黑白电视机革新为彩色电视机，盘式录音机革新为盒式录音机等等。

3. 改进新产品。这种新产品不是由于科学技术的进步，而导致产品的重大革新，只是对现有产品的品质、性能、款式等作一定的改进。例如不同型号的汽车、新款式的服装等。改进新产品与换代新产品是市场上大量出现的新产品的主要来源，前者主要是对用途而言，后者主要是对性能而言，二者都是企业开发新产品的重点。改进新产品比较容易为消费者接受，但是也易于被竞争者仿效，因此竞争比较激烈。

4. 仿制新产品。指市场上已有的产品，本企业模仿而生产，也称企业的新产品。从市场竞争和企业经营上看，仿制在新产品发展中是不可避免的。如目前一些地方生产的电冰箱、洗衣机等，都是模仿他人的产品而生产的。

(二) 开发新产品的意义

努力开发新产品，对于企业的生存发展有极为重要的意义。

1. 开发新产品，有利于避免产品线老化，适应市场不断变化和日益增长的需求。

2. 开发新产品，有利于企业及时采用新技术、新材料，不断推陈出新，增加商品品种和数量，使市场上的商品日益丰富多彩。

3. 开发新产品，有利于充分利用企业的资源和生产能力，提高经济效益。

4. 开发新产品，有利于加强企业生产经营的稳定性，减少因老产品滞销带来的经济收益的下降。

5. 开发新产品，有利于提高企业的声誉，增强竞争能力。

开发新产品是关系到企业生存和发展的大事，但又是一项很难的工作，不仅需要投入大量资金，而且具有很大的风险，实际上并不是任何新产品都能获得成功。这是因为：第一，由于社会经济的发展，人们精神文化的进步，对市场上商品的需求也越来越复杂。一件新产品问世，很难适合多方面的要求。第二，由于资源和环境的制约，对产品使用上的经济性与安全性提出了更高的要求，使新产品制造技术的难度更大了。第三，对于技术条件要求高的创新产品，需要巨额的研究发展投资、雄厚的技术力量、完备的试验手段，而这些投资很多属于研究性质的，不能很快地取得收益。因此，企业开发新产品必须坚持积极慎重的方针，不能盲目轻率地采取行动。

二、企业开发新产品应遵循的原则

为了使新产品尽可能取得成功，企业在研究和开发新产品时，应遵循以下原则：

1. 根据市场需要，开发适销对路的产品。生产符合市场需要的产品，是新产品开发成功与否的关键，企业要根据社会经济形势的发展和市场需求变化来进行新产品开发。例如，随着农村商品经济的发展，中小型农机具、农用汽车、农副产品加工设备需求增大，这就为开发机械新产品提供了市场。企业对市场上这种存在潜在需要的产品，应不失时机，尽快开发，以抢先占领市场。

2. 根据本企业资源、技术等能力确定开发方向。新产品的开发方向，既要符合市场需要，又要能发挥企业的优势。企业应当根据本身的资源、设备条件、技术力量等确定新产品的开发方向，只有量力而行，扬长避短，才能收到事半功倍的效果。如果企业忽视本身的条件，新产品的开发就很难奏效。

3. 量力而行，选择切实可行的开发方式。可供选择的方式有以下三种：

（1）自行研制。这是企业在基础理论和应用技术研究成果的基础上，自己研制的独具特色的产品。这种开发方式要求企业具备较强的科研能力和雄厚的技术力量。因此，一般大中型企业才采用。

（2）技术引进。这是指利用国外或国内其他单位或个人已有的成熟技术从事的新产品开发。采用这种方式可以节省科研费用，争取时间较快地把新产品生产出来。这种方式对于研究开发能力较弱，而制造能力较强的企业更为适用。

（3）自行研制与技术引进相结合。这种方式可以是：在充分消化引进技术的基础上，结合本国、本企业特点进行某些创新；或是在充分利用本企业技术的基础上，引进某些新技术，以弥补自己的不足。这种开发方式花钱少，见效快，既能很好地发挥引进技术的作用，又能促进企业自己技术开发，并保证产品的先进性。

三、新产品的开发程序

为了减少新产品开发中的风险，开发工作不但要遵循正确的原则，还要坚持科学的程序。新产品开发一般应经过以下几个阶段：

（一）产品设想的形成

新产品始于设想。产品设想来源于多方面。一是来自顾客，顾客的需求是寻求新产品构想的重要来源。可以通过直接向顾客调查以及接待顾客来信来访，了解他们的需求。二是来自科技人员，他们的新发现、新发明对企业开发新产品很重要。三是来自竞争对手，从竞争对手的产品可以看出什么产品受顾客欢迎。四是来自企业的销售人员和经销商。由于他们经常和顾客接触，了解市场需要。此外，还有大学及科研机构、市场营销研究机构等。企业应注意广开思路，广泛收集新产品设想。

（二）设想的筛选

企业在广泛征询新产品设想的基础上，必须对出现的新产品构思进行筛选，目的在于减少产品设想数量，以便将目标集中在有开发前途的产品上。企业在对新产品设想进行筛选时，既要防止对那些好的设想的潜在价值估计不足，以致漏选失去机会，又要防止误选了缺乏营销前途的设想，以致造成失败。为此，应制订新产品设想评价表，就质量目标、技术水平、市场规模、竞争状况、技术能力、资源状况等项目逐一进行评价，要尽可能地吸收企业各个部门有经验的管理人员和有关专家参加，正确地确定评价项目及其标准，以提高筛选的准确程度。

（三）经营分析

本阶段的任务是预计拟将开发的新产品投入市场后的获利可能和贡献大小。重点分析其预计的成本、需求量和盈利水平。成本分析包括生产成本和推销成本。需求分析，则要测算市场需求潜量和销售潜量以及消费者购买能力和购买愿望。只有同时具备了购买能力和购买愿望，才能实现销售。企业应在需求分析、成本分析和盈利能力分析的基础上，进行综合权衡后才能正式作出开发新产品的决策。

（四）产品研制

这是把新产品设想变为实物的研究试制过程。在这个阶段，不仅要制出样品实物，而且要设计好商标及包装。这是产品开发的重要步骤。首先，只有通过产品研制，才能使产品设想变成产品实体；其次，产品研制，要花费大量投资；同时，只有通过产品研制，才能判断产品设想在技术上、商业上是否可行。样品制出以后，应交消费者试用。消费者在使用过程中，往往会发现许多研制过程未曾发觉的问题，以便对产品设计进行改进。

（五）市场试销

新产品的样品经过部分顾客试用基本满意后，企业可根据改进后的设计进行小批量试生产，在有选择的目标市场中作检验性试销。试销不仅能增进企业对新产品销售潜力的了解，而且有助于企业挑选与改进市场经营的方法，能够启发或指明改进市场策略的方向。但新产品试销可能带来以下一些问题：一是试销有时不能正确反映市场需求，二是试销的代价很大，三是容易泄露企业的新产品信息，易被竞争者所利用。

（六）正式生产，投放市场

新产品经部分顾客试销或试用成功后，应根据试销试用中收集到的顾客意见，进一步提高产品的功能和质量，对产品的整体设计再做进一步修改，然后，即可大批量生产，这时企业要注意以下几个问题：

1. 正确选择投放市场的时间。这就是所谓的市场定时策略，即把握销售时机。新产品选择什么时机进入市场，概括地说有两种情况：一种是企业新产品试制成功后，以最快的速度把产品推向市场；另一种是新产品试制成功后，并不急于投放市场，而是等待销售时机。这类产品多属换代产品，因为在原有产品未进入衰退期前，大批量推出它的换代产品，会影响原有产品和其他同类产品的市场销量，从而减少企业盈利。

2. 正确选择投放地区。新产品不一定立即向全国市场投放，可以先向某一地区市场推出，进行集中性的广告宣传，取得相当的市场占有率以后，再扩大到其他市场。

3. 正确选择目标市场。新产品的潜在消费者有四种类型：最先采用者、大量购买者、有影响的带头购买者，对价格敏感的购买者。企业应根据新产品的特点，选择最有潜力的消费者群，作为自己的目标市场。

四、价值工程

（一）价值工程的基本原理

价值工程（简称 VE）是一种运用集体智慧和有组织的活动，通过对产品或作业进行功能成本分析，力图用最低寿命周期成本实现必要的功能，以提高产品或作业的价值的技术经济方法。

1. 价值工程中所说的“价值”是对某种产品或作业的功能（或效用）与成本（或生产费用）的相对关系。就是产品（或劳务）的功能（或效用）与成本（或生产费用）的比值，即：

$$\text{价值（V）} = \frac{\text{功能（F）}}{\text{成本（C）}}$$

上式表明，价值与功能成正比，与成本成反比，功能越高而成本越低，则价值越大。企业要提高产品价值，可采取以下的途径：

（1）功能不变，成本降低；

（2）成本不变，功能提高；

（3）功能提高，成本降低；

（4）成本略有提高，功能有更大的提高；

（5）功能略有下降，成本大幅度降低。

2. 价值工程是以最低的寿命周期成本可靠地实现产品的必要功能，寿命周期成本是产品从研制、设计、制造到使用整个期间的成本。

价值工程要求寿命周期成本最低，即不仅要求设计、制造成本低，也要使用成本低，这是社会节约的要求，用户的要求，也是企业的责任。只有寿命周期成本降低了，才能取得对整个社会有益的经济效果。

3. 价值工程的核心是对产品（或作业）进行功能分析。产品的功能，是指某种产品的用途和作用，即产品所担负的职能。功能也可以说是产品对用户的有效性，即效用。价值工程对产品（或作业）的分析，首先不是分析产品的结构，而是分析产品的功能。

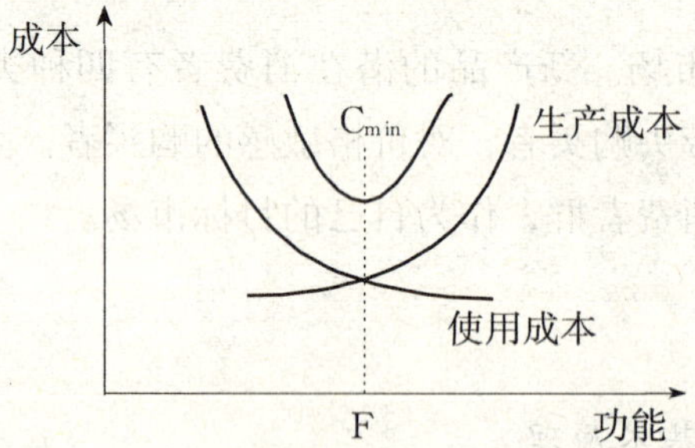

图 3－7　产品寿命周期成本与产品功能关系

通过功能分析，可以发现哪些功能是必要的，哪些功能是不必要的，或过剩的。在改进方案中去掉不必要的功能，削减过剩功能，补充不足的功能，使产品的功能结构更加合理。

（二）价值工程活动的程序

开展价值工程活动，一般要经过以下几个步骤：

1. 选择对象产品

选择对象产品就是从企业产品中确定开展价值工程活动的产品。在企业中开展价值工程活动，并不是对所有的产品都要进行价值分析，而是有选择的。目的是为了提高价值分析的效果。选择的一般原则是：功能改进和成本降低的潜力比较大的产品；在生产经营上迫切要求改进的产品。

2. 收集情报

收集情报就是围绕所选择的对象产品收集有关资料，取得进行价值活动的依据、标准、对比对象，并得到有益的启示，开拓改进思路，要收集的资料有：用户资料、销售资料、技术资料、经济资料和本企业基本情况等。

3. 功能分析

功能分析就是科学地确定产品或零件必要的功能，明确各功能之间的关系，适当调整功能比重，使产品的功能结构更加合理，并结合实现功能成本，确定其价值大小。功能分析的内容包括功能定义、功能整理和功能评价。

功能定义就是对产品及其零部件的各种功能，用简明的语言进行描述。这是确定产品及其零部件必备功能的重要步骤。

功能整理就是把已经定义了的功能进行分析，归纳和整理，以明确其相互关系。

功能评价就是根据 V=F/C 公式，对各项功能的价值（V）进行计算，计算出的值称为价值系数。价值系数高说明价值高，价值系数低，说明价值低。功能评价的目的是选择出价值低的功能区域作为改善对象，定出目标成本，保证 VE 工作取得更大的经济效果。

4. 提出改进方案并对方案进行评价

提出改进方案，是价值工程的参加者充分发挥集体智慧和创造才能的阶段。参加的每个成员都应该在充分运用情报资料的基础上，解放思想，勇于创新，大胆提出各种方案。

方案评价第一步是概略评价，即对提出的方案根据满足功能的要求和成本水平，做出初步估计，剔除不能满足功能要求、成本太高的方案。初步选出的方案要进一步具体化和完善。第二步是对这些详尽完善的方案，从功能满足程度、各种生产条件和成本等方面，详细评价，选择出正式采用的方案。

5. 组织方案实施和成果评价

方案实施主要是定方案实施负责人，制定实施计划，明确分工，规定进度和质量要求，制定验收标准，组织方案的具体实施。方案实施后的成果，可以用以下指标评价：

$$\text{全年净节约额} = \left(\text{改进前成本} - \text{改进后成本}\right) \times \text{年产量} - \text{价值工程活动费}$$

$$\text{节约百分数} = \frac{\text{改进前成本} - \text{改进后成本}}{\text{改进前成本}} \times 100\%$$

$$\text{节约倍数} = \frac{\text{全年净节约额}}{\text{价值工程活动费}}$$

4 第四章 销售管理

产品销售是企业生产经营活动的重要组成部分，能否正确有效地组织销售活动，是决定企业生存和发展的基本条件。本章将讨论企业目标市场，市场调查与预测，销售计划和销售策略等。

第一节 企业目标市场

市场是企业生产和销售的出发点和归宿。就一个企业来说，能不能对市场，特别是自己的产品和服务所进入的目标市场作出正确的认识和分析，对其生产销售活动的成败至关重要。

本章所讨论的市场，主要是从企业进行产品销售活动的角度出发定义的。即企业某种产品的可能购买者对该种产品的需求总和，或者该种产品的所有可能购买者，就是企业的产品市场。要认识和掌握企业目标市场的概念与选择方法，需先了解市场细分化。

一、市场细分化

（一）市场细分化原理

市场细分化是企业依据一定的因素，将某一产品的整体市场划分为若干分片市场，以便从中选择经营服务对象的一套科学方法和活动过程。

市场细分化概念的提出，是由购买者需求普遍具有差异性这一原理引起的。在市场发生的购买活动中，同一种产品的任何两个购买者在作出购买该产品的决策时，其出发点或追求的利益方向并不完全相同。例如，购买同一种服装的顾客，有的可能因为对其做工满意，有的则认为其价格比较经济合理，等等。购买者需求存在差异性是普遍的，而差异性的强弱程度则又因具体产品而各不相同。一些产品，如食盐、大米等，购买者对其需求的差异性就很小，它们满足的基本上是一种同质的需求，所以这类产品的市场被称为“同质市场”。而对于绝大多数的个人消费品（如服装、鞋类、玩具等）和相当多数的工业用品（如机器设备、仪表、工具等），购买者在对其进行购买选择时，总有自己个别的特殊要求，总希望它们能满足自己的某种特定的利益追求或偏好。这些产品的市场就成为“异质市场”。

异质市场的广泛存在为市场细分化方法的应用提供了客观基础。市场细分化的过程就是企业寻找、发现同种产品购买者的这些需求差异性，并按照“求大同存小异”的原则，把需求差异性较大的购买者区分开，把需求比较接近或一致的购买者聚合成组，从而划分出同种产品的不同购买者群体，这样就将同种产品市场划分成了不同细分市场片。

（二）市场细分化的标准

市场细分化可以依据多种标准来进行，其中首要的就是产品的最终用途。依据最终用途，产品大致可以划归两类：一类是供居民个人或家庭生活消费的消费品；一类是供企业和其他社会组织从事再生产或其他服务活动所使用的生产资料产品。这样，产品市场最基本的划分就是分为消费品市场和生产资料市场。前者是由居民个人或家庭为单位构成的购买者群体；后者是以企业和其他类型社会组织为单位构成的购买者群体。由于这两类购买者在需求特征和购买方式等方面有着重大的差别，所以对它们又分别采用不同的标准进一步细分。

1. 消费品市场的细分标准

消费者需求的异质性是消费品市场细分化的基础。消费者需求之所以产生差异是因为他们所处的自然地理环境、社会经济地位以及生理和心理条件不尽相同所致。因此，一般可以将消费品市场细分的标准归纳为三类主要的因素。

（1）地理因素。这是按照消费者所在地理位置等标准来进行市场细分。由于处在不同地理位置的消费者将受不同气候、物产条件、文化传统乃至生活习俗的影响，从而形成不同的需求特征。地理因素既反映了消费者必须接受的这些环境差异，又具有良好的可区别性，因此它成为人们应用最早和最广泛的细分标准。不过，也应该看到，地理因素毕竟是静态和外在地反映需求差异的因素，而且比较笼统和简单化，不能更深刻地揭示消费者需求差异性的内在和动态的原因。因此，还须进一步考虑其他因素，才能获得对企业有实际意义的市场细分。

（2）人文统计因素。这类因素包括年龄、性别、职业、收入水平、文化程度、家庭规模、宗教信仰等等。人文因素能更深刻地反映出消费者需求出现差异的内在原因。同时，人文统计指标较易测度，企业可以通过政府或其他机构发布的统计资料获得自己细分市场所需要的数据。因此，它是企业销售中常使用的重要细分标准。

（3）心理因素。这是根据人们发生购买行为的心理特征来区分不同的购买者群体，常用的标准有利益偏好、个人性格、生活方式、仿效欲望、品牌偏好、使用频率等。这些反映心理特征的指标能更深刻地揭示购买者产生需求差异的内在和动态的原因，有利于企业进行更细致的市场区分，从而发现新的市场机会。所以它日益广泛地为企业所采用。但也应看到，这类因素比较复杂，变化大，难于准确把握，所以企业在实践中正确使用它们的难度也较大。

2. 生产资料市场的细分标准

生产资料的购买者是从事生产、流通和其他服务活动的社会组织，其中主要是各类工商企业。显然，它们的购买行动很少受个人生理和心理因素的影响。对它们进行市场细分有着一套不同的标准。常用的主要有如下三种：

（1）购买者的组织性质和使用要求。即区分购买某生产资料产品的用户组织是从事制造生产活动的工业企业，还是从事流通服务活动的商业企业、运输企业，或是从事其他服务活动的机关、事业组织；对于工业企业，还应进一步区分它们属于什么部门或行业，从事什么样的生产活动等。一般来说，构成生产资料市场的购买者数目相对消费品购买者要少得多，对它们进行从部门到行业属性的具体区分，不仅是必要的，也是完全可能的。企业利用一些工商企业名录和国家颁发的有关行业分类资料即可完成这一工作。只有弄清了购买者的组织性质，才能进一步搞清其购买产品的目的和使用要求，从而划分和聚合出一些具有较高需求同质性的购买者群。

（2）购买者的组织规模和购买力。在生产资料市场上，一些数目不多但规模较大和购买力强的购买者，常常可能购买某种产品的较大数量。企业如善于识别出它们，为其制定特殊的销售策略，可获得长期稳固的销售市场。另一方面，区分和识别出为数众多的小规模购买者，并弄清它们的行业和地区分布，也有利于企业制定恰当的销售政策和组织销售业务活动。

（3）购买者的地理位置。生产资料产品购买者的地理位置，比如它们距生产企业的远近，分布的集中与分散程度等，不可避免地影响到产品的分销方式和运输成本。因此，将购买者按一定地理标准进行划分，在生产资料市场细分中也是一个极其常用的方式。

此外，生产资料购买者的内部组织结构和例行购买程序等也是很有用的细分依据。

（三）市场细分化的方法与程序

管理学界对市场细分化的方法进行了多方面研究，提出了诸如系统聚类法、区间划分法、向量图表法等多种专用方法。本书只对一种最一般和最常用的交叉分类法作一些介绍。

交叉分类法，就是运用上述各类细分因素中的多个不同标准，对某种产品的所有购买者进行多层次的反复交叉分割，使之形成一些具有较高同质性的购买者群，再适当聚合成适合企业需要的细分市场。比如消费品中的服装产品市场可以先按地理因素划分为北方和南方、农村和城市等市场；再按人文统计因素中的年龄和性别等划分出儿童、青年、中老年市场以及男装与女装市场；还可进一步按心理因素的某些指标区分出时尚服装与大众化服装等市场。这样用多个标准交叉重叠划分的结果，就会使细分出来的各个购买者群体内部在需求特征上趋于接近或一致，而不同群体之间则表现出较明显的差别。

无论是采用交叉分类法，还是其他专用的方法，企业在进行市场细分时都须注意几点：

（1）正确选用市场细分标准。企业据以进行市场细分的标准一定要适合于自己产品的特点和购买者可能表现的客观状况，切忌主观臆断或照搬硬套。一般来说，对不同产品没有一套普遍适用的细分标准，企业经营者必须有具体情况具体分析的客观态度。

（2）正确安排细分标准的使用顺序。在具体产品的市场细分顺序上并没有固定的模式。不过，一般可遵循先静态后动态的原则来安排细分标准的使用顺序。比如，对消费品市场先使用静态的地理因素，划分出市场的大致地理区间，再使用某些人文因素进一步分割，最后使用更具动态性的心理因素进行更深入的细分。这样做既符合由表及里逐渐揭示事物本质的人类思维规模，也有利于细分工作由易到难地逐步展开。

（3）正确处理细分与选择的辩证关系。细分的目的是为了选择。为了节省时间和人力，在细分的过程中常常同时就必须进行相应的选择。比如，在进行了地理划分之后，企业根据自己的条件可以立即选定某个或某些地区市场作进一步细分，其他则可淘汰，而无须再花费时间和精力去逐一细分。

二、确定目标市场的策略

企业根据外部因素和自身条件选择产品销售服务对象的过程就称为确定目标

市场。一般来说，企业在为自己的各种产品确定目标市场时，有三种策略可供选择：

（一）无差异策略

这种策略实际上是把某种产品的整体市场作为企业的目标市场，不再对其进行细分。并采用统一的销售策略组合，即用无任何差异的同一种产品，通过同样的销售渠道系统和宣传促销售方式，甚至以同样的价格，来满足整个购买者群的需求。这种策略的优点是产品品种单一，便于大批量生产，而且可以节省市场调研和宣传促销费用，从而降低生产和销售成本。它的缺点是容易陷入激烈的市场竞争，特别是当有较多的同类产品企业均采用此策略时更是如此；此外它也容易使企业忽视某些较小的但正在发展的特殊需求。

（二）差异性策略

这种策略要求企业对产品整体市场进行较深入的细分，同时选定多个细分市场作为自己的目标市场，并对这些不尽相同的目标市场分别采用不同的销售策略组合，来实现自己的销售目标。这种策略的优点是可以更好地适应和满足同种产品市场上具有差异性需求的不同购买者，扩大企业销售额，同时还可提高企业声誉。缺点是产品品种增多以及销售渠道和宣传方式的多样化，常常不可避免地要使生产成本和销售费用增高。

（三）集中性策略

这种策略同样要求进行深入的市场细分化，但是它只选择一个或者极少的几个细分市场片作为自己的目标市场，企业以集中经营力量为这一两个目标市场制定和实施相对应的销售策略组合。这种策略的优点是有利于企业集中使用资源，减少产品品种，实行生产和销售的专业化，以便在一个较小的市场面上获得较高的市场占有率。缺点是目标市场面过于狭窄，如果市场状况出现突然变化，企业经营有陷入困境甚至彻底失败的风险。

企业为其产品选择何种目标市场策略，对其销售活动的成功关系极大。但它们并非可以随心所欲地选择上述任何策略，而须考虑有关的影响和制约因素。这些因素主要有以下几个方面：

（1）企业资源能力。企业对人力、物力、资金、信息等资源 的拥有状况和经营管理能力是制约企业进行策略选择的基本因素。当资源能力不足，就不宜于选择无差异或差异性策略，而应选择集中性策略，以便在一个小的市场领域形成自己的优势；反之，企业资源雄厚，则可选择差异性或无差异策略，以便在较宽的市场面上树立企业形象。

（2）产品市场特点。有些产品，如食盐、白糖、钢材等，本身差异很小，购买者需求的同质程度也较高。对这样的产品市场则无须进行细分，而采用无差异策略经营。相反，对那些产品本身能够进一步差异化，而且购买者需求也明显地有较大异质性的产品市场，则应尽可能进行市场细分化，并采用差异性或集中性策略来经营。

（3）产品寿命周期。处于不同产品寿命周期阶段的产品宜于采用不同的目标市场策略。例如，处于投入期或成长期的新产品，竞争者较少，则可不细分市场，采用无差异策略经营；相反，当产品进入成熟期后，为了对付激烈的竞争，则宜采用差异性策略，以开拓新的市场，或者实行集中性策略，以保持现有市场，延长产品寿命周期。

（4）竞争对手的策略。一般来说，企业在选择目标市场时应针对其主要竞争对手，采取能与之有效抗衡的对应策略。比如，竞争对手采用无差异性策略时，企业就应当进行更有效的市场细分，采用能与之对抗的差异性市场选择或集中性策略来争夺市场。

值得注意的是，产品及其目标市场的确定并不完全是一种短期的对策性行为，而是企业经营战略的构成内容。所以，在产品目标市场选择上要求管理者更多地从战略角度来分析和考虑问题，以利于作出对企业长期发展有利的决策。

第二节　市场调查与销售预测

为了进行有效的市场细分，同时为了在确定目标市场后随时了解把握市场动态及销售发展趋势，就需要企业经常收集、贮存、整理和分析来自市场的各种信息。因此，市场调查与预测就成为企业销售管理活动的一项重要内容。

一、市场调查的内容与方法

市场调查，是企业根据预定的目的，对反映产品市场现实和历史状况的有关资料进系统收集、整理和分析的活动。它的主要作用在于：（1）为企业进行战略决策，选择适宜的产品经营方向提供依据；（2）为企业进行市场细分，选择适宜的目标市场提供依据；（3）为企业进行销售趋势预测，制定和调整销售策略提供依据。

（一）市场调查的内容

市场调查的目的是为了弄清市场现实和历史的发展状况，并从本企业的角度出发，判明市场可能的发展趋势，所以它一般包括以下几个方面的任务。

1.购买者状况调查

企业产品市场是由购买者构成的，所以调查了解购买者的状况是市场调查最基本的任务。调查购买者通常需要掌握以下几方面的情况。

（1）购买者数量。某种产品可能拥有的购买者数量是制约该产品市场容量大小的基本因素。企业必须首先弄清自己有关各种产品现实的和潜在的购买者数量以及大致的地理分布，才能对自己的产品市场作出基本的判断。

（2）购买能力。一定数量购买者实际拥有的购买能力，是决定市场容量更现实的因素。对于消费品购买者，决定其购买能力的主要是他们的收入水平和支出构成；而生产资料的购买者，其购买能力既取决于宏观的经济状况，又取决于购买者本身的经营状况。

（3）购买动机。购买动机是最终决定购买者的需求由潜在转变为现实，从而决定现实市场容量的因素。它更具动态性，能及时和确切地反映购买者需求变化的发展趋势，对于企业预测未来，发现新的机会很有价值。决定消费品顾客购买动机的既有经济因素，又有社会文化等因素，既有理智的因素，又有感情的因素；而对于生产资料购买者，则主要是经济和技术方面的因素，有时也涉及政治和人际方面因素。

（4）购买行为方式。购买行为是购买者实现动机的活动过程。购买行为方式上的差异常常影响到对不同企业生产的同种产品的态度和选择，从而影响各别企业产品可能占有的市场份额。因此，了解它对于企业制定正确的销售策略很有实际意义。购买行为调查通常包括了解大多数购买者倾向于在何时、何地、以何种方式观察、选择和购买产品，并乐于接受何种交易条件等。

2.本企业销售策略调查

调查和了解本企业过去和现在实施的销售策略，有助于发现问题，总结经验，采取新的措施。它通常包括以下四个方面的调查：

（1）产品调查。主要又包括两方面任务：一是调查企业各种产品，特别是一些主导产品和新产品，在不同地区的销售数量及其变化趋向；二是调查有关产品的售后质量状况及其同顾客需求的适应性，以便明确优缺点，采取改进措施。

（2）促销调查。主要是了解本企业的产品广告和其他促销措施究竟取得了多大的实际效果。

(3) 渠道调查。相当部分企业的产品不是自己直接分销的，而是通过各种类型的中间商出售给最终购买者的。企业须对这些中间商经销本企业产品的表现和绩效进行必要的了解，以便采取激励或调整等管理措施。此外，调查中间商，也有助于企业获得有关购买者动机和行为方式等资料。

(4) 价格调查。价格是一个既影响产品销售又影响企业盈利目标的重要因素。企业对价格进行调查，主要是弄清三个方面的内容：一是本企业产品价格水平与顾客需求的适应状况；二是本企业产品价格与竞争产品价格的比较；三是本企业产品在各类中间商之间的作价比例是否适宜。

3. 竞争者状况调查

企业在营销活动中，为知己知彼，避免盲目性，必须对竞争者的状况有所了解。这通常包括调查以下几个方面的情况：

(1) 同行企业产品发展状况。同行企业通常是直接竞争对手，对它们的情况应心中有数。尤其是同行业中一些较大的或与本企业实力相当的企业，对它们现有的规模，向市场供应同种产品的数量、质量、市场占有率，生产技术和销售策略的特点，产品改进和研制的趋势等应有所掌握。

(2) 可替代产品发展状况。购买者的某种需求，常常可以由一些可替代产品来满足。这些可替代产品是企业产品的间接竞争者，对它们的生产供应状况和发展趋势应有足够的了解。

(3) 国外同种产品进口状况。一些国外进口产品，由于其技术和质量上的优势，对国内企业产品销售的威胁极大。企业应认真了解国外竞争者的情况。这里一方面应了解国家对国外同种产品进口的各种法规和政策，比如关税、限额等；另一方面也应对国外企业产品的优势、营销特点等进行认真的研究。

(4) 新产品发展状况。由科学技术迅速转化为物质生产力而涌现的各种新产品，常常是企业现有产品潜在的有力竞争者。企业应对科学技术发展状况，特别是与本行业有关的应用科技的发展状况给予充分的关注。

(二) 市场调查方法

市场调查的方法很多，这里介绍几种主要方法。

1. 室内研究法

这是在办公室内对现有各种资料进摘取、归类、整理和分析的调查方法。它是一种典型的间接调查法，依据的是第二手资料。室内研究的资料来源主要是：

(1) 各种公开和内部出版发行的报刊杂志和书籍；(2) 政府机关的统计报告、政策文件等；(3) 有关专业学会、协会和研究机构的交换资料；(4) 企业内部的各种记录、报告等档案资料。

室内研究法多用于购买者数量与分布、收入水平、竞争状况、市场发展趋势与制约因素等等的调查分析。它的主要作用在于：(1) 为直接调查活动提供必要的基础资料，以明确方向，减少盲目性；(2) 在一定条件下代替直接调查，经济而迅速地取得预期结果；(3) 可以补充和完善直接调查的不足。一般来说，企业许多直接调查成果仍需通过室内研究来予以整理和验证。

2. 询问调查法

这是由调查人员用提出问题征求答案的方式向购买者或其他人员搜集第一手资料的调查方法。它是一种主要的直接调查法。按照选择的调查对象范围，它又可分为全面普查、抽样调查和典型调查三种方式。全面普查是对所有的预定调查对象均进行询问；抽样调查则按一定规则从全部预定调查对象中抽取或大或小的一部分对象，对他们进行询问；典型调查则是选取为数更少的个别典型对象，对之进行更深入的询问了解。后两种方式常常配合使用。按照对被调查者进行询问采用的手段，该法通常又分为面访调查、电话调查、函询调查和会议调查等几种方式。询问法调查的范围比较广，它特别适用于对购买者需求心理和企业销售策略等进行调查。

3. 观察法

这是调查者直接在现场或利用闭路电视等装置间接观察并记录被调查者行为或现场事实的一种搜集资料的方法。这种方法常用于在交易现场对购买者行为以及产品、促销等策略的调查。进行观察时，调查者和被调查者应保持一定距离，使被调查者不知道自己处于被调查之中。它的优点是，所得资料是调查对象的常态表现，比询问调查所得资料更为客观。缺点是所得资料仅反映了人们行为的表象，不能观察到影响行为的内在因素及其变化过程，且经费开支大，费时较多。

4. 实验法

这种方法是在一个有控制的小范围市场内，通过对某些购买行为或销售策略进行实验性观察来获取资料。这种方法通常采用对比的方式进行。例如，企业决定采用一种新的产品或广告策略，便可在一定实验市场范围内观察和记录改变策略前后的销售状况，在其他变量一定的条件下对比两种策略的销售结果，从而获得对两种策略的评价以及购买者的行为变化资料，为决策提供依据。实验法的优点是所得资料更具科学性，特别适用于判明企业某一销售策略变化对购买者行为的影响。缺点是实验时间较长，费用较高，对实验市场的选择和实验过程的技术要求较高，否则将缺乏可比性。

二、销售预测的方法

企业的产品销售预测，是在充分占有市场调查资料的基础上，运用有关预测方法，对本企业产品在未来一定时期内可能出现的销售状况作出的推断和估计。预测能够达到的准确程度，一方面同市场调查资料的质量有关，另一方面则同正确选择和应用预测方法有关。

企业常用的销售预测方法有以下几种：

（一）集合意见法

这种方法是将有关人员对产品未来销售趋势的估计意见集中起来，综合评价后确定某个销售预测值。综合评价的方式通常是根据不同人员可能具有的预测可靠性，对其意见分别给予适当加权系数后再平均。这里有关人员提出的估计意见主要依据于个人的经验或主观判断，所以它又称为经验判断法。这种方法的优点是不需要使用复杂的数学模式，简便易行，经费和时间均花费较少，特别适用于资料不完备，数据不确切，或受政策和心理因素影响较大的产品销售预测。缺点是缺乏准确的数据资料支持，凭主观判断，容易出现较大误差。

按照被集合意见的人员构成，该方法又可分为以下几种：

1. 管理人员评议法

这种方法是由企业主要经营负责人召集有关职能部门的管理人员共同议论市场发展趋势，并各自提出对销售前景的预测值，然后根据各门管理人员在预测中的重要性分别给予加权后平均，来确定销售预测值。

2. 销售人员估计法

即选择一些企业销售人员或中间商业组织的业务人员来对产品销售前景进行估计。该法一般也应按有关销售人员的业务水平和经验等分别给其估计值加权后再平均来确定预测值。因为销售人员处于销售第一线，对情况熟悉，用此法确定的预测值一般比较接近实际。但由于销售人员负有完成销售目标的责任，难免采取稳健态度，常不愿把不太有把握的前景包括进去，所以估计值常有可能偏低。这需要在最后确定预测值时适当调整。

3. 专家意见征询法

这是通过征集企业外部有关专家或内行的意见来作出销售预测的方法。这些专家通常可能属于一些咨询机构、商业组织、科研机构、大专院校等等。典型的专家意见征询法不是通过会议，而是通过函询方式进行。它的主要工作步骤包括：(1) 选定课题。(2) 按课题需要选择一定数量的有关专家。(3) 提供必要的背景材料。(4) 逐轮征询和信息反馈。这是该方法的主要环节，一般要进行三至四轮，或者更多。每轮征询返回后，将意见综合整理，再反馈给各个专家，再次征集意见。如此反复进行，直至得出比较一致或集中的意见。(5) 运用统计分析方法对预测结果进行处理和表述。

这种方法与会议式的专家意见法相比具有一些独特的优点：(1) 背靠背。函询中，专家互不聚面，可以消除领导、权威或潮流效应对预测者的心理影响，得到他们的真知灼见。(2) 匿名反馈。可以使有关专家充分了解集体的意见和咨询状况，作出新的判断。(3) 逐轮收敛。可以使专家意见逐步相对集中，为决策提供依据。企业运用该法的一个主要问题是需要取得外部有关专家的支持与合作；此外，该法所需时间通常也较长。

(二) 时间序列分析法

这是将已发生的产品销售实际数据按其时间顺序排列，并运用一定数学模式来反映产品销售随时间变化的规律，以预测未来销售前景的方法。它遵循的基本思想是，事物的未来是由它的过去和现在演变而来的，事物的未来发展与它的历史和现实状况之间存在着某种连贯性或继承性。因此，分析产品销售的过去和现在，就能预知它的未来。时间序列分析的方法很多，在确定型的资料条件下，常用的有以下几种。

1. 简单移动平均法

这是将接近被预测期的若干期时间序列实际值简单加总后再除以所取实际值的期数，得到的算术平均值即为所求预测值。随着被预测期向前推移，据以预测的时间序列资料，也顺时向前移动采用。其计算公式为：

$$F_t = \frac{X_{t-1} + X_{t-2} + \cdots X_{t-n}}{n} = \frac{\sum_{i=1}^{n} X_{t-1}}{n}$$

式中：F_t—被预测期的销售预测值。

X_{t-i}—被预测期前各期的销售实际值。

n—预测所用实际值的期数。

期数 n 取何值，由企业视具体情况而定。一般地，变动趋势平稳时可取较小值；变动趋势起伏较大时可取较大值。

2. 加权移动平均法

该法是在简单移动平均法的基础上，对所取移动期内的实际值再分别按其与被预测期的时间远近给予加权系数，再平均求出预测值。这样就进一步突出了导致销售变化的近期性影响。它常用的计算公式为：

$$F_t=\frac{nX_{t-1}+(n-1)X_{t-2}+\cdots+X_{t-n}}{n+(n-1)+\cdots+1}$$

3. 指数平滑法

它实际上是一种特殊的加权移动平均法，通常用一个称为平滑系数的特殊加权系数α来调节实际值，使长期趋势的变动趋于平滑。它的一般计算公式为：

$$F_t=\alpha x_{t-1}+(1-\alpha)F_{t-1}$$

或

$$F_t=F_{t-1}+\alpha(x_{t-1}-F_{t-1})$$

式中：F_t——被预测期的销售预测值。

F_{t-1}——与被预测期最近一期的原销售预测值。

x_{t-1}——与被预测期最近一期的销售实际值。

α——平滑系数（$0<\alpha<1$）。

上面的公式表明，对第 t 期的预测是以过去对第 t－1 期的预测值为基础，并考虑实际值与预测值的误差，用α加以修正来进行的。平滑系数α的选取，一般可以考虑以下原则：（1）t－1 期预测值同实际值误差较小时，选取较小的α值，反之则取较大值；（2）当时间序列数据有明显的变动倾向如季节性变动时应取较大的α值；（3）当时间序列数据变动缓慢，或虽有不规则起伏变动但长期趋势接近一个常数时应取较小值。平滑系数法只使用一个最近期的实际值和预测值，大大减少了数据的使用量和计算量，这是它突出的优点。

4. 线性回归趋势法

在数理统计中，根据变量之间的相互关系，运用最小二乘法建立变量之间的回归方程式，再用自变量数值的变化去计算预测因变量数值的方法，称为回归分析法。按照自变量的数目，它又可分为一元回归分析、二元回归分析和多元回归分析。当一元回归分析的自变量为时间时，该法则称为线性回归趋势法。它的回归方程式为一直线方程：

$$y=a+bx$$

运用于销售预测，y 即为销售预测值，x 为预测期的时间变量，通常用期数表示，a、b分别为该趋势直线的截距和斜率。显然，建立该趋势回归方程的关键是确定a和b的值。

一般地，计算a、b的值可使用如下两个公式：

$$a=\frac{\sum y_i}{n}-b\frac{\sum x_i}{n}$$

$$b=\frac{n\sum x_i y_i-\sum x_i\sum y_i}{n\sum x_i^2-\sum x_i\sum x_i}$$

式中：x_i——时间变量，通常用等距的时间期数。

y_i——对应于时间期数 x_i 的销售实际值。

n——所取时间变量的个数。

在实际应用中，常用列表法先分别计算$\sum x_i$、$\sum y_i$等值，然后求出a、b，建立回归方程。

例：某公司过去5年销售额的统计资料如下：

年份	1990	1991	1992	1993	1994
销售额（万元）	50	53	56	54	57

根据这些数据，可列表计算如下：

	x_i	y_i	x_i^2	x_iy_i
1990	1	50	1	50
1991	2	53	4	106
1992	3	56	9	168
1993	4	54	16	216
1994	5	57	25	285
n=5	$\sum x_i=15$	$\sum y_i=270$	$\sum x_i^2=55$	$\sum x_iy_i=825$

根据前述公式，可求出a、b值：

$$b=\frac{n\sum x_iy_i-\sum x_i\sum y_i}{n\sum x_i^2-\sum x_i\sum x_i}=\frac{5\times 825-15\times 270}{5\times 55-15\times 15}=1.5$$

$$a=\frac{\sum y_i}{n}-b\frac{\sum x_i}{n}=\frac{270}{5}-1.5\times\frac{15}{5}=49.5$$

所以，该公司可得出如下回归方程：

$$y=49.5+1.5x$$

现在用它预测1995年的销售额。因1995年的时间变量为x=6，所以有

$$y=49.5+1.5\times 6=58.5\text{（万元）}$$

上述方法求 a、b 值的计算量较大。为了简化计算，可以采用重新安排时间变量序列的方法，使其总和$\Sigma x_i=0$，即可得到简化的计算公式：

$$a=\frac{\Sigma y_i}{n},\qquad b=\frac{\Sigma x_i y_i}{\Sigma x_i^2}$$

同样用上例数据列表计算，有

	xi	yi	x2	xyi
1990	−2	50	4	−100
1991	−1	53	1	−53
1992	0	56	0	0
1993	1	54	1	54
1994	2	57	4	114
n=5	$\Sigma x_i=0$	$\Sigma y_i=270$	$\Sigma x_i^2=10$	$\Sigma x_i y=15$

故 $a=\frac{\Sigma yi}{n}=\frac{270}{5}=54\qquad b=\frac{\Sigma xiyi}{\Sigma x_i^2}=\frac{15}{10}=1.5$

则回归方程为 $y=54+1.5x$

这时 1995 年的时间变量 x=3，依据以上方程式计算的预测值同样为

$$y=54+1.5\times 3=58.5\text{ 万元}$$

（三）因果分析法

这是根据其他经济或社会变量与某种产品销售状况之间的因果联系来进行销售预测的方法。常用的因果分析方法有：

1. 相关回归分析法

在前述的趋势回归分析中，不用时间作自变量，而用另外某个与产品销售有内在因果联系的因素作自变量时，它就成为了相关回归分析。相关回归分析的方程仍为：

$$y=a+bx$$

式中 $a=\frac{\sum y_i}{n}-b\frac{\sum x_i}{n}\qquad b=\frac{n\sum xy-\sum y_i\sum x_i}{n\sum x_i^2-\sum x_i\sum x_i}$

这里的 x 不再是时间序列数据，而是另外某个变量。例如 x 表示新建住宅竣工面积，y 可能表示家具或室内装饰品的销售量，等等。因此，该法不能像前述的趋势回归法采用简化的列表计算法。

2. 先行指标法

这是采用一些企业可以先期获得，且与产品销售量有因果联系的经济指标，

来进行相关比例推算确定预测值的方法。

对于企业来说，先行指标可以按三种情况来确定：

(1) 按相关产品产量。对一种产品的需求量有时常常取决于另一种相关产品的产量。例如，对煤矿采掘设备的需求量常取决于原煤的计划产量，对绝缘材料的需求量常取决于电机电器的生产量等。企业可以根据历史资料总结一个相关比例系数，并依据政府或其他机构发布的先期计划指标，直接进行测算。

(2) 按人口统计数据。一些产品，特别是消费品的需求量直接与人口变化的统计数据密切相关。这类产品则应先取有关人口统计数据作先行指标。

(3) 按经济收入资料。相当多消费品，特别是耐用消费品的销售与经济收入指标密切相关。

一般来说，只要先行指标易于获取，采用此法对企业更为简便可靠。

第三节　销售计划

销售计划是一定时期内企业进行销售活动的行动纲领，是企业进行日常销售管理的主要依据。企业销售计划一般可分为长期销售计划、年度销售计划、季度和月度销售计划等，其中主要的是年度销售计划。

一、销售分析

在企业销售计划中，通常需要对企业产品销售及市场的背景情况、现实状态和未来前景作一个简明扼要的阐述、分析和预测，以便为计划的其他内容提供立论的根据。这些有时又称为形势分析。它通常可包括以下一些内容：

1. 简要的回顾。即对市场及产品销售的历史状况特别是最近一期的状况作一简要的说明，其中主要应说明上期销售计划的完成情况，以使别的计划阅读者对历史状况有一个明晰的认识。

2. 分析存在问题与机会。通过对历史特别是最近时期现状的分析总结，阐明今后一个时期产品销售将面临的问题与机会。这是形势分析的主要内容，目的是使人们对企业销售面临的现实客观环境有一个清醒的认识，同时也为销售目标的制订提出了依据。

3. 阐明本企业的优势与劣势。这是对企业主观条件如生产、技术、销售能力、资金、物资供应状况等的分析。通过对企业本身优势与劣势的分析，可以为销售策略措施的制定提供依据。

4. 前景预测。这是在分析主客观条件的基础上，提出对市场变化及产品销售前景的预测意见。通常还应简要说明所采用的预测方法和对有关预测结果的评价，从而为销售目标的确定提供进一步的依据。

5. 其他需要说明的情况。这是经营不同产品或面临不同经营环境的企业根据自身情况认为需要补充说明的内容。

二、销售目标

销售目标始终是企业销售计划最主要和最核心的内容，是企业进行销售控制、考核以至利益分配的基本依据。销售目标是由一组密切相关的计划指标构成的，它们通常也是企业综合经营计划目标的组成部分。它们主要包括：

1. 产品销售量

产品销售量是年度或季度销售计划的主要指标，它是按产品品种分别确定的。销售计划应表明计划期拟销售的产品品种结构，并应突出主要品种，如产量最大、收入和盈利最多的品种和新产品的优先地位。完成这些主要产品品种的销售任务是企业销售工作最中心的任务。

除了市场实际需求和外部竞争的限制外，分品种的产品销售量指标的确定还要受到企业现有生产能力的制约，这表现为计划期可供销售的产品数量。它的计算公式为：

$$\text{计划期可供销售的产品数量}=\text{计划期最大产品产量}+\text{计划期初产品库存量}-\text{计划期末产品库存量}$$

在不超过计划期可供销售的产品数量限额内，计划期产品销售量是根据已经确定下来的订货任务或销售预测，并考虑计划期初、期末在途商品的情况来确定的。

$$\text{计划期产品销售量}=\text{计划发出商品数量}+\text{计划期初在途商品量}-\text{计划期末在途商品量}$$

在没超出生产能力限制范围的条件下，产品销售量又成为决定产品生产量的主要因素。

$$\text{计划期产品生产量}=\text{计划期产品销售量}+\text{计划期末产品库存量}-\text{计划期初产品库存量}$$

除了按国家计划生产销售的产品和订货任务饱满的产品，主要考虑生产能力制约因素确定外，大部分主要通过市场调节的产品可以采用以下一些方法来确定销售量。

(1) 预测综合法。即以经过有关方法得出的销售预测值为主要根据，再综合考虑企业内部的其他因素来确定计划销售量。这种方法应用很普遍。因为在进行销售预测时即充分考虑了有关市场因素，故所确定的数字比较切实可行。

(1) 目标利润法。即以企业综合经营计划确定的目标利润为主要依据，再考虑产品价格、固定成本和变动成本等因素来推算确定销售量。在数据确定的条件下，通常用盈亏平衡法来求解。该法强调实现利润目标，有利于发掘经营潜力，但有忽视市场现实条件的倾向。为了保证指标切实可行，一般应根据市场现实条件对计算出的销售量指标乃至目标利润进行适当修正。

(3) 市场占有率法。即以企业预期实现的产品市场占有率为主要依据，并根据预测的产品市场容量来确定计划销售量。它的一般公式为：

$$\text{产品计划销售量} = \text{预测的产品市场容量} \times \text{预期的企业市场占有率}$$

这是一种以竞争为中心的确定方法。它有利于激励和发掘经营潜力，但因为依据的两个因素都具不确定性，故落空的危险也很大。通常可对一些有发展前途的新产品使用。

2. 销售收入

销售收入是企业按一定价格出售产品或劳务所收回的货币金额，它也是企业销售计划中的重要指标。

销售收入按销售对象划分，一般可分为产品销售收入和其他销售收入两大部分。产品销售收入是工业企业销售收入的主要部分，它包括销售产成品、自制半成品、代制品、代修品等的收入。其他销售收入包括销售原材料和外购配套商品等所得的收入。由于各品种产品的计量单位和销售价格常常并不相同，所以产品销售收入一般先分产品品种计算确定，再加总后确定企业计划期的销售收入。它们的计算公式分别为：

$$\text{计划期某产品销售收入} = \text{计划期该产品销售量} \times \text{单位产品销售价格}$$

$$\text{计划期企业总销售收入} = \sum \text{计划期某产品销售收入} + \text{其他销售收入}$$

与产品销售量指标一样，销售计划应突出计划期主要产品品种的销售收入。

3. 销售利润

销售利润是企业在计划期内最主要的经营成果，集中地反映了企业生产和销售活动所创造的经济效益。销售利润是销售收入扣除销售成本和税金后的余额，它的计算公式为：

$$销售利润=销售收入-销售成本-销售税金$$

由于各种产品的税率并不相同，所以销售利润常常先分产品品种确定后再汇总。企业销售利润既可按先确定可能实现的产品销售量，再计算销售收入后确定的顺序进行，也可先根据经营目标确定目标销售利润，再计算确定销售收入和产品销售量。

4. 产品市场占有率

这是近年来不少企业常采用的一个辅助性指标。所谓产品市场占有率，是指在一定时期、一定市场范围内，本企业某种产品的销售量占该种产品市场销售量总和的百分比率。即

$$某产品市场占有率=\frac{本企业该产品销售量}{该产品市场销售总量}\times 100\%$$

采用该指标有助于分析本企业产品在市场竞争中的地位，但企业对其考核不如其他指标那么明显和直观，所以通常只对一些具有长期发展要求的产品使用。

5. 销售费用指标

销售费用是指企业在产品销售过程中发生的各项费用。它通常包括包装费、广告费、运输费、保管费、自设销售机构的经办费和销售人员的旅差、通讯等费用。

销售费用是销售成本的计算项目之一。企业对销售费用的使用方向和最大开支数量规定控制指标，有助于促使销售人员厉行节约，降低成本，提高经济效益。

6. 其他销售指标

这是从事不同经营活动的企业，认为应该包括在销售目标中的其他计划指标。

第四节　销售策略

制定和实施符合本企业实际情况的销售策略，是企业销售管理活动的重要内容。销售策略，作为企业主观实施和控制的经营手段，主要包括产品、销售渠道、价格和促销四个方面的策略。本节将只对后三种策略作介绍。

一、销售渠道策略

所谓销售渠道，是指商品从生产企业传送到最终使用者手中所经过的途径。它通常是由一系列中间商业组织或个人构成的，其中主要的是批发商、代理商和零售商。销售渠道策略主要是对企业产品销售渠道的选择和管理。

（一）渠道的选择

目前我国销售渠道的结构形式，按产品市场的性质，一般可分为两种类型。对于消费品市场，最传统的销售渠道是生产企业→批发商业机构→零售商店→消费者；也有部分企业自设经销批发部，直接批发给零售商，甚至自设零售门市部，直接销售给消费者。对于生产资料市场一部分物资由国家实行计划分配；一部分产品通过物资企业经销，包括批发或零售卖给用户；一部分由企业自销直接卖给用户。

正确地选择销售渠道，对于企业扩大产品销售，加速资金周转，降低成本影响极大。但它又是一项影响因素较多，极为复杂的工作。一般地应综合分析和比较下面三个方面的因素来选择确定最佳的销售渠道。

1. 产品因素

通常包括产品的价值和重量，产品的通用性和专用性，产品的技术服务以及产品的式样时令等因素。一般来说，价值高或笨重的产品应当尽量缩短销售渠道，反之，渠道则可长一些；通用产品销售面广量大，应尽量利用批发商组织销售；专用产品，则多数宜由生产企业向用户直接供货；技术服务要求高的产品，生产企业可以直接推销或代培技术服务人员；式样时令性强的产品，则销售渠道越短越好，等等。

2. 市场因素

通常包括市场范围大小、市场的分散和集中程度、购买者的心理动机和传统习惯等因素。一般来说，市场面广而顾客分散的产品，宜充分发挥批发商的作用；市场范围小而顾客又较集中的产品，企业可以直接推销；用户多且要求购买方便的一般日用品，应尽量扩大零售商数目；高档产品，应当尽量选择名牌零售商店专销或自设门市部销售，等等。

3. 企业本身的因素

这包括企业声誉和资金力量、销售经验和管理能力，企业对渠道控制的愿望等因素。一般来说，企业市场声誉好，资金充裕，且有一定管理经验和能力，则可由企业自设零售门市部经销；反之，则应当依靠中间商，通过批发商业机构组织销售。

总之，企业选择销售渠道时，应尽量注意减少流通环节，增加渠道数目，实行多种渠道销售的办法，以利于扩大产品销售，加速资金和物资的周转，降低销售费用，增加企业收益。

（二）渠道的管理

在选定了由批发、零售等中间商组织代为销售的渠道模式，并具体地确定渠道对象之后，生产企业不能对其活动听之任之，还须加以管理。但中间商的机构毕竟不隶属于企业自己的组织系统，所以对它们的管理与企业自己内部的管理不尽相同。通常可采取如下的一些措施。

1. 检查。即根据与中间商签定的有关经销合同或协议，定期或不定期地了解中间商的工作表现，检查协议规定的销售指标完成情况，并弄清对方遇到的困难和存在的问题，等等。使自己对渠道的实际状况心中有数。

2. 激励。应采取适当的奖励措施，对执行协议好、宣传和推销产品积极负责、销售成绩突出的中间商给予物质和其他方面的鼓励。同时也应主动积极地帮助解决中间商销售产品中面临的困难。

3. 调整。对个别确实销售无力、不能执行销售协议的中间商，则常常需要采取调整的措施。即取消或中止与其签订的合同，另选其他合适的中间商来代替。这种调整可能是针对个别的中间商，也可能是针对整个某条渠道。及时的调整，对于保证企业产品销售渠道畅通是重要的。

二、产品销售价格策略

价格是企业产品销售中最具能动性的经营手段。它一方面直接影响着产品的市场销售和竞争地位，另一方面又决定着企业的销售收入和利润，同时它还受到国家政策和社会舆论的强烈制约。因此，价格决策通常不仅是销售部门的事，还须由企业最高管理层以及计划、生产、财务等部门来共同参与决定。

（一）订价目标

所谓订价目标，是指企业通过制订适当的产品价格试图实现的产品销售规划或意向。一般情况下，企业订价目标有下列几种类型：

（1）以获得最大利润为目标。这里又有两种完全相反的方法：一是薄利多销，以增大销售量来弥补单位产品利润的降低，从而使总利润获得最大值；二是高价，即提高售价从而提高单位产品利润来获得最大利润。

(2) 以迅速收回资金，保证企业正常生产为目标。

(3) 以扩大或维持市场占有率为目标。例如以低价扩大市场占有率或以高价限制市场占有率增加。

(4) 以在竞争中取胜为目标。它通常是以低价同竞争者争夺顾客。

(5) 以改变顾客购买行为方式为目标。例如采用低价促使顾客放弃原有偏好，吸引其购买本企业产品，调整价格，影响其购买的时间或地点，等等。

(6) 为适应某一特定区域的需求状况或购买力状况，以扩大销售成果为目标。

社会主义企业的生产目的、销售目的是为了使人民的物质文化生活不断得到提高，因此企业在选择订价目标时应遵循下列原则：

(1) 所选订价目标应符合国家的政策和法令，特别是符合有关物价政策和物价管理的规定。

(2) 所选订价目标应符合人民的实际收入水平，有利于使人民生活水平在生产发展的基础上不断提高。

(3) 所选订价目标的后果应有利于促进生产的发展。

(二) 订价方法

企业的订价方法可分为以下三种类型：

1. 以成本为中心的订价方法

比较常用的有两种方法：

(1) 成本加成订价法。它是以产品总成本为基础再加上一定百分率的预期利润来确定价格的方法。其计算公式为：

$$产品销售价格 = 产品成本 + 预期利润$$

或

$$产品销售价格 = 产品成本 \times （1 + 利润率）$$

(2) 盈亏平衡订价法。即在目标利润一定的条件下，根据盈亏平衡分析原理来推算确定价格。其计算公式为：

$$产品销售价格 = 单位变动成本 + \frac{固定成本 + 目标利润}{计划销售量}$$

2. 以竞争为中心的订价方法

这是主要以竞争者售价为依据，或服从竞争要求的订价方法。常见的有：

（1）随行就市订价法。这是很常见的订价方法之一。即根据本行业大多数企业的平均订价水平作为制订价格的依据。依照行市订价既可以省去自己分析、计算的麻烦，又较易于与同行业企业和平相处。

（2）折让订价法。这是企业通过折扣让利等形式同竞争者争取中间商或用户的订价策略。常用的有现金折扣、数量折扣、季节性折扣和津贴等形式。

（3）渗透式订价法。这是以低于竞争者的订价来向竞争者占有的市场进行渗透的订价方法。

3. 以需求为中心的订价方法

这是以购买者对产品价值的认识和需求程度为根据的订价方法。常见的有：

（1）理解价值订价法。该法主要通过市场定位和宣传促销，确立产品独特的形象和声誉，然后根据购买者可能理解的产品价值来订价。它所确定的价格通常大大高于实际成本，特别适用于名牌优质产品和独具特色的新产品。

（2）差异需求订价法。这是根据购买者需求的差异性，对同种产品分别制订不同的价格。如根据不同的顾客、不同的销售地点或时间制订不同的价格。

（3）心理订价法。这是针对顾客购买时的心理活动采取的订价策略。常用的有尾数订价、整数订价、习惯订价等方式。

（4）配套订价法。这是对相关配套的产品制订销售价格的策略。比如，修面刀架订价较低，而与之相关且消耗量大的刀片订价提高。

三、产品促销策略

促销是企业日常销售活动的主要内容之一。一般地，它有几个方面的作用：一是提供信息，引起潜在购买者的注意；二是诱导和创造需求；三是突出产品特点，以与竞争者相区别；四是稳定销售，巩固市场。

企业的促销策略可分为人员促销和非人员促销两大类；在非人员促销中，又有广告、营业推广和公共关系等形式。下面对广告和人员推销作一些介绍。

（一）广告

广告是企业通过社会信息传播媒体向广大公众宣传介绍产品及企业的促销活动。它也是现代商品社会中企业使用最广泛的促销方式。

1. 广告的作用与类型

广告的主要作用是传递信息，推动购买。具体地，表现为四个层次的信息作用：（1）唤起注意；（2）引起兴趣；（3）启发欲望；（4）导致行动。每个广告都是通过一个信息与购买者心理交互作用的过程，来达到促进销售的目的的。

按其所要达到的目标，企业广告可分为三种类型：

(1) 开拓性广告。它以介绍为目标，作用在于促使市场产生初步需求。

(2) 竞争性广告。它以说服为目标，作用在于建立对本企业产品的特定需求。

(3) 加强性广告。它以提醒为目标，作用在于稳定和巩固企业现有的产品市场。

按其所使用的传播媒体，广告又可分为：

(1) 印刷广告。即通过印刷品作媒体的广告，其中主要的是报纸广告和杂志广告。

(2) 电波广告。即用无线电波作媒体的广告，其中主要的是电视广告和电台广播广告。

(3) 其他广告。通过其他媒体传播的广告，如户外广告、交通广告、电器广告等。

在上述媒体中，企业最常使用的是电视、广播、报纸和杂志四大媒体。

2. 企业广告决策的内容与程序

一般地，企业进行广告决策和业务活动包括以下内容和步骤：

(1) 明确广告目标。即广告是说服还是介绍。

(2) 明确广告对象。这是由产品的购买者或使用者的构成所决定的。

(3) 明确广告地区范围。这由目标市场的地理分布或预定的销售地区等因素来决定。

(4) 选择广告类型与媒体。这时，主要须考虑产品性质、预定的产品销售对象和地区范围、媒体的传播能力和企业经济实力四个方面的因素来作出决策。

(5) 编制广告费用预算。广告费用构成一般包括广告设计费、制作费、刊登播发费、广告效果调查费四项。

(6) 确定广告设计。好的广告应具有真实、简练、新颖、独创、富有美感和引起联想等特点。

(7) 确定广告时间与频率。这一方面要考虑企业销售目标的要求，另一方面则取决于传播机构的合作。

(8) 调查评价广告效果。

（二）人员推销

人员推销是由销售人员面对面地向顾客宣传介绍产品乃至完成交易的促销方式。它是一种古老的促销方式，但仍为现代社会广大企业所采用。这是因为它与广告相比，具有一些优点：（1）作业方法灵活，适应性强；（2）有较强的针对性，可以减少浪费；（3）能有效地促成实际购买行为；（4）便于培育长期稳定的购销关系；（5）能及时反馈信息。

1. 人员推销的任务

企业推销人员的任务包括以下几个方面：

（1）探寻顾客。即通过广泛的走访，不断发现和培育新的用户。

（2）传递信息。在面对面的访问中，将有关企业产品的信息直接传递给潜在顾客。

（3）洽谈交易。对于已有明确购买意图的顾客，推销人员应代表企业与之洽谈，达到实际成交。

（4）分配产品。对于已达成的购销协议，推销人员要代表企业按期、按量、按质地执行协议，督促产品的供应和分配。

（5）提供服务。推销人员应负责向顾客提供技术咨询等服务，以及处理有关产品质量问题。

（6）收集情报。推销人员在走访推销中，应兼做市场调查工作，收集有关市场动向的情报。

2. 人员推销的管理

有效地管理推销人员，是企业日常销售管理中的一项重要内容。但由于推销人员在外时间多，流动性强，对他们进行规范化管理较为困难。一般可采取以下措施加强对他们的管理：

（1）建立组织。企业推销人员的组织形式通常有地区型结构、产品型结构、顾客型结构和复合型结构等多种类型，企业可根据自己的产品和市场特点选择采用。

（2）明确责任。一般可以采用目标管理的方式，将有关的计划销售指标，按推销人员的组织结构分解落实，使每个推销人员或小组有明确的责任。

（3）检查绩效。根据分解落实的销售目标，定期或不定期地检查各推销人员或小组的执行完成情况，了解工作表现。

（4）指导与奖励。对推销人员工作中遇到的问题应及时给予指导和解决；并根据各自的工作绩效，认真地按经济责任制的规定给予奖励或处罚。

5 第五章 生产管理

生产活动是工业企业的基本活动。它是根据市场需求，按照企业经营目标，充分利用人财物资源，生产社会需要和用户满意的产品的过程。工业企业的生产管理是指对企业生产活动的计划、组织和控制。生产管理是企业管理的重要组成部分。市场的需求、企业的经营目标、经营决策和计划，都要经过生产活动和生产管理才能实现。搞好生产管理，对于提高企业素质、实现资源优化配置、提高企业生产活动的经济效益均有重大意义。

本章所讲的生产管理指狭义的，即生产调度部门负责的那些工作，包括生产过程组织、生产计划的编制和生产计划的执行。

第一节　生产过程组织

一、生产过程的概念与构成

任何工业产品的生产，都要经过一定的生产过程。工业产品的生产过程是指从准备生产这种产品开始，直到产品生产出来为止的全部过程。生产过程的基本内容是劳动过程。劳动过程是劳动者利用劳动资料（厂房、设备、工模夹具等）作用于劳动对象，使之按预定目的成为具有使用价值的工业产品的过程。因此，一般地讲，生产过程就是劳动过程。某些情况下，工业产品的生产还要借助自然力的作用，使劳动对象发生物理或化学变化，如锻件的自然冷却、铸件的自然时效、木材的自然干燥、食品加工的自然发酵等。在这些情况下，生产过程就是劳动过程和自然过程的结合。

生产过程按其对生产产品所起作用的不同，可分为生产技术准备过程、基本生产过程、辅助生产过程和生产服务过程。

生产技术准备过程指产品投入生产前所进行的全部生产技术准备工作。如产品设计（配方）、工艺设计、工艺装备的设计与制造等工作。

基本生产过程指直接对企业主要产品进行加工的过程。如钢铁企业的冶炼、轧制；棉纺织厂的纺纱、织布、印染；机械厂的铸造、机械加工和装配等。基本生产过程在基本生产车间由基本生产工人完成。

辅助生产过程指为保证基本生产过程的正常进行所必须的各种辅助性生产活动。如动力生产、工具制造、设备维修等。主要在辅助车间由辅助生产工人完成。

生产服务过程指为基本生产和辅助生产服务的各种活动。如原料、半成品、工具的供应、运输保管等工作。

生产过程的各个组成部分既有区别，又紧密联系。基本生产过程是主体和核心，其他生产过程都是为基本生产过程的顺利进行创造条件的。因此，基本生产过程是我们研究的重点。

根据工艺加工性质，基本生产过程可以划分为若干相互联系的生产阶段。如机械加工厂的基本生产过程分为毛坯制造、机械加工和产品装配等生产阶段。

每个生产阶段又可按劳动分工和使用的设备、工具不同，划分为许多相互联系的工序。工序是一个或一组工人，在一个工作地上，对一个或几个劳动对象连续进行的生产活动。工作地是工人使用劳动工具对劳动对象进行生产活动的地点。包括一定的工作面积、机械设备和相应的辅助工具等。

工序按作用的不同，通常可以分为三类：工艺工序、检验工序、运输工序。工艺工序使劳动对象发生物理和化学变化，即是利用劳动工具改变劳动对象形状、大小、成份、性能，使其变成工业产品的工序；检验工序是对原材料、在制品、半成品等进行质量检验的工序；运输工序是在工艺工序之间、工艺工序同检验工序之间运送加工对象的工序。

工序是组成生产过程的基本单位，按照生产规律衔接起来，就构成了连续的生产过程。工序是配备工人、计算劳动定额、确定劳动组织形式、编制生产作业计划、进行质量管理等工作的基本单位。因此，正确划分工序，对生产过程的组织具有重要意义。

二、合理组织生产过程的要求

合理组织生产过程指对生产过程的各个阶段、环节、工序进行合理安排，使之形成一个协调的系统。目的是使产品在生产过程中行程最短、时间最省、消耗最少、效益最好。为此，合理组织生产过程必须符合以下几个基本要求：

（一）连续性

生产过程的连续性，指产品在生产过程的各个工艺阶段、各道工序之间的流动，在时间上紧密衔接，没有或很少有不合的中断现象，使劳动对象在整个生产过程中始终处于运动状态。

提高生产过程的连续性，可以缩短产品的生产周期，减少在制品数量，有利于加速流动资金的周转，提高设备和生产面积利用率，减少在制品停放等待中的损失，并有助于保证和提高产品质量。总之，连续性是提高生产效率的重要条件。

生产过程的连续性与工厂布置、生产技术水平有关。提高连续性，主要应采用先进的科学技术，提高生产过程的机械化、自动化水平；采用先进的生产组织形式，如流水线—自动线等；提高生产管理水平，合理进行工厂布置和搞好工序之间的衔接平衡。

（二）比例性（协调性）

生产过程的比例性，指生产过程的各工艺阶段、各工序之间，在生产能力上，保持合理的比例关系，即各个生产环节的人员、设备、生产面积等，都应保持一定的比例，相互协调平衡。这种协调平衡是保证生产顺利进行的前提。保持生产过程的比例性，可以充分利用整个生产过程中的各种资源，避免产品加工过程中的停顿和等待，保证生产过程的连续性。

生产过程的比例性，在很大程度上取决于设计和组织工作。但是，随着市场需求的变化和科技的进步，企业生产产品的变革以及新工艺、新技术的采用，协作关系的变化、劳动组织的调整等，都会使各工艺阶段、各工序之间出现不平衡。因此，必须采取技术组织措施，进行调整，建立新的比例关系，以保证生产的顺利进行。

（三）均衡性（节奏性）

生产过程的均衡性，指生产过程的各个阶段、各工序在相同的时间（如月、旬、日）内，有节奏地生产相等或递增数量的产品。即各工作地的负荷相对稳定，不发生时松时紧、前松后紧的现象。

企业均衡地进行生产，能充分利用设备和人力，避免突击赶工或窝工造成的各种损失；有利于保证产品质量、降低成本；还有利于安全生产和保持企业正常的生产秩序。总之，能给企业带来良好的经济效益。为了保持生产过程的均衡性，首先要保持生产过程的连续性和比例性，必须加强计划管理，特别要安排好生产作业计划和搞好在制品管理；采用先进的生产组织形式，并做好生产技术准备和物资供应等工作。

（四）适应性

生产过程的适应性，指生产过程适应市场的变化，能灵活、及时地生产符合社会需要的产品，满足市场的需求。

适应性反映了社会主义市场经济对企业内部生产管理的客观要求。因为市场需求复杂多变，消费者对产品的品种、质量、交货期、技术服务等方面的要求越来越高；并且，企业还面临着激烈的市场竞争。只有增强生产过程的适应性，企业才能立于不败之地。为了增强适应性，企业必须不断促进技术进步，应积极采用适应性强的新的技术装备，以及先进的生产组织形式，还应加强职工的文化、技术培训工作，努力使企业的技术手段、组织管理、职工素质等各方面适应市场的变化。

三、生产类型

生产类型是影响生产过程组织的主要因素。由于各种工业企业在产品结构、生产方法、设备条件、生产规模、专业化程度等方面，都有各自不同的特点，这些特点都直接影响企业生产过程的组织。为了从实际出发，更好地研究和组织企业的生产过程，就需按照一定的标志将企业划分为不同的生产类型，以便根据不同的生产类型确定相应的生产组织形式和计划管理方法。因此，区分生产类型不仅简化了对企业生产过程的研究，而且对合理组织生的标志，对企业划分的生产类别。此，划分生产类型的标志（方法）很多，对于加工装配性质的企业，通常按工作地专业化程度，即工作地担负同种工作的固定程度，将工作地划分为三种类型。

1. 大量生产。工作地经常只完成同种产品的一道或少数几道工序。其特点是产品品种少而稳定，每种产品的产量大；工作地专业化程度高。

2. 成批生产。工作地交替执行比较固定的若干道工序。其特点是产品品种比较多，各种产品有计划地成批轮番生产；工作地专业化程度较大量生产低。根据产量和生产的重复性，成批生产又可细分为大批、中批、小批生产。

3. 单件生产。工作地经常交替地担负很多道工序，很少重复或不定期重复。其特点是产品品种很多，每种产品产量很小甚至单一；工作地专业化程度很低。

由此可见，工作地生产类型，可根据其担负的工序多少来划分。在机器制造厂的机械加工车间，可参考下表划分工作地生产类型。

表 5-1

工作地的生产类型	固定于工作地的工序数
大量生产	1～2
大批生产	2～10
中批生产	10～20
小批生产	20～40
单件生产	40 以上

班组、工段、车间、企业的生产类型，都是根据工作地的生产类型确定的。工段（小组）的生产类型，根据工段（小组）内占比重最大的工作地的生产类型确定；车间的生产类型，根据车间内占比重最大的工段（小组）的生产类型确定；企业的生产类型，根据占比重最大的基本生产车间的类型来确定。

不同的生产类型，其生产组织和管理方式、经济效果均有不同。生产类型越接近大量大批生产，越可以采用高效率的专用设备和工艺装备，以及先进的组织形式，如流水生产；而单件小批生产则多采用通用设备和工艺装备。因此，大量大批生产的劳动生产率高，产品成本低，计划管理工作比较简单，较易进行控制，生产的经济效益最好。单件小批生产正好相反，而成批生产则介于大量和单件之间。但是，不同的生产类型，适应品种变化的能力却不同。单件小批生产品种多、通用设备和工艺装备多，适应能力强。大量大批生产适应能力弱。市场多品种、小批量的复杂需求，决定了大部分企业属于成批和单件生产类型。为了能在单件小批和成批生产中按大量大批的方式组织生产，需要采取各种措施，如提高产品设计的标准化、系列化、通用化程度；采用成组技术；加强计划管理等。

四、生产单位的空间组织形式

工业产品的生产过程在一定的空间内，通过相互联系的生产单位来实现。生产过程的空间组织，主要是正确确定产品生产过程在空间的运动形式和运动路线，确定企业内部生产单位（车间、工段、小组）的设置和按什么原则来组织生产。

根据企业的生产类型和生产规模的不同，企业的基本生产车间通常采用两种基本的组织形式：

1. 工艺专业化

工艺专业化也叫工艺原则，即按照生产工艺性质的不同来划分生产单位。在工艺专业化的生产单位中，集中着同种类型的工艺设备和同工种工人，对企业生产的各种产品（零件）进行相同工艺方法的加工。这些生产单位，一般以机械设备命名，如机械加工厂的车工、铣工等车间（工段、小组）。图 5—1 是按工艺专业化设置生产单位的示意图。

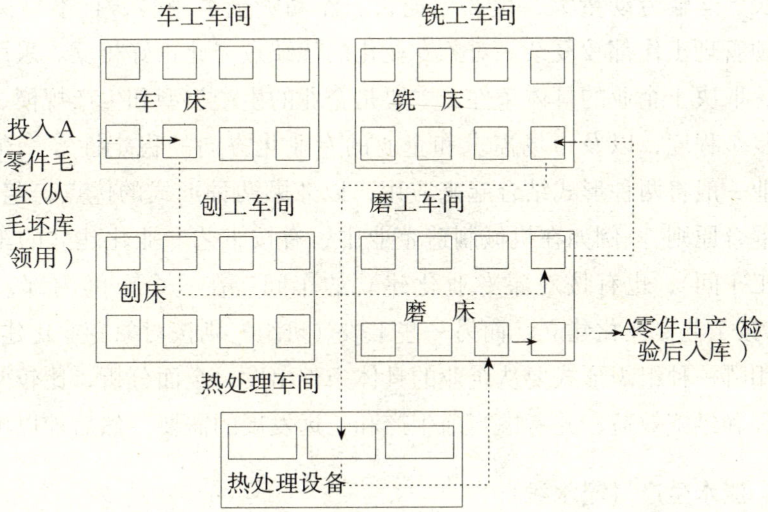

图 5—1 工艺专业化示意图

2. 对象专业化

对象专业化又叫对象原则，即以产品（部件、零件）为对象来划分生产单位。在对象专业化的生产单位中，集中着为制造某种产品（部件、零件）所需的各种设备和不同工种的工人，对同类加工对象进行不同工艺的加工。这些生产单位一般以它所制造的产品（部件、零件）命名。如刃具厂的铣刀、钻头车间；飞机制造厂的涡轮转子车间等。图 5—2 是按对象专业化设置生产单位的示意图。

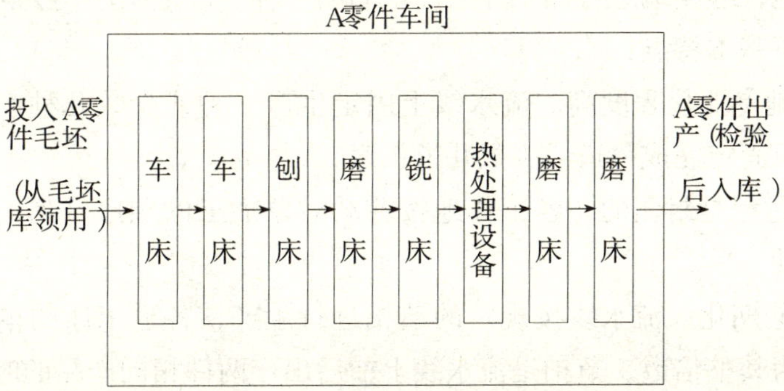

图 5—2 对象专业化示意图

这两种专业化形式各有其优缺点。工艺专业化的优点是能较充分地利用设备和生产面积；便于对工艺进行专业化管理；能较好地适应市场对产品品种变换的要求。缺点是不能独立地生产产品，需经过许多生产单位才能完成生产，因而加工路线长、运输劳动量大、生产周期长、流动资金占用多，且不易保证产品质量；各项管理工作都较复杂。对象专业化的优缺点与此正好相反。采用何种专业化形式，取决于企业的具体条件。主要是企业的生产类型和生产规模、产品结构和工艺复杂程度，以及市场需求和企业的专业化方向的稳定性等。在实际工作中，企业一般将两种形式结合起来应用，以兼顾两种形式的优点，避免其缺点，叫做“混合原则”。例如在机械制造企业中，有按工艺专业化建立的车间（如铸工、锻工车间），也有按对象专业化建立的车间；在一个车间内部，有些工段（班组）按工艺专业化建立，而另一些工段（班组）则按对象专业化建立。总之，企业采用哪一种组织形式要从企业的具体条件出发，全面分析、比较两种组织形式的利弊和经济效益，并考虑当前生产和长远发展的需要，然后加以确定。

五、流水生产（流水线）

流水生产是对象专业化组织形式的进一步发展，是劳动分工较细、生产率较高的一种先进的组织形式。目前，我国的轻纺、机械、化工、服装、食品等一些工业部门都有这种生产组织形式。尤其是那些市场需求量很大、企业大量生产的单一产品，如自行车、手表、电视机等，组织流水生产更为有利。即使在成批生产类型的企业中，为了提高经济益，也可以组织部分零件生产流水线和装配线。

流水生产是指劳动对象按一定的工艺路线和统一的生产速度，连续不断地通过各个工作地，顺序地进行加工并出产产品的一种生产组织形式。典型的流水生产线具有以下基本特点：

1. 工作地专业化程度高。流水线上固定生产一种或少数几种产品（零件），每个工作地只固定完成一道或少数几道工序。

2. 工艺过程是封闭的。各工作地按劳动对象加工的顺序排列，产品按单向运输路线移动。

3. 工序同期化。流水线按规定的节拍进行生产，各道工序的单件加工时间等于节拍或为其整倍数。节拍是流水线上前后出产两件相同产品的时间间隔。

4. 工序之间的生产能力成正比例和平衡。流水线上各道工序的工作地（设备）数同各道工序单件作业时间的比例相一致。

流水生产能提高产品生产过程的连续性、比例性和均衡性；可以采用先进工艺和高效率的技术装备，充分利用工人和设备的生产时间，提高工人操作熟练程度，提高生产效率，及时为市场提供大量需要的产品，可以缩短产品的生产周期，减少在制品、加速资金周转、降低产品成本，取得良好的经济效益。但这种方式也有缺点，主要是不够灵活，对市场需求和技术进步的要求适应性较差，调整和改组需要较多的投资和花费较多的时间，工人在流水线上工作单调、容易疲劳。

第二节　生产计划的编制

工业企业的生产计划是生产经营计划的重要组成部分，是企业在计划期内完成生产目标的行动纲领。它规定了企业在计划年度内应当生产的产品品种、质量、数量与出产期限等一系列指标。生产计划是根据企业产品销售计划和生产能力编制的，同时，它又是编制其他各项计划的主要依据。

一、生产计划指标的确定

编制生产计划，首先要正确确定生产计划的主要指标。生产计划的主要指标有产品品种、质量、产量、产值（包括商品产值、总产值、净产值）等。

产品品种指标是企业在计划期内出产的产品品名和品种数目。它反映企业的生产技术水平和管理水平，反映企业的专业化程度；表明企业在品种方面满足社会需要的程度。因此，企业应大力发展新产品，不断增加产品品种，特别是新产品品种，作好产品的升级换代工作。

产品质量指标是计划期内各种产品应达到的质量标准和水平。产品质量指标分为两类：一类反映产品内在性能，一般通过质量标准反映出来；另一类是反映企业生产、工作质量的指标，如废品率、返修率等。产品质量指标是衡量产品适应社会需要程度的重要指标，不但反映企业技术水平的高低和工作业绩，而且也是一个国家工业技术水平的重要标志。每个企业都必须不断提高产品质量，以满足社会需要。

产品产量指标有商品产量和总产量。商品产量是企业在计划期内生产的、符合质量标准的、可供销售的实物产品和工业劳务数量。总产量是企业在计划期内应完成的生产任务总量，除商品产量外，还包括期末期初在制品的变化量。产品产量指标一般采用实物单位或假定实物单位来计量。产品产量指标体现了企业最直接、最基本的生产成果，反映了企业生产发展速度和水平，是企业进行供产销平衡、计算实物劳动生产率、原材料消耗与成本、利润指标的依据，也是企业编制生产作业计划、组织日常生产的重要依据。

产值指标是用货币表示的价值指标，有商品产值、总产值、工业增加值。商品产值是企业在计划期内应当出产的可供销售的产品及完成的工业性劳务的价值，一般按现行价格计算。总产值用货币表现企业在计划期内应该完成的工作总量，一般按不变价格计算。

工业增加值是工业企业在计划期内以货币表现的工业生产活动的最终成果。一般用现行价格计算。

各种产值指标的计算公式如下：

商品产值＝本企业自备原材料生产的成品价值＋外售半成品价值＋用订货者来料加工生产的产品加工价值＋对外承做的工业性劳务价值

总产值＝商品产值＋（期末在制品、半成品自制工模夹具的价值－期初在制品、半成品自制工模夹具的价值）＋订货者来料价值

按生产法计算工业增加值，公式如下：

工业增加值＝工业总产值－工业中间投入

按收入法（分配法）计算工业增加值，公式如下：

工业增加值＝固定资产折旧＋劳动者报酬＋生产税净额＋营业盈余

确定企业生产指标应在国家有关经济政策的指导下，根据市场需求，努力实现资源优化配置；充分发挥企业的主动性和积极性，将外部环境和内部条件有机结合起来，进行一系列的综合平衡后加以确定。为此，确定生产计划指标必须贯彻以下原则：

1. 坚持按需生产

按需生产就是要求企业的生产活动必须以社会需要为依据，各项生产指标都要符合社会的需要。这是社会主义生产的根本原则，也是社会主义市场经济对企业的基本要求。企业不仅要有生产观点，还必须树立销售观点、市场观点和竞争观点。只有这样，企业生产的产品才能适销对路，符合社会的需要，企业才能不断提高经济效益和发展壮大。

坚持按需生产，在确定生产指标时，首先要进行市场调查和销售预测，在此基础上编制产品销售计划，确定产品销售指标，作为确定生产计划指标的重要依据。

2. 合理利用生产能力

工业企业的生产能力，是指在一定时期内和一定技术组织条件下，企业全部直接用于生产的固定资产，经过综合平衡，所能生产的一定种类和一定质量的产品数量或处理一定原材料的数量。通常以企业一年内所能生产的产品数量表示，如汽车制造厂年产汽车辆数，棉纺织厂年产棉纱件数和棉布米数等。

生产能力是反映企业生产可能性的重要指标之一，是企业制定生产计划的一个重要依据。确定生产指标，必须达到合理利用生产能力的基本要求：第一，生产任务与设备性能要适应；第二，生产任务饱和而又不能使设备超负荷运转；第三，使设备尽可能均衡负荷。

3. 提高生产的经济效果

提高生产的经济效果，要求在人力、物力、财力一定的资源条件下，通过生产指标的合理确定，尽可能地增加盈利。这就要求企业在满足市场需求的前提下，尽可能将定性和定量的方法结合起来，对生产指标进行一系列优化工作，力求取得较好的经济效益。如用盈亏平衡点法优选产量指标，线性规划的方法确定品种的优化搭配等。

为了正确确定生产指标，企业还应搞清物资供应情况；摸清企业劳动力情况，掌握各工种人数、劳动生产率水平对生产任务适应的情况；了解生产技术准备情况等等。在掌握和分析研究上述情况后，进行人财物、供产销全面的综合平衡，经过上下反复研究，最后确定企业的生产指标，并进行全年任务的统筹安排后，编制出生产计划表，见表 5－2。

表 5－2　　产量及产值计划表示例

项　目	计划单位	上年预计完成		计划年度					计划较上年预计提高％
		全年	第四季	全年	第一季	第二季	第三季	第四季	
一、总产值（不变价格）	万元	15 671	3 034	18 700	3 800	4 200	4 700	6 000	19.3
二、商品产值（现行价格）	万元			17 500	3 500	3 900	4 400	5 700	
三、净产值（现行价格）	万元								
四、主要产品									
A产品	台			270	60	66	69	75	
B产品 1	台			18	18				
B产品 2	台			20			5	15	
B产品 3	台			28		16	12		
…				…	…	…	…	…	

二、产品出产进度安排

编制生产计划，不仅要确定全年的生产计划指标，还必须把全年的生产任务具体安排到各个季度、各个月份，这就是产品出产进度安排。合理安排产品出产进度，可以进一步落实企业的销售计划，使国家计划任务和订货合同具体落实，也有助于有效地运用企业的各种资源，提高劳动生产率，降低成本，节约流动资金，提高企业生产的经济效果；还可以为企业经济合理地组织生产，均衡地出产产品提供良好条件。

安排产品出产进度一般应考虑以下要求：第一，必须保证国家计划与订货合同规定的品种、质量、数量与生产期限并成套地完成任务；第二，各种产品生产应合理搭配，使各车间各季、各月的负荷比较均衡；第三，使生产进度与生产技术准备工作、物资供应工作及技术组织措施的实现在时间上相互衔接。

合理安排产品出产进度，必须根据企业的生产特点采取不同的方法。

大量大批生产的企业，在市场需求量比较稳定、生产任务饱满、产量很大的条件下，产品出产进度安排的主要问题是合理确定平均日产量。同时要考虑各季各月的生产条件和各种影响因素。一般正常情况下，随着工人技术熟练程度的提高，平均日产量水平应有所增长，还应考虑各季各月生产条件的变化，特别是市场对产品需求量增减的影响等等。一般情况下，大量大批生产企业全年出产进度安排有以下四种形式：

1. 平均分配，即全年任务等量分配，各季各月产量任务大致相等。

2. 分期递增，即产量分期分阶段增长，每过一段时间日产水平有所提高，而在该时间内每月大致是平均出产。

3. 小幅度连续增长，即各月产量，随着生产技术水平和工人技术熟练程度的提高，逐渐地、小幅度地上升。

4. 抛物线式递增，即产品开始时是小批投产，以后逐渐扩大批量，最后趋于稳定，投产形式近似抛物线式。

某些企业产品的市场需求有季节性，企业可选择下列方式安排产品出产进度。

1. 均衡安排，即各季各月产量相等或大体相等。某些月份产量大于市场需求，形成库存；某些月份产量小于需求，则需利用库存或组织外协。这时，产量累计线和需求量累计线如下图所示。

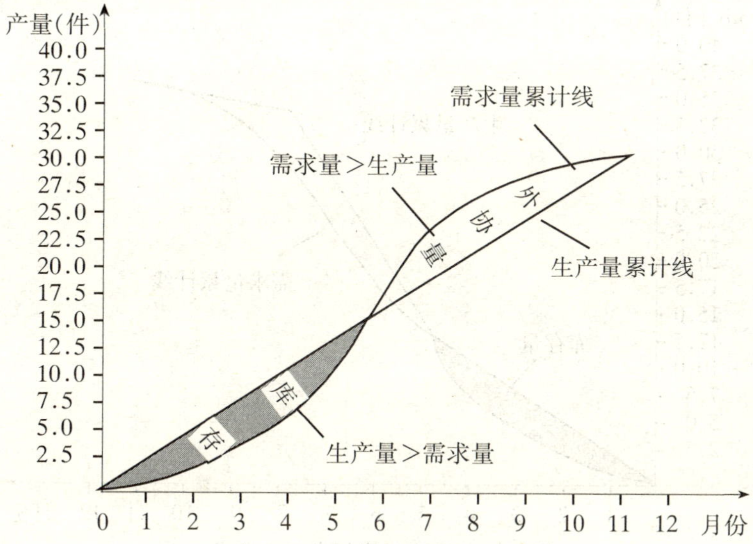

图 5-3　生产时度均衡安排方式图

采用这种安排方式的优点是能充分利用生产能力，有利于产品质量和管理工作稳定。主要缺点是成品库存量大，流动资金占用多。

2. 变动安排。各月产量的安排，随销售量的变动而变动。其生产量累计线与需求累计线基本重合。

这种方式的优点是成品库存量小，节约库存保管费用，对市场的适应性较强。缺点是经常调整人力与设备，生产能力利用较差，不利于产品质量和生产的稳定。

3. 折中安排。这种方式是前述两种方式的结合。图示如下：

上图将全年分为三个阶段，分别采用三种不同的月产量水平，以便适应市场需求。5—8 月，月产水平最高，1—4 月较低，9—12 月最低。其变动次数比变动安排少，库存水平较均衡安排低。

多品种成批生产企业，各种产品交替轮番生产，安排出产进度较大量大批生产复杂，主要是产品品种的合理搭配与产量的正确分配。选择确定最佳的品种搭配方案是安排产品出产进度的关键。具体安排时，一般应注意以下几个问题：

(1) 经常生产、产量较大的主流产品，采取细水长流方式，尽可能在全年内均衡生产。

(2) 产量较小的产品，在符合国家计划和合同规定的交货期的前提下，组织

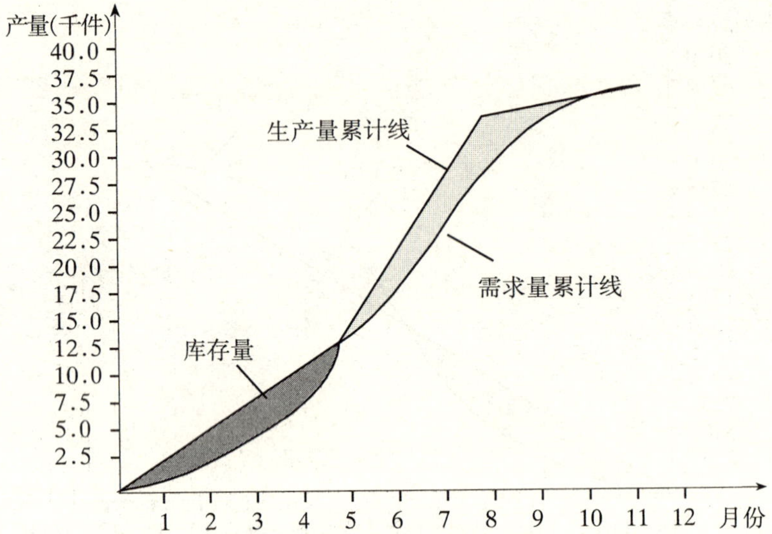

图 5-4　生产进度折表安排方式

集中生产，以减少同期生产的品种数。同系列的产品，尽可能安排在同一时期生产。

(3) 新产品投入、老产品下马，要有一定交叉时间，避免大上大下，减少生产的波动。

(4) 需要关键设备和关键工种加工的产品适当分散。

(5) 尽量使各季各月的产量与该产品的批量相等。

此外，还应考虑关键材料与外购、外协件的供应情况以及技术措施项目与产品出产进度的衔接配合，以保证产品出产任务的完成。

单件小批生产企业，品种多而杂，生产极不稳定，产品出产进度主要是根据不同用户的要求和订货合同规定的交货期进行安排。对于小批生产的产品，也应尽量采用集中生产的方式简化管理，也应使生产技术准备工作和关键设备的负荷比较平衡。见表 5-3。

表 5－3　　小批与单位生产企业年度计划按月分配表　　单位：台

顺序号	产品	年度任务	年度分月											
			1	2	3	4	5	6	7	8	9	10	11	12
1	A	270	20	20	20	22	22	22	22	22	25	25	25	25
2	B_1	18	6	6	6									
3	B_2	20									5	5	5	5
4	B_2	28				5	5	6	6	6				
5	C_1	10				2	2	2	2	2				
6	C_2	14									3	3	4	4
7	D	3		2	1									
8	E	4				2	2							
9	F	2	2											
10	G	3					1	2						
11	H	5							2	3				
12	I	5			2						3			
13	J	2										2		
14	K	3											1	2
			第一周期				第二周期				第三周期			

三、规定车间生产任务

企业在安排产品出产进度的同时，还要分车间规定生产任务。

规定车间生产任务，就是将整个企业的生产任务分解到各个车间，对车间的生产任务进行合理安排。这项工作的目的在于：更具体地进行平衡工作，使各车间的任务在品种、数量和时间上相互协调，确保全厂产品出产进度安排的实现；各车间明确计划期的生产任务，能更好地调动群众的积极性，确保全厂任务的完成；保证充分利用生产能力，有效地提高生产的经济效益。规定车间的生产任务，一般是先安排基本生产车间，然后安排辅助生产车间。

规定车间生产任务的方法，取决于各车间的专业化形式。对象专业化的车间，基本上独立完成一定产品的全部（或大部）生产过程，各车间平行地完成相同或不同产品的生产。因此，方法比较简单，主要是考虑车间生产能力，生产技术条件对生产任务的适应情况，把生产任务按车间原有产品的专业分工范围，直接分配给各个车间。

工艺专业化车间，各车间只完成生产过程的某一阶段，按照工艺路线的顺序依次加工，车间之间依次提供半成品。因此，规定车间生产任务就需要解决车间之间在品种、数量和期限等方面的平衡衔接问题。但在不同的生产类型企业中，规定车间任务的具体方法有所不同。

（一）在制品定额法

大量大批生产企业采用在制品定额法。因为各个车间生产的产品品种较少，生产任务比较稳定，产量较大，各个车间的分工和联系比较稳定，车间之间的联系主要表现在提供一种或少数几种半成品的数量上。只要前一车间的半成品能保证后一车间加工的需要和车间之间库存半成品变化的需要，就可以使生产协调、均衡地进行。

在制品定额法，是用预先制定的在制品定额为主要依据规定车间任务的方法。在制品定额指在一定生产技术条件下，为保证正常生产所规定的必要的在制品、半成品的数量标准。

采用在制品定额法，是按反工艺顺序，从成品车间开始依次确定各车间的任务。计算公式如下：

$$\begin{matrix}\text{某车间}\\\text{出产量}\end{matrix}=\begin{matrix}\text{后车间}\\\text{投入量}\end{matrix}+\begin{matrix}\text{该车间外售}\\\text{半成品数量}\end{matrix}+\left(\begin{matrix}\text{库 存 半}\\\text{成品定额}\end{matrix}-\begin{matrix}\text{期初库存半成}\\\text{品预计结存量}\end{matrix}\right)$$

$$\begin{matrix}\text{某车间}\\\text{投入量}\end{matrix}=\begin{matrix}\text{本车间}\\\text{出产量}\end{matrix}+\begin{matrix}\text{该车间计划允许}\\\text{发生的废品量}\end{matrix}+\left(\begin{matrix}\text{车 间 在}\\\text{制品定额}\end{matrix}-\begin{matrix}\text{期初车间在制}\\\text{品预计结存量}\end{matrix}\right)$$

式中最后车间的出产量和各车间半成品外销量，根据国家下达的任务和订货合同确定。废品量按计划允许的废品率计算。期初在制品和半成品数量，一般采用编制计划时的账面结存数加上预计数，到计划期开始时，再根据实际盘点统计数加以修正。车间在制品和库存半成品定额按计划平均日产量乘生产周期的原理确定。各车间投入量与出产量计算如表 5－4。

表 5－4　　各车间投入量与出产量计算表

生产计划	产品名称 单位 数量	产品 台 1 200
装配车间	出产量 废品损失量 在制品（期末）定额 在制品期初预计数 投入量	1 200 — 120 84 1 236

半成品库	零件外售量 库存半成品（期末）定额 半成品期初预计数	550 100 50
机械加工车间	出产量 废品损失量 在制品（期末）定额 在制品期初预计数 投入量	1 836 8 180 80 1 944

（二）提前期法

成批生产企业采用。由于成批生产企业的产品轮番成批地投入和出产，前后相互联系的各个车间在同一时期内，往往生产着不同种类的产品，前一车间生产的产品往往是后一车间下一阶段生产的产品。因此，规定车间生产任务时，除保证产品品种、数量的平衡衔接外，各车间的平衡衔接关系突出地表现在时间上，即生产进度上的衔接配合，即在规定车间任务时，各个车间投入出产日期都要相应比最后车间出产成品的时间提前一个时期，才能保证企业生产计划和订货合同如期完成。

提前期法，就是根据事先制定的提前期标准，规定车间生产任务。产品的提前期，包括投入提前期和出产提前期，即产品在各车间投入或出产的日期比成品在最后车间出产的日期应提前的日数。

确定车间提前期的公式如下：

某车间投入提前期 = 本车间出产提前期 + 本车间生产周期

某车间出产提前期 = 后车间投入提前期 + 保险提前期

保险期是为了预防前一车间误期出产而需比后一车间规定的投入期限更提前出产的时间，以及半成品在前一车间出产以后，办理入库、出库手续、配套及运输等所需的时间，一般根据统计资料分析确定。

提前期示意图如图 5—5。

提前期的计算按反工艺顺序进行。首先确定最后车间（成品车间）一批产品的出产日期，然后分别按投入与出产提前期依次推算就可确定该批产品在各车间的投入与出产应提前的日期，从而编制出产品分车间的投入与出产进度计划。

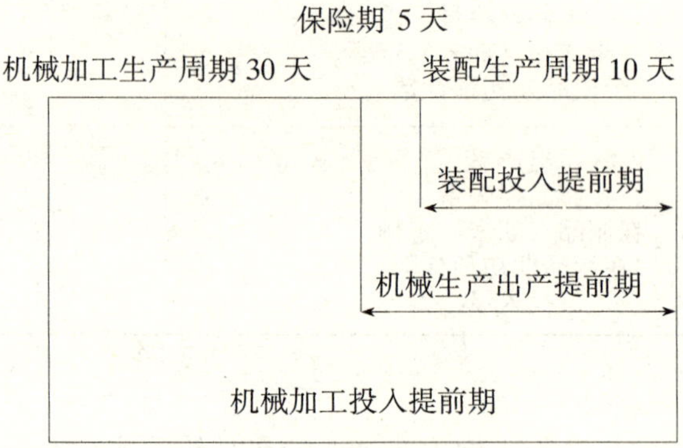

图 5—5 提前期示意图

（三）生产周期法

单件小批生产企业采用。其任务大多决定于用户的订货，关键问题仍然是各车间之间在时间上的衔接。生产周期法与提前法的原理基本相同，是按照合同的交货日期与产品在各车间的生产周期及加工顺序来决定各项订货在各个车间的投入与出产的时间。

辅助车间生产任务的确定，应以保证基本生产车间的需要为前提，根据各辅助车间的性质、特点及其与基本生产车间联系的方式，采用不同的方法。

四、设备负荷平衡

确定年度生产指标，安排产品出产进度和规定车间生产任务，都必须使生产任务与生产能力保持平衡。这是编制生产计划，进行综合平衡的一项重要内容。

生产任务与生产能力平衡一般是进行设备负荷平衡。即将企业的计划任务与现有设备的能力进行对比，检查现有设备对生产任务的保证程度及各季、各月设备负荷是否均衡，依据平衡核算的数据，对生产计划进行合理的调整，积极采取措施，克服薄弱环节，充分利用设备生产能力，使生产计划建立在切实可靠的基础上。

设备负荷平衡，一般按生产单位与同类型设备组（同组设备所承担的生产任务能够互换）进行，平衡的步骤与方法如下：

1. 计算同类设备组完成计划任务所需台时数。

$$\text{完成计划任务的必要台时数}=\sum\left[\text{计划产量}\times\text{单位产品台时定额}\times\left(1-\text{计划期定额压缩系数}\right)\right]$$

式中，计划产量应包括期末期初在制品变化量、计划允许的废品量，在制品应考虑其完工程度，用完工系数折算成车间制成品当量。

2. 计算同类型设备组计划期有效台时数。

计划期设备有效台时数 = 同类型设备台数 × 计划期规定工作日数 × 每日工作班次 × 每班工作小时数 × 设备计划开动率

3. 计算设备组负荷率。

负荷率 = 完成任务所需台时数 ÷ 计划期设备有效台时数 × 100%

计算结果可能出现三种情况：第一种是设备负荷率等于 100%，表明负荷饱满能完成任务；第二种情况，负荷率小于 100%，表明负荷不足，能力有剩余；第三种情况是设备负荷率大于 100%，表明设备超负荷，能力不足。三种情况示例如表5－5。

表 5－5　　××工段设备负荷平衡表

设备的名称	小型车床	中型车床	刨　床	铣　床
设备台数	15	2	6	3
设备有效工作台时数	72 000	9 600	28 800	14 400
生产计划需要台时数	60 000	12 000	32 000	6 000
负荷不足数（或多余数）	+12 000	−2 400	−3 200	+8 400
设备负荷率	83%	125%	110%	42%

设备负荷率越接近 1（100%），表明设备能力利用越充分。这个指标超过或低于 1，就需采取措施，解决设备超负荷或任务不足的问题。

第三节　生产计划的执行

在生产计划工作中，制订生产计划只是为有效地组织企业日常生产活动提供了总的目标和依据，大量、更复杂的工作还在于执行计划，保证生产计划付诸实现。生产计划的执行主要是编制生产作业计划和加强生产调度工作。

一、生产作业计划的编制

生产作业计划是生产计划的具体执行计划。它是根据企业全年生产任务与实际情况的变化，具体规定每个生产环节（车间、工段、小组、工作地）在短期

（月、旬、周、日、轮班）内的生产任务。加强生产作业计划对于组织日常生产活动有重要的作用。

1. 它是完成生产计划的可靠保证。通过生产作业计划，把生产计划中规定的生产任务落实到各个生产环节；在时间上，把年、季度生产任务落实到月、旬、日、轮班、小时；在计划单位上把成台产品细分到零件和工序，使企业各环节和个人都有明确的奋斗目标，这就为统筹安排生产、完成生产计划提供了可靠的保证。

2. 它是实现均衡生产，建立正常的生产和工作秩序，提高经济效益的重要手段。通过生产作业计划的编制，可以具体安排每一个环节在短期内的生产任务，保证每个生产环节的衔接配合，负荷均衡。通过生产作业计划的编制和执行、检查，能够及时发现问题和采取措施，减少和避免发生中断脱节现象，这就有利于企业生产和建立正常生产和工作秩序。这些都为企业提高经济效益创造了良好的条件。

3. 它是保证产销结合，使产品适销对路的有效手段。企业编制生产计划，必须尽可能充分了解用户的要求，根据订货合同和市场预测来确定生产指标。但是，由于企业外部环境复杂多变，市场销售会出现新的情况，用户的要求也可能发生变化。通过生产作业计划，可根据这些新情况和要求，对年度计划规定的月度生产任务进行适当调整，保证产品适销对路。

4. 它是提高企业管理水平的重要环节。按生产作业计划进行生产，要求企业的物资供应、劳动力配备、技术管理、财务管理和经济核算等各项管理工作，做得更加具体细致，有利于建立正常的管理秩序，提高企业管理水平。

企业在安排生产作业计划时，其方法与生产计划中规定车间任务方法的原理大体相同，首先应根据企业（车间、工段等）专业化形式，采用不同的方法；然后结合不同的生产类型，分别采用在制品定额法、提前期法和生产周期法，保证各个生产环节在品种、数量和期限上的衔接平衡，正确确定各个生产环节的生产作业任务。

编制生产作业计划，要在保证国家计划和订货合的前提下，努力提高经济效益。为此，规定生产作业任务应符合以下要求：

1. 做好细致的平衡工作，使企业生产过程实现连续性、比例和均衡性。编制生产作业计划必须使各个环节在品种、数量、期限上互相衔接协调。还要做好生产技术准备、物资供应、人员配备、设备等方面的平衡工作。

2. 制订与贯彻先进合理的期量标准。安排生产作业计划时，在时间和数量上都要依据一些标准数据，这就是作业计划的“期量标准”，如在制品定额、提前期、生产周期等。期量标准是编制生产作业计划的重要依据。期量标准是否先进合理，直接影响到作业计划的质量，对生产的经济效益有很大的影响。企业应当采用科学的方法制订期量标准，并随科学技术水平的提高和企业生产条件的变化而定期修订，使之保持先进合理，从而保证生产作业计划的先进性和现实性。

3. 采取上下结合的编制程序，贯彻群众路线。一般由厂部生产科先拟订各车间的生产作业计划草案，交有关科室和车间讨论；各部门和车间根据计划草案，发动群众讨论，挖潜力、提措施和建议，将意见上报生产科；最后，生产科汇总各方面意见，修订草案，报送厂长在生产会议上讨论通过，就作为正式计划下达。

4. 尽可能提高生产的经济效果。分配任务时，应尽可能组织同类零部件集中生产，减少轮班内生产的品种数；科学地组织零件在工序间的移动方式等等。这些措施都有利于提高生产效率、缩短生产周期、减少在制品和资金占用，从而提高生产的经济效果。

二、生产调度工作

生产调度工作是对企业生产过程直接控制和调节，是实现生产作业计划的重要手段。生产调度工作要以生产作业计划为依据，是生产作业计划的继续。其基本任务是根据生产作业计划所规定的生产任务，及时检查督促计划的执行，及时发现问题，迅速给予解决，保证生产均衡进行，全面完成生产任务。因此，生产调度工作具有计划性、集中性、预防性、紧迫性和群众性等特点。

1. 生产调度工作内容

一般说来，企业生产调度工作应包括以下方面：

（1）检查作业计划的执行情况，做好记录、作业核算和统计分析工作，掌握生产关键，消除薄弱环节。

（2）检查生产前的作业准备工作，帮助和督促有关部门做好生产作业准备工作。

（3）根据生产需要合理调配劳动力。

（4）检查设备运转情况，保证供应优良的设备。

（5）检查物资供应，督促有关部门及时、足量、保质供应物资。

2. 组织和加强生产调度工作的措施

（1）建立健全强有力的生产调度系统。厂部、车间、工段（小组）以及有关生产部门都要建立调度组织，配备专职或兼职的调度人员，明确各级调度人员的职责和权限，使他们在工作中有责有权。

（2）建立健全调度工作制度。调度工作制度一般有值班制度，调度会议制度、现场调度制度和报告制度等。

（3）设置和利用各种调度工具。我国目前多数企业普遍使用一系列图表进行调度。通过计划数与实际数对比，综合反映各个生产环节乃至个人每天的生产进度和累计完成情况。表 5－6 是毛坯供应与零件完成情况表。

表 5－6　　产品（零部件）投入（出产）进度完成情况表

零件名称	星期 累计数 项目	1	2	3	4	5	6	7	8	
		10	20	30	40	50	60	70	80	
A	毛坯投入量	— …	— …	— …	— …	— …	— …	— …	…	（超过计划）
	零件出产量	— …	— …	— …	—	—				（未完成计划）

表中：—表示计划数用蓝色，……表示实际完成统计数用红色；产量是累计的，按日延长；毛坯投入量与零件出产量之差就是毛坯储备量。

通过各种指示图表，厂部调度部门就掌握了全部生产情况，控制了主要生产环节的投入、出产情况，能及时发现问题，并采取措施纠正实际与计划的偏差。

为了更好地做好调度工作，还应根据企业的实际需要和可能，为调度部门配备必要的调度设备，如调度电话、信号装置、工业电视、电子计算机等。

三、在制品管理

搞好在制品管理，保持合理的在制品数量，做好保管工作，可以保证产品质量，节约流动资金，缩短生产周期。因此，搞好在制品管理，有效地组织在制品流转，也是组织实现生产作业计划，生产调度工作的重要内容。

在制品管理工作有在制品的实物管理和账务管理。前者属生产中的物流管理，后者属信息流管理。管理中要求物流与信息流统一，做到流转顺畅、账实相符。同时，控制在制品储备数量，使之保持先进合理的定额水平。

在制品管理是分车间、半成品库进行的。车间在制品是指车间内部尚未完工的正在加工、检验、运输或停放的制品。半成品指某一生产阶段已完工、尚未成为企业的成品的制品，也就是车间之间的在制品。机械企业的半成品一般存放在毛坯库与零件库中。

为了有效地搞好在制品和半成品的管理，必须做好以下几项工作：

1. 建立和健全在制品、半成品的收发领用制度。收发领用要有入库单、领料单等原始凭证，坚持按计划限额收发在制品的制度。车间内部在制品通过工票、台账等形式控制在制品的流转，掌握在制品的情况。要建立在制品增减数字管理制度。

2. 对在制品和半成品要正确、及时记账核对。在各个生产环节之间，在制品和半成品的收发必须及时记账、结清账存。还要建立定期对账制度，做到账实相符和账账相符。

3. 合理存放和保管在制品、半成品，充分发挥库房的作用。库存在制品一般要按照品种、规格分类分区存放，摆放整齐，存放方法因件因地制宜。根据每种在制品的特性建立印号、防锈、防潮、防晒等保管制度。

4. 做好在制品和半成品的清点、盘存工作。根据清点盘存资料，对超定额储备应积极处理。清点盘存工作的范围、方法和时间根据具体情况确定，全厂性的清点盘存工作可以定期进行；车间内部的在制品的盘点工作经常一些，以便及时发现和解决问题。

第六章 质量管理

坚持“质量第一”是我国的长期方针。社会主义企业应以优质产品和服务满足国家建设和人民生活需要为首要目的。质量管理指为了经济地提供用户满意的产品和服务所进行的组织、规划、协调、控制等工作。全面质量管理是搞好质量管理、提高产品质量和经济效益最可靠的保证。

本章主要讲述全面质量管理的重要意义和特点、质量保证体系、质量控制统计方法和服务质量等问题。

第一节　全面质量管理概述

全面质量管理是本世纪60年代在质量检验和统计质量控制的基础上发展起来的、崭新的科学的质量管理工作体系，和以往的质量管理相比，运用了一些新的概念和有着显著的优越性。

一、质量的概念

全面质量管理中的质量，不仅指产品质量，还包括工作质量。

产品质量就是产品的使用价值，指产品满足使用和社会要求所具备的特性。各种产品在使用价值方面，各有其特定的属性，这些特性通常表现为机械的、物理的、化学的性能，尺寸、形状、大小、外观、手感等等质量特性，一般包括性能、可靠性、安全性、经济性、维修性和表面状况。国际标准化组织（ISO）对质量的定义是“质量是指产品或作业所具有的，能用以鉴别其是否合乎规定要求的一切特性或性能”。

“耐穿耐用”、“物美价廉”形象地说明了对产品质量的要求，产品的质量特性具体说明如下：

性能——指产品有广泛的适用性能，主要包括各种产品性能及耐用、安全方便、适合使用要求等特点。

可靠性——一般指精度稳定、性能持久、不出故障。是指产品在一定条件和时间内按规定功能进行工作而无故障的能力或可能程度。

经济性——指产品整个寿命周期总费用，包括产品的购置费、使用维持费等。

安全性——产品在使用维修过程中保证人身和产品安全的能力。

表面状况——在保证以上特性的情况下，适当做到美观、大方、简洁，力求避免傻、大、黑、粗。

人们对以上的质量特性要求并不是一成不变的，随着科技的进步、经济的发展、人民生活水平的提高，对产品质量的要求也是逐步改变的。

产品的质量特性，尽可能定量化，以便科学地量度和管理。产品的质量特性，有一些可以直接定量，如钢材的化学成份、材料的强度、硬度等。但是，不少产品的质量特性难以直接定量，如外观、操作方便、舒适等，这就需对产品进行综合的或分零部件的试验研究，确定一些技术经济参数来间接反映产品的质量特性。不论是直接还是间接定量的质量特性，都应准确地反映社会和用户的要求。此外，还应考虑企业生产的可能性（包括设备能力、工人和技术人员的技术水平，组织和经营管理水平等）和经济上的合理性（包括价格、成本、劳动生产率等），在几者有机结合的基础上，形成和制订产品的质量标准。产品质量是在技术经济分析的基础上达到客观要求和生产条件统一的产物。产品质量标准是规定产品主要质量特性的技术（或经济）参数的技术文件，是产品主要质量的特性的定量表现。它是对产品的质量要求和检验方法、手段等所作的技术规定，是企业产品生产和检验的技术依据和重要规范。它的主要内容有：产品名称、用途和适用范围，产品规格与技术要求，产品检验的工具、方法，产品的包装和运输、储存方面的要求。产品的质量标准，一般规定在有关设计图纸和技术文件中，按其颁布单位和适用范围分，有国际标准、国家标准、部门标准、企业标准。没有规定标准的产品，如企业承接的特殊订货，应由供需双方协商技术条件，明文规定质量要求。

工作质量指企业（或部门）的管理工作、技术工作和组织工作，对达到产品质量标准和提高产品质量、服务质量的保证程度。一般很难给工作质量定量，通常是通过产品质量的好坏、不合格率的多少，或从完成国家下达任务情况及满足用户要求情况等间接反映工作质量。从统计角度看，不合格率、废品率、返修率等是工作质量指标，而一等品率、可靠性指标等是产品质量指标。

产品质量和工作质量是两个不同的概念，二者又有紧密联系。产品质量是工作质量的反映，工作质量是产品质量的保证。企业各个部门、每个职工都应努力提高工作质量，以保证不断提高产品和服务质量。

因此，广义的质量还应包括交货期、价格、使用维修等技术服务工作，又称为全面质量，可用下式表示：

全面质量＝产品质量特性＋价格＋交货期＋技术服务

二、推行全面质量管理的重要意义

这个问题即是提高产品质量的重要意义。

产品质量是一个国家的科学技术水平和民族素质的集中体现。在我国社会主义现代化建设中，不断提高产品质量更具有重大的政治经济意义。

（一）提高产品和服务质量，是加速实现现代化建设的迫切需要

科学技术是第一生产力，实现现代化的关键是科学技术现代化。实现科学技术现代化，就要求企业提供高质量的设备、仪器仪表等；实现国防现代化，需要企业提供高质量的武器装备；实现农业现代化，需要企业提供质优价廉的农机、化肥、农药；工业现代化，当然也需要高质量的机器设备等。总之，实现四个现代化，就必须用高质量的产品装备国民经济各个部门，迅速提高各部门的科学技术水平，创造出更高的社会生产力。因此，产品质量是直接关系现代化建设的一个根本问题。

商业企业的主要服务对象是广大消费者，如果商业企业服务质量高，商品适销对路，价廉物美，店堂整洁美观，服务热情周到，满足了广大消费者的不同需要，就会使消费者直接感受到现代化建设的繁荣兴旺和社会主义制度的优越性，从而激发广大群众建设现代化的主动性和积极性，大大加快现代化进程。

（二）提高产品和服务质量，是改善人民物质文化生活的迫切需要

提高工业产品质量，是不断改善人民物质文化生活的一个重要途径。工业产品质量，特别是轻工、纺织、日用工业品的质量，更是直接关系到人民的衣、食、住、行、用，关系到千家万户。产品质量好，物美价廉，经久耐用，就能节省群众的开支，减轻负担，更好地满足人民的需要，实际上提高了人民的生活水平，也必将进一步激发人民的社会主义积极性。

（三）提高产品和服务质量，有利于提高经济效益

提高经济效益，就是要以尽量少的劳动和物质消耗，生产出更多更好的符合的社会需要的产品。不断地提高产品和服务质量，会给企业和社会带来很好的经济效益。首先，产品质量的提高，一方面表现为生产中合格率高，用同样多的燃

料、原材料和人力生产出更多的合格品；另一方面，表现为产品的使用价值提高，性能好，可靠耐用，效率高、消耗省，这对生产和消费都提高了经济效益。其次，提高产品质量，减少废次品和不合格品，还可节约大量的人力、物力、财力，取得降低成本、增加盈利和积累的经济效果。特别是机械、冶金等生产资料产品质量的提高，不仅可以提高企业本身的经济效益，而且还有利于其他企业生产出第二代、第三代优质产品，形成产品质量水平连续提高的良性循环，促使整个社会经济效益的提高。再次，产品质量和服务质量的提高，特别是在商品货源日益丰富、市场竞争激烈的情况下，产品质量的好坏和服务质量的高低，将直接影响消费者的购买意愿和数量。只有产品和服务质量好，才能吸引越来越多的消费者，扩大商品销售，在尽可能有利的条件下尽快销售出去，从而提高经济效益。

（四）提高产品和服务质量，有利于企业整个经营管理水平的提高

首先，提高产品质量，必将促进许多技术方面的提高和进步。高质量的产品和服务，要求有较高的科学文化技术，不断采用新技术、新工艺、新设备、新材料进行生产和服务。这就需要通过技术改造和全员培训等工作全面提高企业的技术素质。同时，提高质量，还要和先进的经营管理结合起来，必须系统、全面地改善企业的经营管理，健全各项管理制度，扎扎实实作好基础工作，这样，以全面质量管理，提高产品和服务质量工作为中心，带动企业各项管理工作水平的全面提高。

综上所述，推行全面质量管理，提高产品和服务工作质量，对企业的生存发展，“四化”建设都有重大的政治经济意义。每个企业都必须始终坚持“质量第一”的方针，自觉推行全面质量管理，使各项工作转到以质量求效益的轨道上来。

三、全面质量管理的特点

全面质量管理，是企业全体职工同心协力，综合运用组织管理、专业技术和数理统计方法，经济地开发、生产和销售用户满意的产品和提供优质服务的管理活动，是通过全体职工的工作质量保证产品质量，达到提高产品和服务质量的目的。全面质量管理贵在一个“全”字，具体体现为以下五个特点：

（一）服务性

服务性是全面质量管理的目的和指导思想，为用户负责，也是我国推行全面

质量管理的出发点和归宿点。它要求：(1) 企业要为用户提供质量保证，对产品质量负责到底。(2) 企业内，上道工序为下道工序服务，企业要把工序之间、各部门之间的关系视为生产者与消费者的关系，树立“下道工序就是用户”的观点。这有利于增强每个职工的责任心和协作精神，从而保证和不断提高产品质量。

（二）全员性

产品质量是企业所有人员工作质量的综合反映。因此，提高产品和服务质量需要全体职工齐心协力，通过各自的工作质量来保证产品质量。只有人人关心质量，对自己的生产、工作、服务质量高度负责，优质产品才有坚实基础和可靠保证。

（三）全面性

全面质量管理的对象是生产经营全过程，优质产品是经过生产经营全过程逐步形成的。因此，要求把质量管理工作贯穿到产品的市场调查、研究、设计、试制、工艺、工艺装备的设计制造、设备、材料供应、计划、生产、劳动、销售、用户服务等各个环节，使之成为一项综合性、全面性的管理。

（四）预防性

优质产品是经过设计制造出来的，不是检验出来的。为此，全面质量管理要作好“事先控制”，实行防检结合、以防为主的方针，把设计、工艺、工装、原材料等方面可能造成不合格品的因素控制起来，形成一个稳定生产合格品的生产系统，保证和提高产品质量。当然，仍然要坚持和搞好质量检验，不仅可以严格把住质量关，还可以取得大量的数据资料，作为质量反馈信息，为改进质量管理、提高质量提供依据。

（五）科学性

全面质量管理综合运用先进的科学技术和科学管理方法，如采用先进的检测手段和方法，应用数理统计方法、实现管理工作标准化，综合发挥它们的作用，形成一整套科学的质量管理方法。还要做到“一切凭数据说话”。数据是质量管理的基础和科学依据，通过对数量的控制去控制质量。

全面质量管理还有其特有的工作方法——PDCA工作循环，即在质量管理中采用计划——实施——检查——处理的方法。第一阶段是计划（PLAN），确定质量方针目标，制定质量措施计划；第二阶段是实施（DO），即执行质量措施计划；第三阶段是检查（CHECK），即检查计划实施情况，调查效果；第四阶段是处理（ACTION），进行标准化，把经验和教训，作为今后的鉴戒，并将遗留问题转到下一个质量循环去解决。企业的质量管理工作也就在一个接一个的 PDCA 循环中，不断提高和发展。

第二节　质量保证体系

一、建立质量保证体系的必要性

质量保证是随着生产和质量工作的发展，在产品更新换代周期缩短、市场竞争激烈的情况下形成的新概念。质量保证是企业对用户在产品质量方面提供的担保，保证用户购得的产品在寿命周期内质量可靠，使用正常。从系统的观点看，还包括上工序对下工序提供的质量保证，体现着上下工序、各个部门、生产（销售）者和用户之间的关系。它通过质量保证的有关文件资料，取得用户的信任，生产（销售）者也可以此提高产品的竞争力，赢得更多用户，获得更好的经济效益。

质量保证体系指企业为了稳定地、经济地生产出用户满意的产品，从产品的开发设计、制造、销售的全过程，建立起一套严密、协调、高效的管理系统，明确规定各部门、各环节、各人员在质量管理中的任务、责任和权限，订立各类标准，建立起统一的管理机构和信息反馈系统，形成质量管理的有机工作体系。

这一保证体系之所以必要，是由于全面质量管理必须实行全面性、全员性、预防性的系统管理的客观要求。产品和服务质量不仅取决于本企业全体职工的工作质量，还和协作企业的质量管理工作水平直接有关。如果仅从某一环节着手，限于个别工序的控制，而没有统一的、各部门的有机联系和配合，又缺少持续的企业内外质量信息反馈的推动，全面质量管理就很难深入发展和提高水平。同时要看到，在生产经营条件下，企业必须不断提高产品质量和竞争能力。只有各部门、各环节的活动纳入统一的质量管理体系，遵守统一的标准、程序和规程，才能把全体职工的力量拧成一股绳，共同为提高产品质量而努力奋斗。总之，建立完整、高效的质量保证体系，是巩固和深入开展全面质量管理的客观要求，是实行全面质量管理的组织保证。

二、质量保证体系的内容

质量保证体系包括了全过程的质量管理，由以下四个基本部分组成。

（一）设计试制过程的质量管理

设计试制指产品正式投产前的全部生产技术准备工作，包括调查研究、试验研制、产品设计、工艺设计、试制鉴定等工作。这个过程是企业生产活动的首要环节，对产品质量有“保证”和“预防”的作用。产品设计应便于制造、维修，树立“用户第一”的思想，根据国家标准（或国际标准）和用户要求进行设计。设计质量不好，就会“先天不足，后患无穷”。设计试制过程的质量管理是全面质量管理的起点，主要应作好两个方面的工作：

1. 制定质量目标，参加设计审查、工艺验证、试制鉴定

质量目标是对企业新产品和老产品的改进所提出的质量要求。质量目标和质量标准是两个不同的概念。质量标准在一定时期内是相对稳定的。如果产品达不到规定的质量标准，就应以质量标准作为质量目标；如果产品达到规定的质量标准，应进一步争取达到一等品和优等品，制定超过标准的质量目标，向国际标准和国外先进标准努力。质量目标是根据用户要求，广泛搜集国内外质量情报，结合企业的实际可能，由设计人员分析研究，提出方案，报经有关领导（部门）批准，作为设计工作的依据。

为保证质量目标的实现，在设计的每个阶段，都要组织有关人员进行评议审查。质量管理人员应参与目标的制定和评审，通过评审，可对照用户要求及市场需要更好地确定产品质量性能，验证工艺在现有生产技术条件下保证质量目标实现的程度和制造的经济性；还可以在试制生产中更好地贯彻设计意图。参加试制鉴定，可以发现设计的缺陷和工艺的不完善，进而修改和补充工艺。通过鉴定，可以对新产品或改进产品从技术、经济、生产可能几方面作出全面评价，并正式认可订正各项技术文件，使之成为制造过程中保证产品质量的依据。

2. 进行产品质量的技术经济分析

产品质量的技术经济分析，着重研究产品质量变化同发生的费用（质量成本）同价格的关系。质量成本增加，有利于提高产品质量，同时产品价格也可能提高。这就需要分析成本提高幅度和价格提高幅度之间的关系。下面介绍用“质量、成本、价格”的函数曲线来选择质量与保证费用（质量成本）的“最佳点”的方法。见图 6－1。

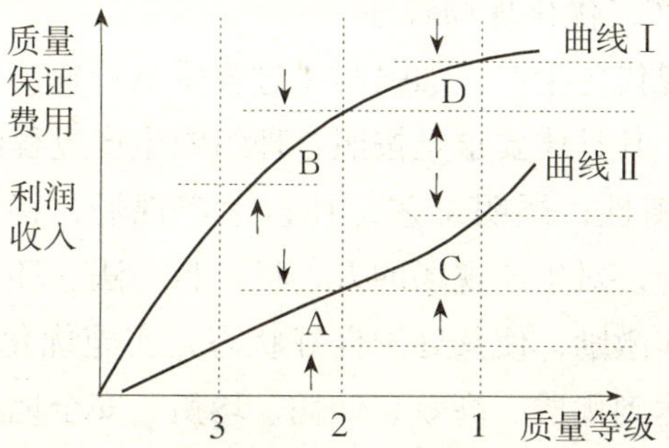

图 6-1　质量与成本、价格函数曲线图

图中横坐标代表质量等级，纵坐标代表质量保证费用和利润收入，曲线Ⅰ是为达到一定质量等级相应的费用支出，曲线Ⅱ是不同质量的产品在市场上的价格。显然，质量等级越低，质量保证费用越少，市场价格也低（点 3）。反之，产品质量等级越高，质量保证费用也越大，相应产品市场价格也高（点 1）。其中，存在一个最佳点（点 2），在这种情况下，经济上最合算。如果把点 2 移向点 3，即把产品质量从 2 级降到 3 级，这时质量保证费用下降了“A”，但是产品价格跌落了“B”，B>A，说明费用的降低弥补不了价格跌落的损失。假如把点 2 移向点 1，即把质量等级从 2 级提高到 1 级，这时，为保证质量多付出的费用“C”比市价的提高“D”大，也不合算，所以点 2 是最佳点。

（二）制造过程的质量管理

制造过程的质量管理，是全面质量管理的中心环节，是保证质量的关键。其任务是保证形成一个能生产合格品的生产系统，“把关”和帮助“过关”，保证出厂产品全部达到规定的质量标准；更重要的是要通过工序观察和分析，找出不合格品的原因，及时进行工序控制，预防不合格品的发生。

制造过程的质量管理主要抓以下几方面的工作。

1. 加强工艺管理

详细制定各工序的操作规程，并严格地执行。这样不仅可以消除个人经验及主观判断造成的差异，而且有利于按标准检查各岗位的工作质量和及时发现问题。

要研究掌握各种质量因素的变化与产品质量波动的内在联系和规律。据以摸索工序控制的方法和不断修正各种工艺规程，加强工艺管理，严格工艺纪律，进一步提高产品质量。

2. 组织文明生产，优化现场管理

这是科学组织现代化生产，加强制造过程质量管理，保证工艺加工质量及产品质量的重要条件。其具体要求是按照合理组织生产过程的客观规律，提高生产的节奏性，实现均衡性；严明工艺纪律；生产现场，特别是车间、要作到人、物、场所的最佳结合，对生产现场的人、机、料、法、环等生产要素，进行合理有效的组织、控制和激励，使其处于良好状态，实施优化组合，保证正常运转，并不断改进，以求达到优质、高效、低耗、均衡、安全地进行生产。此外，生产现场的设备应整洁，温湿度、采光照明、环境色彩、噪音等都要科学合理。

3. 健全质量检验制度

质量检验是采用一定的测试或检查方法和手段测定产品的质量特性，并把它同规定的质量标准作比较，判断半成品或成品是否合格。这是监督和检查产品质量的重要手段。质量检验一般包括原材料进厂检验、工序间检验和成品出厂检验。

加强质量检验工作要正确规定质量检验范围和专职检验点。产品在加工过程中，按照工艺过程的需要建立检验工序并由专职检验人员进行的检验叫专职检验点，凡是质量容易波动或关键工序，以及检验手段和技术复杂，靠工人自检或互检无法保证质量的工序，都应设立专职检验点。工序检查应合理选择检验方法，采取自检、互检、专检相结合的形式。在做好检验的基础上，加强对不合格品的管理。

严格的检验制度和合理的组织，可以保证不合格的原料不投入、不合格的零部件不转入下工序、不合格的产品不出厂；还可以收集大量反映产品质量特性的数据资料，为分析工序能力，控制工艺过程，加强质量管理提供信息。

4. 掌握质量动态，进行质量分析；运用统计质量控制方法，进行工序控制

质量状况的综合统计与分析，是掌握质量动态的有效工具。应通过一系列的质量指标和统计图表进行分析。质量指标有反映产品质量的产品等级品率、寿命等，还有反映工作质量的废品率和合格率等，统计图表有主次因素图、因果分析图等。通过这些指标和图表的统计分析，可以找到产品质量问题的原因，分清责任，制订措施，改进和提高产品质量。

工序控制是运用数理统计方法，在生产工序进行过程中，抽查部分产品质量，进行分析，掌握工序保证生产合格产品的能力，从中发现可能发生废品的预兆，及时加以控制，防止废品的发生。对于关键工序、加工工艺有特殊要求或对

下道工序有重大影响的加工项目，质量不稳定或不合格品容易发生的工序以及生产中各生产要素发生变化的工序，要设置质量管理点，作为特别注意监视、控制的重点。工序控制的统计图表有直方图、控制图等。

（三）辅助过程的质量管理

辅助生产过程包括原材料外购件等物资供应；工具制造、设备维修；仓库保管，运输服务等。它们都是为生产第一线服务的，为直接加工提供优良的物质技术条件。因此要面向生产，充分发挥各自的质量保证作用，通过优质的服务和工作质量，保证生产出优质的产品。

（四）使用过程的质量管理

产品的使用过程是实现社会主义生产目的的过程，也是考验产品质量的过程，既是质量管理的归宿点，又是企业质量管理的出发点。产品质量特性是根据用户要求设计的，其质量必须在使用中才能作出充分的评价。因此，企业的质量管理工作必须延伸到使用过程。使用过程的质量管理主要应做好三方面工作：

1. 做好对用户的技术服务

对用户技术服务可根据产品特点和用户情况采用不同的形式。如编制产品说明书；帮助用户培训技术骨干传授安装、调试、使用和维修技术；设立技术服务站或服务上门，协助解决技术疑难问题；对产品本身的质量问题应负责包修、包换、包赔；提供用户需要的备品备件等等。

2. 进行使用效果与使用要求的调查

通过调查，了解产品在使用过程中是否达到了规定的质量标准，还有哪些要求和改进意见，都应及时和系统全面的调查收集和分析，并及时反馈，为进一步改进和提高产品和服务质量提供依据。

3. 认真处理出厂（售）产品的质量问题

产品出厂（售）以后，企业应热情负责对待用户的意见和要求。凡属制造原因的质量问题，应负责“三包”。属使用不当而造成的问题，应帮助掌握使用方法和技术。对因质量问题造成严重后果的，应按有关法规进行经济赔偿以至承担法律责任。

第三节　质量控制的统计方法

质量控制统计方法是以数理统计理论为基础，利用测量数据、统计图表为手段控制产品质量的方法。即运用统计抽样方法，对收集到的大量质量特性数据整理分析，据以采取对策，及时处理，达到控制工序质量，预防不合格品和提高产品质量的目的。由于它的应用和具体要求不同，又分为两种：

一种是工序质量控制统计方法，它是应用统计抽样原理检验产品和主要质量标志，根据检验评定结果，绘成统计图表，用以判断产品质量的情况和趋势，观察工艺过程是否处于受控状态，根据发出的信号调节工艺过程，以控制质量和预防废品发生。另一种是成品验收的质量控制统计方法。它是应用统计抽样原理，根据预先制定的检验方案，从整批产品中随机抽取一部分样品进行检验，以检验的结果判定整批产品是否合格。

质量控制统计方法具有显著的优越性：一是从根本上改变了单纯检验的事后“把关”，是预防废品发生和生产不稳定的积极科学方法；二是抽查的样品数比全批产品数量少得多，大大减少了检查的工作量，节约了检查所需的人力、物力和财力，有利于降低产品成本；三是由于工序检验与工艺工序同时进行，可以节省时间，缩短生产周期。此外，通过对质量数据的系统整理和分析，为设计、工艺人员制定合理公差和编制合理的工艺规程提供了依据。

质量控制统计方法要以科学的数据为根据，以质量数据反映观察对象的状态，通过数据的整理分析，可以揭示事物的内在规律，从而达到控制工序和提高产品质量的目的。质量数据可以分为计量值数据和计数值数据两大类。计量值数据是可以连续取值，可以用测量工具测出的表明产品长度、重量、化学成份、硬度等质量特征的数据，可以带小数。计数值数据是不能连续取值的、具有离散性，用以判断属性的数据，通常不用计量仪具测量，一般不带小数，如不合格品件数、单位产品缺陷数等。

质量控制常用的统计方法有七种：排列图法、因果分析图法、散布图法、分层法、检查表、直方图、控制图。现将排列图法、因果分析图法、直方图和控制图介绍于后。

一、排列图法

排列图又叫主次因素图、巴雷特图，是帮助找出影响产品质量主要因素的统计图表法。影响产品质量的因素（或原因）很多，但关键因素往往只有少数几个，从图表中找到关键的少数因素，就可以集中力量解决，提供了解决质量问题的捷径。

排列图由两个纵坐标、一个横坐标、几个直方形、一条曲线构成，如图6－2所示。

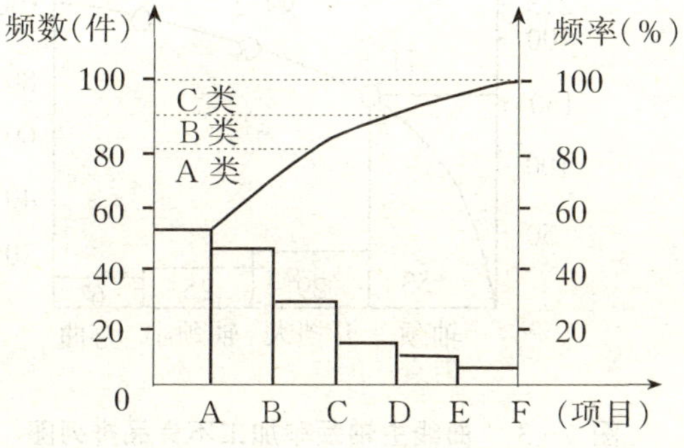

图6－2　排列图

左边纵坐标表示频数（不合格品数或因质量问题造成的损失金额），右边纵坐标表示频率（%），即不合格品累计百分数。横坐标表示影响产品质量的因素，按其影响程度的大小从左到右排列，直方高度表示某个因素影响的大小。曲线表示各个因素大小的累计百分数，称作巴雷特曲线。通常把累计百分数分成三类：累计百分数0—80%之间的因素为A类因素，是主要（关键）因素；80%—90%之间的因素为B类因素，是次要因素；90—100%之间的因素为C类因素，是一般因素。A类因素往往是少数，企业应集中力量采取措施解决，产品质量即可大大提高。

例如某厂加工曲轴主轴颈的不良品数如表6－1所示。

表6－1　　车加工曲轴主轴颈不良品统计表

原因	数量（件）	比率（%）	累计百分数
轴颈刀痕	153	71.8	71.8
开档大	29	13.6	85.4
轴颈小	25	11.8	97.2
弯曲	6	2.8	100
总计	213	100	/

根据这个统计资料，就可画出车加工曲轴主轴颈不良品排列图，如图6－3所示。

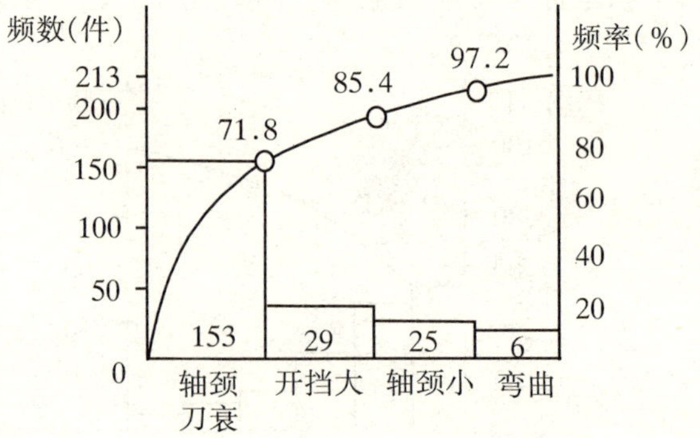

图 6-3　曲线主轴颈车加工不良品排列图

从图中明显反映出，轴颈上出现刀痕是影响轴颈质量不良的主要原因。集中力量解决这个质量问题，就可以降低不良品率 71.8%，曲轴质量就可以大大提高。

作排列图的注意事项：

(1) 主要原因较少，至多不要超过三个，否则就失去抓主要矛盾的意义，应重新进行原因分析和分类。

(2) 纵坐标可用“件数”、“金额”、“工时”等表示，以能更好找到“主要原因”为原则。

(3) 一般项目太多时，横轴会变得很长，通常将其列入“其它”栏内置于排列图横轴末端。

二、因果分析图法

又称特性因素图，又因其形状象树枝或鱼刺，故又称为树枝图、鱼刺图。因果分析图是分析各种质量问题产生原因的统计图表法。它是从产品质量问题这个结果出发，分析原因，寻根究底，找出是哪些大原因在影响产品质量，再找影响大原因的中原因、影响中原因的小原因，直至追到具体根源，可以采取解决措施为止。如图 6-4 所示。

在分析原因时，要采取“三结合”形式这，充分发扬民主，把不同意见集中起来，画成统计图表，以利集思广益，找到质量问题的根源。分析原因时，可从设备、操作者、工艺方法、材料及环境等方面，层层深挖原因。

如上例，为什么车主轴颈常出现刀痕，通过现场调查研究，充分发扬技术民

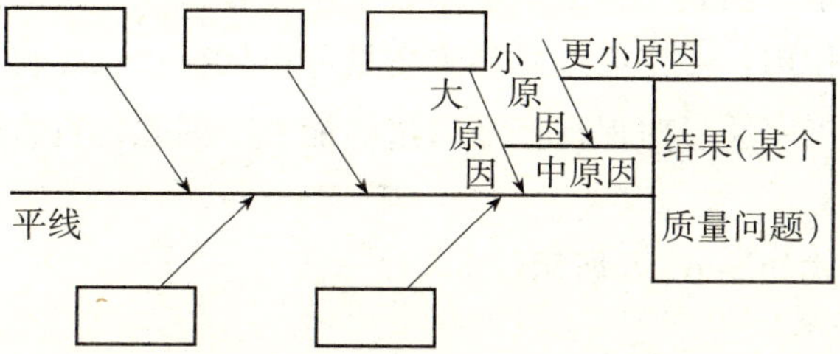

图 6－4　因果分析图

主，把大家的意见集中，归纳整理，画出下面的因果分析图，如图 6－5。

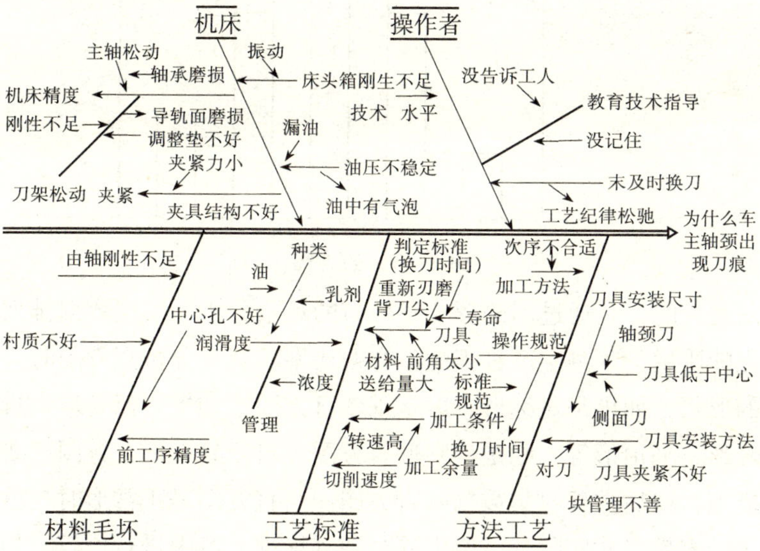

图 6－5　车主轴颈现出刀痕因果分析图

作因果分析图应注意：

（1）充分发扬技术民主，集中整理归纳大家的意见，层次分明，突出重点，不要罗列。

（2）原因分析应逐层剖析，主要因素用方框框起。

（3）到生产现场落实主要原因的项目，订出解决措施。

三、直方图法

直方图是根据随机抽取的一批产品（零件）逐个测量所得的质量标志值，将质量标志值区分为若干小范围，统计每个小范围的数据个数，以数据个数为高度，用小直方表示于图表上。由于它是数个小直方连在一起的图形，称为频数直方图。直方图的作用：一是揭示样品组质量分布状况；二是将直方图与公差界限比较，可以考察工序质量对保证产品质量的能力。因此，直方图是一种工序质量控制的统计方法。

直方图的形式如图 6－6 所示。

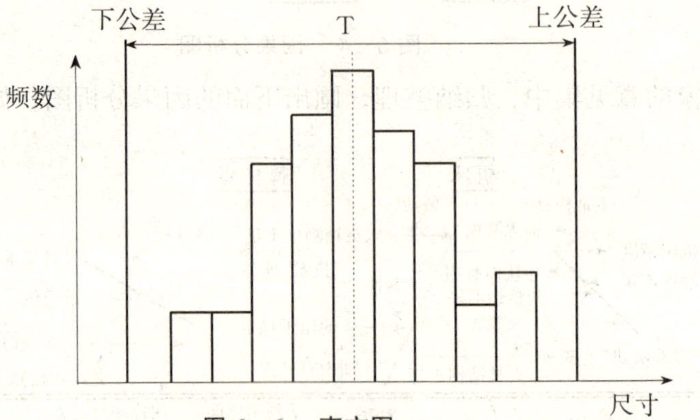

图 6－6　直方图

直方图的目的，是通过图的形状及分布的观察分析，发现数据排列规律，判断生产过程的质量，预测生产过程的不合格比率。观察分析直方图时，首先，观察图本身的形状，如果是对称形，即是正常直方图；如果是孤岛形、折齿形、偏向形、双峰形、平顶形等，则是异常形直方图。对于异常形直方图，要分析其原因，采取措施，然后重新收集数据画直方图。当直方图是正常形时，就可以把直方图所表示的零件尺寸实际分布范围同公差（标准）范围进行比较，如果实际分布范围在公差界限以内，且两边各有一定余地（如图 6－6），说明生产过程质量状况好，可预防发生不合格的；如果尺寸实际分布范围与公差界限的一边（或两边）之间没有余地，甚至越出公差界限，则说明生产过程不能预防不合格品发生，就必须分析原因，采取措施，调整生产过程，控制质量因素，以保证稳定生产合格品的工序能力。

四、控制图法

生产中对工序有两个基本要求：一是在生产过程中有足够的精度（即工序质量能够满足工艺加工的要求）；二是保证生产过程稳定，即处于控制状态和实现管理标准化。前一要求可用直方图和公差相比来判断和调整，后一要求则用控制图法来解决。

控制图又叫管理图，在质量管理的统计方法中，控制图是核心。半个多世纪以来，在质量管理中广泛采用，效果显著。

控制图是用数理统计理论对生产过程（工序）质量状态进行控制的一种图表。它是用于分析和判断工序是否处于稳定状态的、带有控制界限的一种统计图表，即是把表示质量状况的统计指标在特殊表格中用点图表示出来，并在图中标出技术条件所规定的产品质量标准数值，以作比较。

（一）控制图的作用和格式

控制图的作用是：分析生产过程是否稳定；判断工艺过程的质量状态，发现工艺过程的失控状态，预防不合格品的发生；为评定质量提供依据；确定设备和工装的实际精度，以便确定合理的技术规定；用于改进检验工作，确定检验方式和范围。

控制图的内容包括两部分：

(1) 标题部分。包括工厂、车间、小组的名称，工作地（机床、设备）的名称编号，零件、工序名称编号，检查单位、要求，测量工具，操作工、调整工、检验员的姓名及控制图的名称编号等。

(2) 控制图部分。控制图的基本格式见图 6－7。

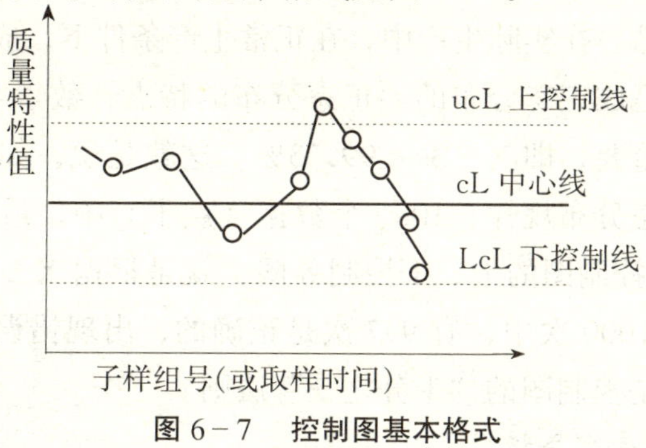

图 6－7　控制图基本格式

控制图是在平面坐标系中，以横坐标为子样号或取样时间，纵坐标为测得的质量特性值。图上有与横轴平行的三条线，中间一条实线是中心线，记为 cL；上面一条虚线叫上控制界线，记作 ucL；下面一条虚线叫下控制线，记作 LcL。在生产过程中，定时抽样，测量各样品的尺寸（或其他特性值），将测得的数据用“点”描在图上，再根据点的排列有无缺陷和是否在控制界限内，判断生产过程是否处于稳定状态。

（二）控制图的基本原理

控制图的理论基础是质量变异的正态分布规律。在生产过程中，造成质量波动的原因有人、设备、材料、方法、环境和测量等六个方面，每个方面又有若干因素。这些因素是造成质量波动（变异）的原因。一般把造成质量波动的原因分为两类：偶然性原因和系统性原因。

偶然性原因是对产品质量经常起作用的因素，指技术上不能控制、经济上不需控制的因素。这类因素数量多，影响微小，有随机性质，生产上不可能彻底消除，技术上容许存在，如原材料性质的微小差异、机床微小振动、刀具正常磨损等。这类原因引起的质量变异叫随机误差。仅是偶然原因造成的质量变异，是正常的波动，表明生产过程处于受控状态。

系统原因是生产上必须控制、技术上又能控制，但实际上失去控制的因素。这类因素数量不多，但影响很大，一旦发生，就会发生一贯的或周期性的影响，不及时发现和消除，就会产生大量废品。如原材料中混进了不同材质、规格的原材料，机器刀具的过度磨损，夹具严重松动，等等。由这类因素引起的产品质量变异，叫系统误差。

由此可见，质量变异是客观存在的。质量管理就是要从一批产品的实测数据中，判断有无系统误差存在，如有，就要消除这些系统因素，保证生产过程的稳定性，防止发生废品。在实际生产中，在正常生产条件下，成批生产产品的某一特定质量标志值，是成正态分布的。正态分布的特点，数学上已作了充分研究，其中有一个结论很重要，即 $\bar{X} \pm 3\sigma = 99.73\%$。这就是说，如果只有偶然原因影响生产过程，按正态分布规律，1000 个数据（点子）中，最多有 3 个点子跳出管理界限（$\pm 3\sigma$）。控制图的上、下控制界限，就是根据 $\bar{X} \pm 3\sigma$ 来规定的。根据这个范围判断，在 1000 次中，有 997 次是正确的，出现错误的可能性很小，大约只有 3 次。这就是控制图的“千分之三”法则。

（三）控制图的观察分析

控制图能迅速反映工艺过程是否处于控制状态。一旦发现失控，检查者可发出信号，查明原因，采取措施。

一般说来，控制图上的“点”反映出工艺过程的稳定程度。有的“点”分布反映得比较明显。有的“点”分布反映得不明显，为了判断工艺过程是否处于稳定状态，需制订一些判断规则。这些判断规则是：在控制图满足了“点”不越出控制界限，“点”的排列没有缺陷这两个条件时，即可判断工艺过程是处于统计控制状态。如果“点”落到控制界限之外，应判断工艺过程出现了异常情况。如果“点”虽未越出控制界限，但其排列如有下列情况，也可判断工艺过程失控。

（1）“点”在中心线的一侧连续出现7次以上；

（2）连续7个以上的“点”上升或下降；

⑶“点”在中心线一侧多次出现，如连续11个点中，至少有10个“点”（可以不连续）在中心线同一侧；

(4) 连续3个“点”中，至少有2个“点”（可以不连续）在上方或下方26横线以外出现；

（5）“点”呈现周期性变动；

（6）其他。

画控制图并不是质量管理的目的，而是利用控制图判断生产过程的稳定性，预防废品的发生和改进生产，从而提高产品质量。为了有效地使用控制图，应当利用控制图提供的信息，采取相应的措施，使生产过程经常处于受控状态（稳定状态），为生产优质产品提供条件。

第四节　商业企业服务质量管理

服务质量指批发企业为零售、零售企业为消费者服务的好坏程度。它既包括为顾客提供适销对路、品种齐全、数量充足、花色款式丰富多彩的商品，又包括主动、热情、耐心、周到的服务态度，以及质价相称、买卖公平、礼貌待客的社会主义商业道德，还包括服务项目、服务时间、销售方法、手续制度、网点设置等多方面的内容。服务质量的高低，是商业企业经营管理水平和两个文明建设状况的综合反映。

一、批发企业为零售服务

批发企业的服务对象主要是零售企业。批发企业为零售服务，是实现商业基本任务和职能的需要。批发企业为零售服务，提高服务质量，首先要牢固树立为零售服务的观点，提高为零售服务的自觉性，做好以下工作：

（一）按照市场需要组织货源

1. 加强市场调查研究，收集信息，搞好市场预测，积极组织适销对路的商品。批发企业经营的商品在品种、质量、规格、花色、式样、价格、数量等方面，必须适应零售的需要，这是批发企业为零售服务的物质基础。

2. 熟悉本地和外地产品的货源情况。对本地生产不能满足需要的产品，本着“择需进货，适销对路”的原则，从外地组织进货，重点应以本地缺门断档、供不应求、花色品种不能代替的以及外地名优产品为主。

3. 批零之间要经常沟通信息。批发企业要善于运用市场信息，同零售企业一起分析本地市场购买力的增长幅度和投向，力求正确估计市场潜力，掌握扩大商品销售的主攻方向，作好引导工作。可采取提供信息、示范性试销、组织展销等方法引导销售。批发企业还要按期或节日向零售企业介绍商品情况，同时认真听取零售企业的意见，改进批发经营。

4. 根据零售需要，保持合理库存。批发企业要按照经营范围、主要供应对象和不同商品的特点，使库存结构适应零售需要，防止人为脱销或积压。

（二）采取灵活多样的服务方式

1. 搞好商品陈列，办好样品室。样品要醒目、齐全、有代表性，有醒目的介绍。商品陈列要以方便零售挑选为前提，根据商品特点采用不同的陈列方法。库存商品要陈列齐全，做到仓库有货，柜台有样。

2. 合理分配商品。对计划分配或紧俏商品可按比例一次分配，可以分批进货分批付款；一般快货，可定期供货，方便零售及时选购；货源充足的商品，应敞开供应；高档商品应适当照顾大商店和繁华街道；城乡需要的工业品，优先供应农村。

3. 经常下乡下店，带样上门服务。根据需要和可能，尽力做到就地看样，就地开票，就地收款，就地交货，为零售提供方便。

4. 调剂余缺，互通有无。主动为零售企业牵线搭桥、沟通信息，调剂有无余缺。

5. 换残补缺，余量退货。对零售企业进货中出现的商品残缺问题，应妥善处理和解决，有货换货无货退款；对零售企业库存过多的余量商品，只要不残不缺，包装完好，批发企业就应积极帮助调剂处理。

（三）建立并完善为零售服务的各项制度

如值班主任制度、商品分配制度、建立服务标准和服务守则、听取零售意见制度等。各项制度均应以岗位责任制为中心并与奖惩制度挂钩。领导应以身作则，模范遵守，以确保各项制度的全面贯彻执行。

二、零售企业为消费者服务

消费者是零售企业的主要服务对象。零售商业企业是把商品卖给直接消费者的企业。它处在商品流通的最终环节，商品通过零售企业便离开流通领域，进入消费领域，实现商品的价值和使用价值。因此，零售企业的业务活动的质量如何，直接关系着消费者的切身利益。提高为消费者服务的质量，是扩大销售、提高经济效益，完成零售企业基本任务的迫切需要。为了提高为消费者服务的质量，零售企业要做好以下工作：

1. 在经营范围内做到商品适销对路、数量充足、品种齐全、供应及时、价格适宜。这是提高服务质量的物质基础，也是服务质量高低的一个根本标志。

2. 千方百计为消费者购买商品创造方便条件。应在售货方式、收款方法、服务设施、服务项目、营业时间等方面合理安排，使消费者及时方便地买到满意的商品。

3. 严格执行商业政策，遵守商业道德，反对和抵制危害国家和消费者利益的行为。一切从国家利益出发，从消费者利益出发，是社会主义商业道德的基本点。商业企业出售商品要明码标价、挂牌销售，不擅自提价、变相涨价，不以次充好，以假乱真，坚决抵制假冒伪劣商品，不掺杂、硬性搭配，不缺斤少两，以良好的经营作风和高尚职业道德在消费者中树立信誉。

4. 讲求商品陈列和店堂内外的清洁卫生，为消费者创造舒适美好的购货环境。商品陈列要方便顾客选购，还要注意整洁、美观、醒目、有吸引力，使消费者在商店有赏心悦目、艺术享受之感。店堂内外要清洁整齐卫生，保持室内空气清新、商品洁净，确保消费者身心健康和商品安全。

5. 大力开展售后服务。搞好售后服务工作，是现代零售商业企业为消费者服务的一个重要特点，也是取得消费者信任和扩大销售的重要手段。售出的商品，只要不脏、不残、不影响原价出售的，一般都应满足顾客退或换的要求。认真处理售出商品的质量问题，作到“三包”。为方便顾客还可实行送货上门、登门代客安装、调试、修理等服务

6. 不断开拓创新的服务方式和方法。零售企业要根据顾客的需要和本身的经营条件不断创新、开拓新的服务领域，如办理预购销售、电话售货、租赁服务，设立顾客休息娱乐场所，开展消费者指南和咨询服务等业务，等等。

7. 不断提高售货员的服务水平。售货员直接和顾客打交道，其服务水平直

接反映了零售企业的服务质量，主要表现在仪容、技能和服务态度三方面。在仪容方面，售货员要仪表整洁、讲究卫生、装饰适度、举止大方；技能方面，要练好展示、称量、包扎、计算等基本功，熟悉自己经营的商品，了解商品的名称、产地、质量、性能等基本知识；在服务态度方面，要了解消费者心理，掌握恰当的服务方式和方法，接待顾客态度和蔼、耐心细致、当好参谋，作到童叟无欺、人人一样，语言要文明有礼、准确、恰当、亲切、简练，熟悉日常商业用语。为了切实提高售货员的服务水平，企业要加强思想政治工作，建立必要的规章制度，领导以身作则，使服务质量规范化，不断提高售货员水平的工作制度化、经常化。

三、服务质量规范化

服务质量规范化，就是按照现代化管理原理的要求，制定有关服务质量的准则，把商业企业各项服务工作纳入章法，规定不同工作岗位职工的工作内容，使之符合一定的标准，以便监督、检查、执行，使商业企业的服务质量管理工作不断健全和完善。

商业企业服务质量规范包括正常服务规范、多功能服务规范和现代化技术服务规范。

（一）正常服务规范

1. 语言规范化。每个企业要把各工种在服务过程的常用语，归纳成若干语言规范，并要求每个人在工作中必须使用。

2. 接待程序化。不同商业企业要规定出对顾客服务的礼节、姿势、先后顺序以及递拿商品、展示商品、帮助挑选、包扎、计价等的程序和方法。

3. 卫生制度化，商品陈列艺术化。

4. 质量标准化。一切与顾客有关的工作都要规定质量标准。如语言标准、行为举止标准、卫生标准、商品质量标准以及对仪表仪容的要求等。企业内部的各项管理工作也应有质量标准。

（二）多功能服务规范

这是指本企业直接服务工作以外的连带性服务工作的规范。如经营大件商品的商店要实行送货上门；经营家用电器的商店，要做好售前检测、售后的安装、调试修理，实行“三包”制度，等等。所有这些兼营的多功能服务，都应订出规范。

（三）现代技术规范化

这是随着商业企业技术装备的进步而逐步发展的服务。例如，吸收自选商场的经验，采取敞开陈列商品、顾客自选、单个商品有价格标签和使用说明、出门一次收款等先进售货方法；大商店要有顾客休息室、临时托儿所，停车场；要逐步采用先进的售货工具和冷风柜、冷藏箱等经营设备，为顾客创造良好的服务环境，等等。各行各业都要逐步采用新技术，对已有的技术服务项目，都应订出规范。

制订商业企业服务质量规范，是企业的一项基础工作，也是推进企业质量管理的重要措施。在实行服务质量管理时，要按照企业服务规范的要求，建立多层次的服务质量管理小组和监督检查制度，并和奖惩挂钩。经常研究、解决执行中存在的问题，提出改进措施，使之逐步完善，以利于商业企业服务质量的不断提高。

7

第七章 物资与设备管理

物资是社会物资资料的总称，包括生产资料和生活资料两大类。用于人们日常生活消费的，称生活资料，用于生产消耗的，称生产资料。在社会主义市场经济条件下，它们都是商品。在我国经济管理中，人们常把工业企业生产所需的原料，材料、燃料、机电设备等称为物资，而商业企业经销的工农业产品称为商品。本章将研究工业企业的物资供应，商品采购与运输，商品库存管理，设备管理等问题。

第一节　工业企业的物资供应

一、物资消耗定额

物资消耗定额是指在一定的生产技术组织条件下，制造单位产品或完成单位劳务所必需消耗的物资数量的标准。它是确定物资需用量储备量，编制物资供应计划的基础；是科学地组织物资供应，对物资消耗实行有效控制的依据；是监督和促进企业的内部合理使用、节约物资的工具；是促进企业提高生产技能、经营管理和工人操作水平的手段。

物资消耗定额通常按主要原材料、辅助材料、燃料、动力和工具分别制订的。基本方法有：技术计算法、实际测定法、统计分析法、经验估计法四种。它们各有优缺点，技术计算法比较准确，但工作量大，其他各法则不够精确，却简便易行。在实际工作中，多把几者结合使用，并注意吸取群众经验，以便于推广实施。

以机器制造企业产品为例，制定主要原材料消耗定额，首先要分析原材料消耗与消耗定额的构成，以及各构成部分之间的相互关系。所谓原材料消耗的构成，是指从取得原材料一直到制成品产出的整个过程中，原材料消耗在哪些方面。所谓原材料消耗定额的构成，是指定额中应包括哪些原材料消耗。

原材料消耗的构成，一般包括三个部分：

（1）构成产品（或零件）的净重。它是原材料的有效消耗部分。

(2) 工艺性损耗。它是指在准备或加工过程中，由于工艺技术上的原因，使原材料形状或性能发生改变而产生的损耗。这部分损耗的大小是由企业的生产工艺技术水平所决定的。

(3) 非工艺性损耗。是指由于运输保管不善，供应材料不合规格，以及其它非工艺技术上的原因所造成的损耗。

主要原材料消耗定额，严格来说只应包括产品净重和工艺性损耗两部分，通常称为工艺消耗定额。而非工艺性消耗在一定的条件下，一时难以完全避免，为了确保供应，应将这部分损耗包括在定额之中，这就是物资供应定额。在实际工作中，以上两种定额各有不同的作用：工艺消耗定额主要作为企业内部发料和考核的依据；而物资供应定额则作为企业核算物资需要量和采购量的依据。它们的计算公式如下：

单位产品原材料工艺消耗定额 = 单位产品的净重 + 各种工艺性损耗的总和

单位产品材料供应定额 = 工艺消耗定额 ×（1 + 材料供应系数）

式中的材料供应系数，是指非工艺性损耗应加的比例数。它一般按有关的统计资料分析确定。

二、物资储备定额

物资储备定额是一定条件下，为保证生产顺利进行所必需的、经济合理的物资储备数量的标准。工业企业的物资储备定额，也是一项重要的基础工作。它是企业编制物资供应计划和组织采购订货、核定流动资金和控制物资库存水平的重要依据。

企业的物资储备，一般包括经常储备和保险储备两个部分。对于某些物资，由于其供应有季节性，还需要建立季节性储备。

（一）经常储备定额

经常储备，是企业前后两批物资进厂的供应间隔期内，为保证生产正常进行所必需的储备量。这种储备的数量是在不断变动的。当一批物资进厂时，达到最高储备；随着生产的消耗，逐渐减少，直到下批物资进厂前，降到最低储备；当下批物资抵厂时，又达最高储备。这样不断取用，不断补充，反复循环，周而复始，所以称周转储备。经常储备定额的制定方法主要有供应间隔期法和经济采购批量法两种：

1. 供应间隔期法

它是根据物资供应间隔期的长短来制定经常储备定额的方法。计算公式为：

经常储备定额 = 供应间隔天数 × 平均每日物资需用量

但有些物资在入库以后、投产使用之前，还要经过一定的准备时间，如矿石要进行混匀，木材要进行干燥等。经常储备的天数中，还要包括这部分准备时间，这样，计算公式为：

$$经常储备定额 = \left(\begin{matrix}供应间\\隔天数\end{matrix} + \begin{matrix}物资使用前\\准备天数\end{matrix}\right) \times \begin{matrix}平均每日\\物资需用量\end{matrix}$$

上式中，平均每日需用量，等于年度的物资计划需用量除以全年日历天数。供应间隔天数即物资前后相邻两批物资进厂的间隔天数。一般是根据报告年度的统计资料计算的加权平均供应间隔天数，再按计划年度的具体条件加以适当调整后确定的。物资使用前的准备天数主要取决于物资的化验、加工和整理工作的效率，可根据技术分析和实际经验来确定。

由于供应间隔期主要是根据供应单位的供应条件、运输条件等因素，保证企业不致因缺料停工而确定的物资储备量。这种方法，较多考虑企业外部条件，而较少考虑企业本身的经济效益。

2. 经济采购批量

经济采购批量，就是使采购费用与保管费用之和（即总费用）最小的一次采购数量。采用这种方法的依据是采购批量跟采购费用、保管费用有着密切的关系。采购批量与采购费用是反比例关系。因为每一次采购商品，就要花费一次采购费用，包括运杂费、采购员工资及旅差费等。当一定时期内采购商品的总量不变时，每次采购的批量越大，采购的次数就越少，采购费用就越小。反之就越多。为了节省采购费用就要求采购批量大一些。采购批量与保管费用是正比例关系。因为当一定时期内采购商品的总量不变时，每次采购的批量越大，平均库存也就越大，保管费用也就越大，包括存货占用资金的利息，仓库及设备的维修折旧费，商品损耗等费用，反之采购量小，平均库存量小，保管费用就少。为了节省保管费用就要求采购批量小一些。因此，节省这两类费用的要求是相互矛盾的，这就要求求出一个恰当的采购批量来，使按这个数量采购商品的总费用（主要购费用与保管费用之和）为最小。这个采购批量就是经济采购批量。如图7－1所示。

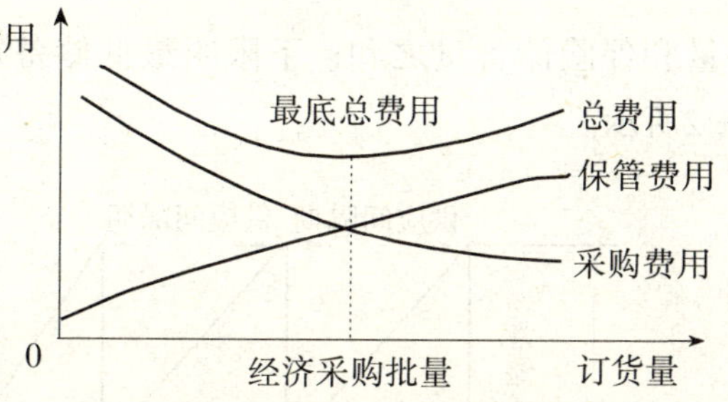

图 7-1　经济采购批量图

从图 7-1 中可以看出，保管费用是随着采购批量增大，而采购费用则是随着采购批量的增大而减少，而将两者加起来所形成的总费用曲线之最低点，即为经济采购批量。其计算公式为：

设：年采购总量为 D，采购批量为 Q，一次采购费用为 S，单位保管费用为 I，存储时间为 T。

$$\text{一定时期内的采购费用} = \text{采购次数} \times \text{一次采购费用}$$

$$= \frac{\text{采购总量}}{\text{采购批量}} \times \text{一次采购费用} = \frac{D}{Q} \times S$$

$$\text{一定时期内的保管费用} = \text{平均库存量} \times \text{单位保管费用} \times \text{存储时间}$$

$$= \frac{\text{采购批量}}{2} \times \text{单位保管费用} \times \text{存储时间}$$

要求总费用最小的采购批量，可根据微分学的极值原理，对总费用函数求出导数，并使导数等于 0。

$$\frac{DS}{Q} + \frac{1}{2}QIT = 0 \qquad Q = \sqrt{\frac{2DS}{IS}}$$

或 $$\text{经济采购批量} = \sqrt{\frac{2 \times \text{采购总量} \times \text{一次采购费用}}{\text{单位保管费用} \times \text{存储时间}}}$$

（二）保险储备定额

保险储备是为了预防在物资供应中可能发生的误期到货等不正常情况而建立的物资储备。在正常情况下，这种储备是不动用的。保险储备的大小，主要取决于保险的储备天数，其计算公式为：

保险储备定额 = 保险储备天数 × 平均每日需用量

保险储备天数，一般是按上期统计资料中实际到货平均误期天数来确定的。

企业的物资储备定额，一般是由经常储备和保险储备两部分组成。由于经常储备是一个变化的量，因此，物资储备定额有上限和下限之分。上限叫最高储备定额，即经常储备量和保险储备量之和；下限叫最低储备定额，即保险储备定额。其关系如图7－2所示。

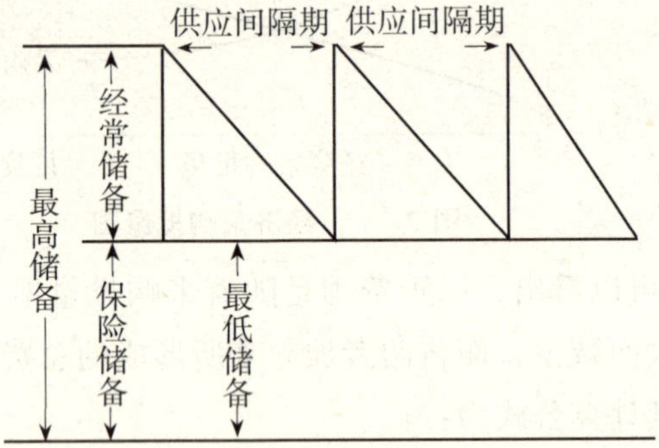

图 7－2　物资储备量示意图

（三）季节储备定额

季节储备是指为了适应进料或用料季节性的要求，在一定时期内所建立的一种物资储备。如由于农产品供应的季节性，冬季河道冰封造成的进料季节性，以及由于企业生产的季节性需要而引起的用料季节性，都要求建立一定的物资储备。它实际上是经常储备和保险储备的一种特殊形式。其计算公式为：

季节储备定额＝季节性储备天数×平均每日需要量

季节性储备天数，一般是根据历史统计资料，并考虑计划期内具体情况而定。

三、物资供应计划

企业物资供应计划是企业经营计划的重要组成部分，它是确定计划期内为保证生产正常进行所需各种物资的计划。其主要内容是确定物资的需要量，期末期初的库存量、物资的采购（申请）量。

（一）物资需要量的确定

物资需要量是指计划期内保证生产正常进行所需消耗的物资数量。它是按具体品种、规格、用途分别计算的。其计算方法主要有两种：

（1）直接计算法。亦称定额计算法，它是根据计划任务和物资消耗定额直接计算的。其计算公式为：

$$\text{某种物资计划需要量} = \text{计划产量} \times \text{单位产品供应定额} - \text{计划回用废料数量}$$

式中计划产量，应包括商品产量和期初、期末在制品的变化量。

（2）间接计算法。亦称比例计算法。它是按一定比例、系数来估算物资需要量的方法。例如：

$$\text{某种物资计划需要量}=\frac{\text{上年实际消耗量}}{\text{上年产值（千元）}}\times\text{计划年度产值（千元）}\times(1-\text{可能降低的百分比})$$

直接计算法计算出来的需要量比较准确，凡能制订消耗定额的物资应尽量采用这种方法，而间接计算法比较粗略，一般适用不便于制订消耗定额的物资或耗用量不大的辅助材料。

（二）计划期末期初库存量的确定

由于生产任务、供应条件的变化，物资的计划期末和期初库存量往往是不相等的，这就要影响到物资的采购（申请）量，因此，必须加以计算。

期末库存量，通常是按经常储备定额加上保险储备定额来确定。如果企业需用某种物资的品种、规格较多，当按物资“小类”或“组”来计算期末库存量时，由于经常储备量是经常处于变化中的，因而，实际上工作中采用 50—75％的经常储备加保险储备，来作为期末库存量。

期初库存量，一般是根据库存实际盘点数，并考虑到编制计划时到计划期初的到货量和耗用量计算出来的。其计算公式为：

$$\text{期初库存量}=\text{编制计划的实际库存量}+\text{期初前的到货量}-\text{期初前的耗用量}$$

（三）物资采购（申请）量的确定

有了物资需要量和期末、期初库存量，就可以用下列公式计算物资采购量（申请量）：

$$\text{某种物资的采购量}=\text{物资的需要量}+\text{期末库存量}-\text{期初库存量}-\text{企业内部可利用的资源}$$

第二节　商品采购与运输

一、商品采购的基本要求

商品采购和商品销售一样是企业经营管理的重要环节。为了保证企业经营活动的顺利进行，企业应根据生产经营的需要，购进数量充足、品种花色对路、质量优良、价格合理的商品，为生产经营提供物质基础。为此，企业在组织采购中，必须做到以下基本要求：

（一）按需采购

工业企业购买各种物资是为了生产的需要。因为工业企业的生产过程，同时也是物资的消费过程。要使企业的生产过程周而复始、不间断地进行，就需要不断地补充生产中所消耗的各种生产资料。为此，工业企业必须按照以生产需要为依据编制物资供应计划，并按时、按质、按量、齐备地进行采购，才能保证生产的正常进行。

商业企业是为卖而买，最终是满足消费者的需要。因此，商业企业的商品采购，必须立足于消费者，以市场需求为依据。按照企业编制的商品购进（进货）计划来组织采购。

商品购进计划是商品流转计划的重要组成部分。它包括了购进总值、类值、主要商品购进量等指标。

（二）积极组织货源，保证供应

企业为取得所需商品，必须了解市场供应行情，预测发展趋势，掌握所需各类商品的生产与供求变化情况，积极开辟货源，组织所需商品，保证供应生产经营的需要。

（三）正确合理地选择采购渠道

采购渠道是指企业通过什么样的通道，包括从什么地点、什么单位、走什么路线把商品购买回来。企业选择采购渠道应该坚持多渠道少环节、流向合理、经济核算的原则。为了使进货及时、品种齐全、必须广开进货渠道，实行多渠道进货。商品所经过的环节越多，渠道越长，停留在流通过程的时间也越长，劳动耗费也越多，因此，要严格遵守商品合理流向，减少一切不必要的环节。如凡是需要而且可能自产自销或产销直接见面的就不必再经过批发采购，凡是能走直线的就不要走弯路，凡是能就近购进的，就不舍近求远。选择采购渠道影响因素较多，一般应从商品、市场、企业本身能力等多种因素，进行综合分析和比较，才能选择合理的采购渠道。

（四）选择最佳供货单位

在商品货源比较充分的条件下，应对供货单位进行选择，考虑的因素：一是供货者的信誉。如生产是否正常，商品质量是否可靠，货价是否相称，能否履行合同，能否按期交货等；二是供货者的条件，如路程的远近，交通运输工具，运输路线，运输费用等。对于供货单位的选择，企业要以经济效益为标准，根据可供货者的各种条件，进行综合分析比较。当几个供货单位都同时具备质量可靠，价格合理，信誉良好的条件时，要以节约流通时间、降低流通费用、减少流通环节为准则，进行对比核算，最后选定最佳供货单位。为了保证供货，供货单位不能只有一个，但不能过多。企业还应按照公平、互惠、协调原则，不断发展与供货单位的良好关系。

（五）保证质量，价格合理

采购商品应严把质量关，要符合采购合同中详细规定的技术规格，花色品种的要求。因为工业企业只有保证采购物资的质量，才能为生产合格产品创造条件。商业企业保证采购商品质量才能制止假冒伪劣商品进入流通领域，以保护消费者利益和维护企业信誉。

采购价格必须合理。因为工业企业物资消耗的费用，一般要占产品成本的一半以上，有的高达90％左右。节约物资消耗费用，除了降低物资消耗外，降低物资采购价值也是一个重要方面。商业企业的采购价格合理，才能既有利于商品销售，又能保证企业获得一定的利润。

（六）加强采购合同管理

采购合同是商品流通过程中，法人间本着平等互利原则，为实现商品交换，明确购销双方权利义务关系而签订的书面协议。合同应明确规定供应商品的品种、规格、质量、数量、包装、交货时间、交货地点、运输方法、检验方法、价格、货款支付方式以及违反合同的处理方法如罚金、赔款等经济责任。

合同一经签订，当事人双方必须严格执行，任何一方不得擅自变更或解除。一旦违反合同条款，就要承担经济责任。同时，必须接受合同签订和履行情况的监督检查，包括行政监督、公证监督和银行监督。还必须履行合同纠纷的调解和仲裁决定。企业要健全合同管理，搞好合同登记、检查、统计分析工作，把考核合同履约率作为评价采购部门工作的一个重要指标。

二、进货方式

（一）工业企业物资采购订货方式

1. 对于大宗物资或国家统配的重要物资，应尽量实行定点协作，直达供货的方式。

2. 招标，对于供应条件较好，需方批量大、数量多的物资，可用招标形式进行采购。其优点是：采购单位有较充分的选择权利，以便获得价廉而适用的物资。

3. 市场采购。企业可以参加各种订货会，或根据经济合理、就地就近的原则，直接到市场上购买所需物资。

4. 协作加工。对于特殊规格、非标准规格的物资和市场无现货的物资，企业必须采取协作加工的订货方式。一般需方应提供图纸和技术质量要求，由供需双方直接签订加工合同或协议。

（二）商业企业的进货方式

商业企业的进货方式，是指处理产销、供销关系所采取的方法和方式。商业企业的进货方式，主要有以下几种：

1. 计划收购。是根据国家下达的收购计划指标，进行收购的一种形式。这是对中央直接计划管理的少数重要工业产品采取的一种收购方式。由工商企业按国家统一下达的计划进行购销衔接，签订合同，工业保证销售，商业保证收购。

2. 合同订购。是商业企业根据市场需要，同生产部门协商，通过签订购销合同，订购商品的形式。生产部门按照合同规定的商品品种，规格，数量，质量，价格，交货时间，向商业企业交售货物，这是建立在产销双方平等互利和自愿基础上的交易。

3. 市场收购。是商业企业根据消费者需要，直接通过市场，向生产者或其他商业企业自由选购，协商订价，取得货源的一种形式。

4. 代批代销。是一种售后办理结算手续的进货形式。这种形式比较灵活，它既能帮助生产企业打开产品销路，又能在节省资金占用的条件下扩大企业经营。

5. 工商联营联销。它是通过工商企业双方达成的协议，建立的一种合作关系，对经营的结果，采取利益均沾、风险共担的原则。它的优点是使生产企业关心销售，商业关心生产。

除以上形式外，还有委托加工和定牌监制等形式。

三、商品运输管理

企业的运输工作不仅同商品的购进有密切联系，也和商品销售有密切联系，为了叙述上的方便，我们把运输工作放在本章来讨论。

商品运输，是指商品借助运力，在空间上发生的位置移动。马克思指出："商品在空间上的流通，即实际上的移动，就是商品的运输。"因为商品在产销和供需的空间上常常是不一致的，只有通过商品运输，完成商品在空间位置上的转移，才能满足社会生产和人民生活的需要。搞好企业的运输业务管理，对于缩短商品待运和在途时间，节约商品流通费用，加速商品周转，保证企业购销业务进行，及时满足社会需要，充分发挥运输工具的运输能力，节约社会运力，都具有重要意义。企业运输管理的基本任务是：根据商品流通规律的要求，选择采用最合理的运输路线和运输方式，有效使用最适当的运输工具，及时、准确、安全、经济地完成商品在空间上的转移。

合理组织商品运输的途径，主要有以下几方面：

1. 选择合理运输路线。就是要使提交运输的商品，在满足需要的前提下，选择短捷的运输路线，花费最少的运输费用，完成商品的运输过程。也就是要消灭一切对流、迂回、过远、重复等不合理运输现象，节约社会运力，节约商品流通费用，经济有效地组织商品运输过程。

2. 正确地选择运输方式，合理减少商品运输的中间环节。实践证明，开展直达、直线运输、四就直拨运输、组织联运等是减少中转运输环节的好方式。直达、直线运输，就是将商品从生产单位直接运到消费地区，选择最短捷的运输路线，使商品运输直线化。四就直拨运输是指就工厂直拨、就车站码头直拨、就仓库直拨、就车船过载直拨，其特点是，商品直接从工厂、仓库、车站运输，是二种以上运输工具的协作形式，对于加速车船和商品周转，简化运输手续，节约运费，综合利用社会运力，都有积极作用。

3. 合理选择使用运输工具。不同的运输工具，具有不同的特点。火车运量大，运费低，有较高的连续性和准确性，一般适宜于大宗商品的远程运输。轮船运量大、运费低，但受自然地理条件限制。汽车灵活、迅速，适宜于短途运输。飞机速度快，但运价高、运量少。因此，运输工具的选择使用，要分别不同商品，不同运程，根据不同地区的地理与交通条件，按照商品数量及其价值大小，性质特点，运输远近以及市场需求缓急，合理选择使用。

充分利用各种运输工具，提高运输工具的使用效率，是合理使用运输工具的另一个得要内容。提高运输工具的使用率，一方面是最大限度地利用运输工具的载重吨位，另一方面是充分利用运输工具的装载容积。通常提高运输工具使用效率的方法有：提高技术装载量、提高整车比重、组织双程运输、加速车船周转等。

第三节　商品储存管理

商品储存，指商品离开生产领域而尚未进入消费领域前，在商品流通阶段所形成的暂时“停滞”或停留状态。商品储存是商品流通过程中必然产生的一种形态，它是由商品生产和消费在时间上、空间上的矛盾所引起的。

商品储存是商品流通的重要环节，是保证生产过程和流通过程的必要条件，正如马克思说：“没有商品储备，就没有商品流通”①。“只是由于有了这种储备，流通过程从而包含流通过程在内的再生产过程的不断连续进行，才得到保证”。②因此，合理组织商品储存，可以保证市场供应，满足社会生产和人民生活需要。可以减少流通过程中资金的占用，节约费用，提高经济效益。

一、商品库存管理方法

（一）商品库存的ABC分类法

现代库存管理广泛采用ABC分类法管理。该法是对库存商品按其重要性的不同，划分为ABC三类，分别给以不同程度的管理。以达到有效地使用人力，物力财力的目的。

ABC分类法的具体作法如表7－1、表7－2。

表7－1

比重 类别	占库存商品总品种数的％	占库存商品总金额的％
A类商品	5—10	70—80
B类商品	20—30	15—20
C类商品	50—70	5—10

库存商品，品种繁多，价格不一，其中贵重商品量少价昂，占用资金多划分为A类；一般商品量多而价廉，占用资金少划分为C类；还有部分商品介于上

① 《马克思恩格斯全集》第24卷，第164页。
② 《马克思恩格斯全集》第24卷，第165页。

述两类商品之间划分为 B 类。对于 ABC 三类商品，必须分别管理，分别控制。这便是 ABC 分类法管理的原理。

表 7－2

类别 要求 项目	A 类商品	B 类商品	C 类商品	
控制程度	严控	一般	适当	
进出记录	详细	必备	粗略	
存货计算	准确	定期	需要时	
进货次数	多	适中	少	
进货检查	经常	按次	按次	
安全存量	少	适当	多	

（二）库存定额管理法

商品库存主要是为了保证市场的正常供应。库存多了，占用资金多，增加储存费用，降低经济效益；库存少了，又不能保证供应，影响市场安排。为了使库存合理，既不积压，又不脱销。必须按正常周转需要，进行定额管理。

商品库存定额，可按数量（金额）定额或定额日数表示。数量（金额）定额，是指企业规定在一定时期内应当经常储存多少商品，定额日数是指企业规定在一定时期内应当经常储存可供多少天销售的商品。有了定额日数可与数量（金额）定额相互换算。两者关系如下：

数量（金额）定额＝定额日数×每日平均销售量（金额）

1．定额日数。定额日数的确定，一般是按照商品的正常周转需要，先确定最低储备天数和最高储备天数，然后确定平均储备天数作为库存定额天数。

最低储备天数＝进货在途天数＋销货准备天数＋商品陈列天数＋保险天数

进货在途天数指商品从购进地运到企业所需地的时间。其时间长短，取决于进货单位的远近和运输条件。

销货准备天数，指进货以后，在验收、入库、作价、记账、挑选整理和提货过程所需的时间。

商品陈列天数，指在营业场所的柜台、货架、橱窗中陈列的商品可供销售的天数。

$$\text{商品陈列天数}=\text{柜台、架架、橱窗陈列商品的数量（金额）}\div\text{平均每日销售量（金额）}$$

保险天数，指为了防止商品因购销条件变化或运输中断等而发生脱销的天数。

$$\text{最高储备天数}=\text{最低储备天数}+\text{进货间隔天数}$$

进货间隔天数指商品在正常周转的情况下，两次购进商品的间隔天数，也就是平均进货可供销售的天数。

$$\text{平均储备日数}=\left(\text{最低储备天数}+\text{最高储备天数}\right)\div 2$$

2. 数量（金额）定额。数量（金额）定额，可以通过天数定额换算，用来控制库存商品的具体数额。其计算公式如下：

$$\text{数量（金额）定额}=\text{定额日数}\times\text{平均每日销售量（金额）}$$

（三）定量库存存控制法

定量库存控制法，又称订购点法。作法是预先规定一个订购点量，当库存量降到订购点时，就按规定的订购数量（即预先确定的经济订购批量）提出订货或采购。其特点是：订购点和订购批量固定，而订购间隔期和进货间隔期是可变的，随商品销售量的变化而变动。

订购点的计算方法如下：

$$\text{订购点}=\text{平均备运天数}\times\text{平均每日销售量}+\text{保险储备量}$$

备运时间指自提出订购到收到所购商品，能投入使用所要的时间。一般按过去各次订购实际需要的备运时间平均数计算。每次订购量一般以经济订购批量为依据确定。

在备运时间固定不变条件下，定量库存控制法的库存量的变动情况如图 7-3。最高储备量为固定值，等于订购批量加保险储备量，最低储备量即为保险储备量。当实际商品销售速度有增减时，订购间隔期将相应缩短或延长。但只要备运时间里商品销售量速度正常，与预计速度相同，则进货的库存量就处于最低储备状态。

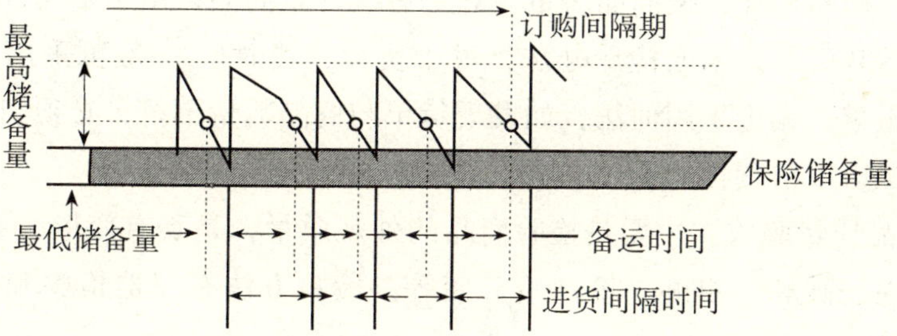

图 7－3

二、仓库管理

工商企业储存物资、商品的库房或场地叫仓库。仓库管理指有关物资、商品验收、储存、保管、和发出等工作的组织和管理。加强仓库管理对确保国家财产的安全，降低库存费用，加速物流畅通，提高经济效益均有重要意义。

（一）商品的验收入库

商品在进入仓库时所进行的卸货、清点，验收、办理入库手续等工作的总称。它是商品储存业务的第一个环节，标志着商品储存业务的开始。商品的验收入库有以下工作：

1．准备工作。仓库人员应根据商品入库计划所列的品名、规格、数量、性能，在货到达前，安排好卸货和点验场地；安排好接货、验收、搬运、堆码等的人力；备好卸货、苫垫用品及搬运、检验，测量工具；根据商品性能、数量、运装特点，备好库房的货位。

2．商品入库程序。

（1）收货点验。凡入库商品必须是商品进库单与商品一齐到库，仓库员根据货单对货，逐项清点数量和检验质量。如发现货单不符，应在进仓单上注明情况，以明责任。

（2）分类搬运。将点验合格的商品运入库内货位，要进一批，清一批。以免发生商品品类互串，数量溢缺。

（3）凭证签发。即办理商品入库凭证的签发手续。入库留下商品入库保管联单。注明商品存入的库房、货位、编号、一并入账。商品入库凭证的其余各联退回送货单位，作为正式收货凭证。

3. 商品数量验收。对计件商品，采用分批轧点的方法核查件数。对计重商品，则通过衡器检斤，按商品净重计算。有些计重商品，由于量大，具规格长度不一，或散装商品，采取检斤办法，过于费力，费时，一 般可采用理论换算法计算商品重量。无论采用何法，如发现货单与商品数量不符，必须当即在送货单上注明情况，以清责任。

4. 商品质量验收。主要是检验商品的外观质量，是否有变形、变色、老化、脱漆、污损、破坏、虫蛀、锈蚀、霉变等。检验方法有仪器检验和感官检验两种。

由于商品品种规格繁多，批量大小不一，检验时间有限，这时，在采用直观判定时，应根据不同商品的情况，确定不同的比例进行抽检。

(二) 商品的储存保管

为确保商品安全、数量不短少，质量无损坏，仓库管理应根据商品的不同特点，性能，对入库商品要合理存放，科学保管，其工作是：

1. 分区、分类。分区、分类是对库存商品进行科学管理的一种方法。它使库内所保管的种类繁多，性质各异的商品，分门别类，做到有条不紊。分区是根据仓库的建筑，设备等条件，把库房、货棚、货场、划分若干保管商品的区域。分类是根据商品的自然属性和其在消费上的连带性，划分成若干类别。

2. 四号定位、立牌立卡、五五摆放。四号定位是把某种商品所有的库、架、层、位号（区、点、排、位号）与仓库账页上的编号统一对口，实行对号入座，固定货位；立牌立卡，是对定位，编号的各种商品建立货牌和卡片，货牌上写明商品的名称、编号、到货日期、单价等，卡片上填写商品的进出和结存数量；五五摆放，是根据商品的性质和形状，以五为计量基数，成组存放，做到五五成行、五五成方、五五成串、五五成包等。

3. 商品堆码苫垫。指为了商品的安全储存，所进行的堆垛操作。苫垛、垫垛等一系列工作过程的方式和方法的总称。

（1）商品堆码。堆码的方法有重叠法，压缝法、货架堆码法、托盘堆码法等。堆码的形式有四方形货垛、宝塔形和梯形货垛。屋脊形货垛、货垛的五距，即墙距、柱距、顶距、灯距和垛距。

（2）商品苫垫。包括苫盖和垫底两方面的内容。苫盖是指对露天货物所储存的商品为避免日晒、雨淋、所采取的防护措施。垫底是指在货垛下面用枕木、码架、托盘、水泥墩、石块等物料，把商品垫高，以隔离地面潮气，便于通风，防止商品受潮，霉变等所采取的措施。

4. 商品的数量管理。指对库存商品，进行记载统计，准确计算，按期清点和核实数量等。

（三）商品的养护

商品养护是维护商品的质量安全和性能，降低商品损耗的各种活动。商品在储存中从表面考察，是静态的。实质上，商品自身每时每刻都在发生不同形式的质量变化，这就要求进行科学的，有效的商品养护工作，确保商品安全，降低商品流通费用。其工作是：

1. 控制仓库温湿度。库房的温湿度对商品的养护关系极大。库温过高，会引起怕热商品如橡胶制品、油布，某些药品等熔化变质。库温在零度以下，则易使塑料、橡胶等制品加速老化。因此，库房温度、湿度调控是仓库管理的一项重要内容。仓储部门要根据储存商品的性能，特点及其对温湿度的特殊要求，对库房温湿度进行调控。诸如通风、密闭、吸潮、喷水、吸热、保暖、防寒、降温等措施。

2. 防止商品霉腐。防止商品霉腐的措施是控制霉腐微生物生长的条件；利用氮气、二氧化碳等气体代替氧气，造成库内缺氧的环境，抑制或杀死霉菌；利用化学药品防霉腐，如利用多菌灵防止针纺织品、皮革制品霉腐等；对食品则可采用冷冻法、干制法、盐渍法、糖渍法、酸渍法等防腐保鲜措施。

3. 控制易燃爆商品。对这类商品一旦管理不当，引起火灾，就将造成巨大损失。易燃爆商品是遇高温、遇火、或接触氧化剂、或受到冲击，摩擦极易发生燃爆的物品。如炸药、烟花、硝化棉、黄磷、氢、甲烷、金属纳、金属钾、乙醚、碘酒等。对易燃爆商品管理必须建立严格管理制度，熟悉它们的特性，并由懂得控制方法的专人负责。

（四）商品的发出

商品的发出是仓库管理的最终环节。商品发出必须贯彻先进先出、易坏先发和有期限的先发，推陈出新。商品发出的形式有以下几种：

1. 送货。仓库按照提货单记载的商品编号、品名、规格、数量及收货单位，将货物送到收货单位位。向外地送货，则将货物运到车站或码头，办妥托运手续运达收货单位。

2. 提货。仓库发货人凭提单发货并与提货人当面点交清楚。

3. 取样。仓库根货主单位提出的正式取样凭证发出货样，这种发货形式一般都要根据取样凭证的具体要求折箱、折包。

4. 转仓。指货主为了某种需要，将某批库存商品从甲库转到乙库。仓库应根据货主提出的正式转仓单办理转仓业务。

5. 过户。指商品未出库，但所有权由原货主转给新货主。仓库根据原货主并出的正式过户证办理商品过户手续。

至于商品发出的程序是：核单、发货、理货、复核、放行和登账。

第四节　设备管理

设备是人们在生产和生活中所需的各种机械和装置的总称。设备是现代化的生产工具，是社会生产力的重要组成要素。机器设备的产生和应用，标标着人类进入了现代化大生产的历史时期。机器设备是现代化企业进行生产活动的物质技术基础，是企业固定资产的重要组成部分。加强设备管理，是提高经济效益，实现企业经营目标的重要保证。

一、设备的选购与合理使用

企业选购设备要从技术上先进，经济上合理，生产上适用，保证提高经济效益，实现技术进步的原则出发，具体选购时应考虑：生产性、可靠性、维修性、安全性、环保性、成套性、灵活性和经济性等因素。

选购好的设备经安装调试投入生产过程后，还要合理使用。正确、合理使用设备，可以减少设备磨损，延长设备使用寿命，保证设备应有精度，充分发挥设备效能。合理使用设备要做到以下几点：

（1）要根据企业本身的生产特点和工艺过程，合理配备各种类型的设备。

（2）要根据设备性能，结构和技术经济特点，恰当安排加工任务和设备负荷。

（3）合理配备操作人员。

（4）为设备的使用、维护、保养提供良好工作环境。

（5）建立和健全设备管理的各项规章制度。

（6）经常对职工进行正确使用、爱护设备和执行制度的教育。

（7）开展完好设备竞赛评比活动。

二、设备的维护与修理

（一）设备的维护与检查

设备的维护保养是设备自身运动的客观要求，其目的是要及时处理运行中所出现的问题，不断改善设备使用状况，保证设备正常运转，延长设备使用寿命。设备维护保养的内容是整齐、清洁、润滑、安全，或清洁、润滑、紧固、调整、防腐。上述工作按其工作量大小可分为：日常保养、一级保养和二级保养。

设备的检查是指对设备的运行情况、工作状态、磨损程度进行检查和检验，通过检查可以比较全面地掌握设备技术状况和磨损程度，以便消除隐患，为编制修理计划提供依据。

设备检查按时间分有日常检查和定期检查。按技术性能可分为机能检查和精度检查。前者是对设备的各项机能进行的检查与测定，如查漏油、漏水、漏气、防尘密封和零件的耐高温、高压等性能状况。后者是对设备加工精度进行的检查与测定，以确定机床的劣化程度。

（二）设备的修理

设备修理是恢复由于正常的或不正常的原因而引起的设备损毁。通过修理和更换已磨损的零件，使设备性能得到恢复。修理是维持再生产的必要条件。

（1）计划预防维修制度。根据设备磨损规律和技术状态，有计划地维护、检查和修理设备，在故障发生前有计划地修复和更换磨损零件，保持设备经常处于完好技术状态的一种设备维修制度。其特点是：预防性和计划性。主要内容是：日常维护、定期检查、清洗换油和计划修理（小、中、大修理）。

（2）计划保修制。它是60年代在总结计划预修制的基础上，建立的一种专群结合，以防为主、防修结合的设备维修制度。它是一种有计划地进行设备三级保养（日常维护保养、一级保养、二级保养）和大修理的体制和方法。

（3）预防维修制度。是我国80年代开始，逐步研究，吸收国外设备管理经验形成的一种设备维修制度，该制度包括的维修方式有：

日常维修。对设备检查、清扫、润滑、更换、调整等活动。

事后修理。即设备发生故障或性能降至合格水平以下时采取的非计划修理。

预防维修。为防止设备性能劣化，降低设备故障的概率、按事先规定计划所进行的维修活动。

生产维修。从经济效益出发提高设备生产效率的维修方法。按设备对生产影响程度区别对待，不重要设备采取事后维修，重要设备实行预防维修。

改善维修。为消除原设计、制造上的缺陷，结合设备维修进一步提高其可靠性、维修性及经济性的改良工作。

维修预防。在设计新设备时就根据维修反馈的信息来采取对策，提高设备的可靠性，以消除减少维修需要的活动。

预知维修。根据状态监测和诊断技术所提供的信息，在故障发生之前进行的维修。

(4) 全员参加生产维修（TPM）。TPM 是日本吸收国外设备管理先进经验结合自身特点而形成的一种设备维修制度。其主要内容是"三全"管理。

设备的全效率。指设备的经济效率，在指设备一生中其全部所得与所费之比。全部所费就寿命周期费用，所得是从设备所得到的生产效果。用公式表示如下：

$$\text{设备的综合效率}=\frac{\text{设备的所得（输出）}}{\text{设备的所费（输入）}}=\frac{\text{P、Q、C、D、S、M}}{\text{寿命周期费用}}$$

设备的全系统。指对设备从设计、制造、使用、修理直至报废的全系统进行管理。

设备的全员管理。从企业的经理、管理人员、生产工人都参加管理。

(三) 设备的修理计划

设备修理计划是指导全厂主要设备的修理工作大纲。编制该计划先要确定修理类别、内容和日期。修理类别、内容和日期是根据修理周期、复杂系数和修理工时定额来确定。

修理周期是指相邻两次大修理之间的间隔时间。新设备是从投产起到第一次大修理的间隔时间。

修理复杂系数是用来表示不同机器设备修理复杂程度，计算修理工作量的假定单位。通常选择中心高 200 毫米，顶尖距 1000 毫米的 C620 车床作标准，将其复杂系数定为 10，其他机床则与它进行比较而确定。

修理工时定额是指完成设备修理工作所需的时间标准。一般是用一个修理复杂系数所需要的劳动时间来表示。

修理费用和材料消耗定额可以一个复杂系数为单位，根据统计资料，结合实际分析研究确定。

有了上述定额则可编制修理计划。编制时要把生产急需，关键工序重点设备优先安排；连续生产用设备，应与生产特点适时恰当安排；同类型设备尽可能连续修理，以利技术和生产准备；上期末完的修理任务，本期应继续安排。此外，还应作好年度的内修理工作量的平衡核算，力求均衡修理。

三、设备的改造和更新

1. 设备的改造。设备改造是在原有设备基础上，应用科学技术的新成果，对其结构作局部改革，以改善和提高设备的性能、精度及生产率。例如，将旧机床改造为程控、数控机床，在旧机床上增设精密检测装置等。这样做，可以提高产品质量和生产效益，降低产品成本和消耗；投资少，对生产适应性强，能够全面地提高生产的经济效益。设备的改造，要结合产品的升级换代和生产发展的需要，充分考虑到技术上的先进性和可能性，以及经济上的合理性，有步骤有计划地进行。

2. 设备的更新。设备的更新是指企业用新的、效率更高的设备去更换已经陈旧的，不能继续使用，或可继续使用，但技术上不能保证产品质量，在经济上极不合理的设备。设备更新有两种方式，一种是同型号设备的以新换旧。这类更新主要用来更换坏损、老旧的设备；另一种是以结构更先进、技术更完善、效率更高、性能更好、消耗能源和原材料更少的设备来代替那些落后陈旧的设备。这是设备更新的主要方式，是企业实现技术进步的主要途径。

为提高设备更新的经济效果，需确定最佳的更新周期。为此，需分析设备寿命。设备有自然寿命、技术寿命和经济寿命三种。自然寿命是从设备开始投入使用，由于物质磨损使设备老化、坏损，直至报废为止所经历的时间。技术寿命是从设备开始使用，直至因技术落后被淘汰为止所经历的时间。这是因科学技术的迅速发展，在设备使用过程中出现了先进的新型设备，使现有设备在自然寿命尚未结束前就被淘汰。经济寿命是指在设备自然寿命后期，由于设备老化，使用费用大量增加，以支付大量维修费来维持设备的寿命，在经济上已不一定合理，因而考虑是否更新。这种依据设备的使用费用的合理限额决定的寿命叫经济寿命。常以某一年平均使用费最低作为设备更新周期。计算公式为：

$$\text{每年平均使用费用}=\frac{\text{维护费用}+\text{折旧费}}{\text{使用年限（年）}}$$

此外，设备更新还应将购置新设备与自行制造相结合，更新与维修改造相结合，设备更新有利于环境保护和改善劳动条件，对更换下来的老设备要妥善处理。

第八章 劳动工资管理

劳动工资管理是企业管理的重要组成部分，是以企业全体职工为对象的一系列管理工作的总称，包括职工的招收、使用、培养、考核、劳动定额与定员、劳动纪律、劳动保护、工资奖励等。本章着重讨论劳动组织、劳动定额、工资奖励等问题。

第一节　劳动组织

企业的劳动组织工作，就是科学的组织职工进行劳动，合理使用劳动力，正确处理劳动过程中的分工协作关系，从而调动劳动者的积极性，不断提高劳动效率。

一、劳动分工

劳动分工的产生和发展，是社会生产力发展的必然结果，是劳动社会化的标志。企业劳动分工，就是把企业的各项工作，按其性质、特点、内容和工作条件划分为若干部分，由具有不同条件的职工去完成，使每一职工各尽其能，各得其所。科学的劳动分工一般是根据以下三个条件来进行：

1. 按照工作的技术、业务内容进行分工。具体表现是将生产（业务）工作、技术工作与管理工作分开，将基本工作与辅助工作分开，将劳动复杂程度，熟练程度，劳动强度和责任大小不同的工作分开，等等。目的是让劳动者担负适合的工作，以充分发挥其技术、业务专长，提高劳动效率。

2. 根据工作量的大小和扩大工作的范围进行分工。分工粗细程度应能保证每个职工每个工作日都有足够的工作量，负荷饱满而均衡。规模比较小、专业化程度较低的企业，分工要粗一些。职工长期从事一种重复劳动，不利于职工技术业务水平的全面提高和积极性的发挥，所以在劳动分工时，还应考虑有利于职工扩大工作范围，丰富工作内容，向一专多能方向发展。

3. 按分配工作给一个职工独立担任的可能性进行分工。在分配工作时，应尽可能使一项工作由一个职工单独承担，以便职工职责明确，消除无人负责现象。如一项工作必须几个职工共同完成，应设置作业组，指定组长负总责，并明确每个组员的职责范围。

二、劳动协作

有分工就有协作。企业劳动协作就是在分工的基础上，把劳动者的各种具体劳动，在劳动进程中进行时间和空间上的科学组合，使各部门之间、各环节之间、各工种之间紧密配合，协调一致。劳动协作的形式有：

1. 作业组。是企业劳动组织的基本形式。是劳动分工在空间上的联系。它是在劳动分工的基础上，把完成某项工作而相互协作的有关人员组织在一起的劳动集体。它与作为一级行政组织的（生产）班组有别，一般存在于班组之内。企业一般在下述情况下组织作业组：某项工作不能分配给一个工人去单独进行，而必须有几个工人密切配合、共同进行；看管大型的、复杂的机器设备；工人的劳动成果彼此有密切的联系，需要加强协作和配合；为了使生产的准备工作，辅助工作和基本工作紧密联系和互相协作，等等。

作业组的形式是多种多样的。按工人的工种组成情况区分，有专业作业组和综合作业组两种。专业作业组是由同工种的工人组成的，综合作业组是由不同工种的工人组成的。一般来说，专业作业组内，由于进行同一种工作，既便于工人掌握和提高技术，也便于评定工人的工作成绩。但由于专业作业组分工范围比较狭窄，对于解决比较复杂的生产技术问题，困难较多。综合工作组，由于它把完成某项工作相互紧密联系的有关工种组织在一起，这就有利于加强协作配合，便于兼职和培养多面手，并能促使工人关心集体成果。

作业组按其是由一班工人组成还是多班工人组成，又可分为横班作业组和竖班作业组。横班作业组的全体成员是在同一轮班内参加生产的，所以，相互之间比较了解，共同关心本组的共同成果。但是各轮班之间的联系协作不够密切，各班的劳动成果和生产责任不易划清。竖班作业组的全体成员分别在各轮班进行生产，分别由组长和副组长领导各轮班内该组的工作。这种作业组的优点是可以加强各个轮班之间的协作配合，但由于全组工人分散在不同的班次劳动，相互之间不易了解，组长要掌握全组情况也比较困难。

2. 工作轮班的组织。工作轮班组织，也是企业劳动组织的基本形式。它是劳动分工在时间上的联系。企业因各自的生产工艺特点、技术装备条件、生产任务、人员情况、经济效益等因素不同，企业采用的轮班制度是不同的，总的分为单班制和多班制两种。

单班制是指一天只组织一班生产，其组织工作主要是组织好各车间、班组、工种之间的协作，充分利用有效工作时间。

多班制是指每天组织两个或两个以上的工作班进行生产。多班制又可分为两班、三班、四班等。实行多班制生产，必须正确地进行轮班的组织工作。在组织时要处理好如下问题：(1) 合理安排各班工人的倒班；(2) 合理组织工人的轮休；(3) 合理配备各班人员；(4) 建立严格的责任制度；(5) 加强对夜班的组织领导。

在商业零售企业除一般采用的单班制和两班制外，还有平衡式上班制和连带上班制。

平衡式上班制。即营业员每天工作时间长短不一，在两三天或一周内平衡一次以保持每天平均8小时工作时间。其特点是在营业员较少的条件下，可延长营业时间，便利顾客购买，提高工时利用率。

连带上班制，也称串班制。即在营业时间内，根据顾客流动规律采用的营业员多次交叉上班形式。优点是适应顾客购买的需要，提高工时利用率，但管理的难度较大，适用于管理水平较高的大中型企业。

三、多设备管理

多设备管理是指一个工人（或一组工人）同时操作或看管两台以上的机器设备。这种形式在机械制造企业中通常叫多机床管理；在纺织企业中通常叫多机台看管。

多设备管理的基本原理是：随着科学技术的进步，机器设备的工作时间可能分为两部分：(1) 需要工人亲自动手或观察监视的时间，简称手动时间。这时工人不能离开；(2) 设备可自行工作而无需工人动手或监视的时间，简称设备自动时间。工人利用某台设备的自动时间去完成另一台（或几台）设备手动时间的工作，那就可以同时操作或看管两台以上的设备。由此可见，多设备管理的必要条件是：一台设备的自动时间必须大于或等于另一台设备所需的手动时间。

多设备管理是一种先进的劳动组织形式，由于一个工人（或一组工人）同时看管几台设备，做几个人的工作，可以成倍地提高劳动生产率，促进生产的高速发展。实行多设备管理，还可以促进生产管理工作的改善，因为随着多机床管理工作的开展，就必然要求不断改进生产技术准备工作，生产作业计划工作，以及工作地组织工作，否则就不能适应多设备管理的要求。

第二节　劳动定额与定员

一、劳动定额

（一）劳动定额的概念

工业企业劳动定额是在一定生产技术、组织条件下，为生产一定量的合格产品或完成一定量的工作，所规定的劳动消耗量标准。它有两种基本形式：（1）工时定额，指工人生产单位合格产品所需的时间，这是用时间表示的劳动定额，也可称为时间定额；（2）产量定额，指工人在单位时间（每小时或每个轮班）内应该完成的合格产品数量，这是用产量表示的劳动定额。这两种定额在数值上成反比关系。另外，还有看管定额、服务定额等形式，它们以工人同时能看管或服务的设备数量、生产场地等来表示。不同形式的劳动定额，应根据所属部门、行业、产品和工艺特点来决定。

商业企业的劳动定额，就是每个职工（柜组）在一定时期内，在保证工作质量的前提下平均应达到的工作量指标。

（二）劳动定额的作用

劳动定额是企业管理的一项重要基础工作。在企业管理中具有以下重要作用：

1. 劳动定额是合理组织生产劳动的重要依据。任何集体的生产劳动，都必须有组织地进行，以便把各个人的活动在空间上和时间上协调起来。劳动定额规定了完成各项工作的劳动消耗量，它是组织各种相互联系的工作在时间上配合和衔接的依据。只有依据正确的劳动定额，工业企业才能够合理地为各项工作配备适当的劳动力，规定正确的编制定员标准，才能够保证企业生产连续地、协调地进行。

2. 劳动定额是计划工作的基础。企业在编制生产计划、劳动计划、成本计划时都必须以劳动定额为依据。例如，编制生产计划时，首先要根据劳动定额的资料核算出生产任务总量，然后在生产任务与设备生产能力之间、劳动力之间进行平衡，经过全面分析和调整，才能编制出生产计划。编制劳动计划时，也必须以劳动定额为依据，核算、平衡劳动力和需要量，确定各工种完成生产计划任务所需要的职工人数。编制成本计划时也要用劳动定额，以确定生产各种产品应支付的工资及各种间接费用，测算单位产品的成本，提出计划成本指标。

3. 劳动定额是促进劳动生产率提高的一个有力手段。劳动定额总是在一定时期内，根据企业采用的先进技术、先进经验而制定出来的。这样就会推动工人学习先进经验，改进操作，提高技术水平，这一切都有利于促进劳动生产率的提高。

4. 劳动定额是企业经济核算的主要基础资料。实行经济核算是加强企业经营管理的有效方法之一。它是用价值形式来计算、分析和比较企业经济活动中人力、物力、财力消耗及其占用的状况，对经济效益进行评价。为了计算和比较人们在生产中的劳动消耗和成果，就要以劳动定额为依据，并将劳动定额的实际完成情况，作为经济核算的一项重要内容。劳动定额还是企业计算成本的一项依据，其水平的高低直接影响产品成本和出厂价格的高低。

5. 劳动定额是贯彻“按劳分配”原则的必要条件。按劳分配规律要求按照劳动者提供的劳动数量和质量分配个人收入，多劳多得，少劳少得，不劳动者不得食。劳动定额是衡量劳动的重要尺度。完成劳动定额的情况可以直接反映出劳动者在一定时间内的劳动贡献大小，同时也可以间接地反映出劳动者的劳动态度好坏和劳动技能高低。因此，在规定劳动报酬时，应当把劳动定额的完成情况作为一项必要的条件。在确定和调整工人工资等级时，除了技术条件外，要以工人一贯完成劳动定额的程度作为一项主要的依据。在实行计件工资的情况下，劳动定额是计算计件工资单价的主要依据。在奖励制度中，劳动定额是考核成绩，计算奖金，进行赏罚的主要依据。

（三）劳动定额的水平

劳动定额水平是指企业规定的劳动消耗量标准的高低、松紧程度，是定额质量的标志。水平偏高偏紧或偏低偏松，都不能充分发挥定额的积极作用。因此，正确掌握定额水平，保证定额质量，是劳动定额制定和管理中的核心问题。

对定额水平的基本要求是先进合理，即先进性与合理性的统一。所谓先进，是说定额水平应当反映生产中已经实现的和定额执行期有可能实现的技术革新，改善劳动组织，推广先进操作方法，能够引起工时缩短的一些因素等。所谓合理，就是要从实际出发，实事求是，定额水平要与企业技术组织状况和大多数工人的技术水平相适应。先进合理的定额水平，就是在正常的生产条件下，多数工人经过努力可以达到，部分工人可以超过，少数工人可以接近的水平。

掌握劳动定额水平应注意以下问题：

1. 首先要确定先进合理的生产技术、组织条件，并从改善条件着手来提高定额水平。劳动定额是在一定的条件下制定的，它不能脱离具体的生产技术组织条件。要使定额先进合理，就必须有先进合理的条件，条件有改善，定额水平就应当而且可能提高。如生产技术组织条件无改进，则不能因工人超过一般状态有了超额就去修改和提高定额水平。

2. 要正确处理劳动效率与产品质量、设备保养、原材料消耗之间的关系。定额水平的掌握直接关系到劳动效率，但一定要重视产品质量及设备，原材料利用，防止片面追求效率而忽视质量、拼设备、浪费原材料等。

3. 要保持不同车间、工种、产品、工序之间定额水平的大体平衡。各车间、工种、产品和工序，由于工艺特点和生产类型不同，其定额水平掌握的难度也不同。但只要都能按照先进合理的要求，定额水平就可大体一致。否则就会出现有的偏高偏紧，有的偏低偏松，使编制计划、经济核算失去可靠依据，分配不公，影响职工团结。

4. 要正确处理“定”与“变”的关系。作为标准，定额一经制定，就应有相对稳定性，不可随意改动。但随着生产技术的进步，组织工作的改善，工人素质的普遍提高，定额水平应逐步提高；特别是生产技术、组织条件发生明显变化时，定额水平应当及时调整。

（四）劳动定额的制定方法

制定劳动定额的方法主要有四种：

1. 经验估工法。由定额人员、技术人员和老工人三结合，根据实践经验，分析有关技术资料，考虑相应的生产条件，综合估计得出定额。其优点是方法简便，工作量小，易于满足快和全的要求；缺点是受主观经验的限制，准确度较差。这种方法适用于单件小批生产、新产品试制及一些临时性生产。成批生产也可采用。在采用时，为了扬长避短，必须依靠群众进行尽可能充分的调查研究，为制定定额提供尽可能多的客观依据。

2. 统计分析法。由定额人员根据过去生产及实耗工时的统计资料，结合当前技术组织条件的变化，通过分析计算得出定额。其优点与经验估工法相似，且有统计资料作依据，较仅凭经验来估计好。但此法在利用和分析历史资料，结合当前条件变化过程中，仍然存在较多的主观因素，且要受统计资料准确度的影响。这种方法适用于有较为准确的历史资料的老产品，特别是大量大批生产的老产品。

3. 类推比较法。根据已有的同类型产品的定额，经过对比分析，推算出定额。其优点是比较简便，易于保持定额水平的平衡；但推算标准难于准确，如同类型产品选择不当，影响工时消耗的因素考虑不充分，就会降低定额的质量。这种方法适用于生产同类型产品较多的企业中制定新产品的定额。

4. 技术测定法。通过认真细致的调查研究，在革新挖潜基础上，设计出合理的工序结构和生产技术组织条件，然后采用调查或计算来得出定额。此法的优点是调查研究细致，发掘潜力比较充分，定额的准确度高；缺点是手续复杂，工作量大，难以满足快和全的要求，这种方法适用于品种少而稳定，长期重复生产的大量大批生产类型的产品或某些特殊关键工序。

以上四种方法各有优劣和适用范围。企业应当从实际出发，灵活选用，通常是把它们结合起来使用。

二、劳动定员

（一）劳动定员的作用

定员就是根据企业既定产品方案和生产规模，在一定时期内及一定的生产技术组织条件下，为企业及其内部各单位规定的配备人员的数量标准。它是一种科学的用人标准。

定员是企业管理的一项基础工作。它的主要作用是：在用人上做到心中有数，在保证生产（工作）对人员需要的前提下，合理配备和节约使用劳动力，提高劳动（工作）效率，提高企业经济效益；促进劳动组织的改善，为安排职工需要量计划和工资计划提供科学依据；有利于明确职工岗位职责，加强劳动纪律，为健全企业内部经济责任制创造条件。

（二）定员的要求

定员要能发挥作用，定员水平必须先进合理。具体要求是：

1. 既要从实际出发，考虑现实的生产技术组织条件，又要尽量采用先进工艺，改善生产劳动组织，实行先进合理的劳动定额，以充分挖掘劳动力潜力；既要使应该做的事都有人做，又要做到人人高效率、满负荷。

2. 参照主管部门编制的定员标准，并与同行业先进水平和本企业历史先进水平相比较。

3. 合理安排人员结构，包括基本工人和辅助工人之间，工人内部工种之间，工人和管理人员、服务人员之间等。

（三）劳动定员的方法

1. 效率定员。即根据生产任务、劳动效率、出勤率等因素来定员，劳动效率一般以劳动定额来表示。计算公式如下：

$$效率定员人数=\frac{年生产任务（产量或工作量）}{年制度工作日数\times 日产量定额\times 出勤率}$$

$$轮班定员人数=\frac{轮班生产任务}{轮班产量定额\times 出勤率}$$

此法适用于实行劳动定额的工人，特别是以手工操作为主的定额工人。

2. 设备定员。即根据开动设备的数量、开动班次、看管定额、出勤率等因素来定员。计算公式如下：

$$设备定员人数=\frac{设备开动台数\times 每日工作班数}{工人看管定额\times 出勤率}$$

此法适用于以机械操作为主的工种，特别是有较多同类型设备、采用多设备管理的工人。

3. 岗位定员。即根据开动设备的工作岗位数、岗位定员标准、工作班次、出勤率等因素来定员，计算公式如下：

$$某类岗位定员人数=\frac{同类型岗位数\times 岗位定员标准\times 工作班次}{出勤率}$$

此法适用于看管大型联动设备的操作工，也适用某些辅助工人（如设备维护工、电工）和服务人员（如门卫）。

4. 比例定员。即根据对职工总数或某一类人员总数的一定比例来定员。如食堂工作人员与就餐人数之间、保育人员与入托儿童数之间，医务人员与职工总数之间，都有一定的比例关系。在确定比例后，即可应用此比例定员。此法适用于服务人员及一部分辅助工人。

5. 按组织机构、职责范围和业务分工定员。此法主要适用于工程技术人员和管理人员。其定员的基础是合理的管理体制、精干的组织机构、科学文明的管理制度和方法。因此，这些人员的定员与机构的关系最为紧密。

以上几种定员方法，它们的原理、计算依据和适用范围各不相同。企业必须针对各类职工的工作性质和特点，同时采用几种方法。

第三节　企业工资制度和形式

在我国全民所有制企业和集体所有制企业中，贯彻按劳分配原则是通过工资制度和工资形式来实现的。

一、工资制度

我国企业实行的工资制度，有技术等级工资制、职务等级工资制、岗位工资、结构工资制。

（一）技术等级工资制

技术等级工资制是根据各个工种的技术复杂程度、繁重程度、责任大小和劳动条件好坏等因素划分出不同的技术等级、并相应规定工资标准的一种工资制度。它主要是反映劳动质量及其报酬的差别，是评定工人技术等级和计算工资的依据。

技术等级工资制由三个部分组成：

1. 技术等级标准。是衡量工作技术等级和工人技术等级的尺度。它是按不同产业、不同工种工作的技术复杂程度、劳动熟练程度、工作责任大小等，来规定技术等级的数目和等级的技术要求。各等级的技术要求，包括工人为完成本工种某等级工作必须具备的理论知识和实际操作技能。它是以“应知”、“应会”和“工作实例”表示的。应知，就是规定某一等级工人应该具备的技术理论知识。应会，就是规定某一等级工人应该具备的实际操作技能。工作实例，就是根据应知、应会的要求，规定某一等级工人应该完成的典型工作项目。

2. 工资等级表。主要用来确定工资等级数目和各个等级之间的工资差别。它包括三项内容：工资等级数目、级差和工资等级系数。工资等级数目，是根据生产技术的复杂程度规定的。级差是指相邻两级之间的工资差别。它可以用绝对数表示，也可以用相对数表示。级差的大小除考虑产业和工种生产技术复杂性以外，要有利于鼓励工人提高技术水平。工资等级系数是指某一级工资额同第一级（最低级）工资数额之比。

3. 工资标准（工资率）。它是规定在一定时间内，某等级工人的标准工资数额。工资标准可以按小时、日、月来规定，我国绝大部分工人的工资标准是按月规定的。一级工标准工资定下后，其他等级工人的工资标准，就可按一级工的标准工资乘以工资等级系数求得。

（二）岗位工资制

岗位工资制就是在工人中实行的“一岗一薪”（或以岗定薪），也是一种工资等级制度。其主要特点是按工种、职务或岗位间的劳动差别规定工资等级，工人在哪一岗位工作（须经考核合格方能上岗）就领取那个岗位的工资标准。它没有技术等级标准，但对各岗位都规定明确的职责范围、技术要求和操作规程。在那些专业化程度较高、分工较细、工种的技术比较单一、工作物及其等级比较固定的产业和企业，由于同岗位工人间技术水平差别不大，生产成果主要取决于劳动积极性、体力和熟练程度等易变因素，不宜采取技术等级制的形式确定劳动及工资差别，因此可实行岗位工资制。岗位工资制与企业劳动组织高度统一，有利于巩固岗位责任制，加强企业管理。同时职工之间责权利划分明确，有利于调动积极性，提高劳动生产率。但其"一岗一薪"制对岗位内部职工的劳动差别难以反映，因此需有严格的、落实到每个职工个人的岗位责任制和辅助的考核指标加以配合，有些行业（如纺织和丝绸）则实行在一岗内再设若干等级的办法。

（三）职务等级工资制

职务等级工资制是我国企业干部中普遍实行的一种工资等级制度。它的主要特点是按照职员（干部）的工作职务规定工资标准，在同一职务内再按照能力大小划分若干等级，每个职员都在其所任职务的范围之内评定级别，领取工资。企业单位中的行政领导人员、工程技术人员和经济管理人员，他们的劳动一般难以像工人一样用某种具体指标考核，劳动差别主要反映在所担任的职务上，因此适用此种工资等级制度。

（四）结构工资制

结构工资制是我国工资制度改革中出现的一种新的工资等级制度。它的主要特点是将职工的工资标准按照社会主义工资的各个职能，分解为相应的若干组成部分，分别确定其工资额，然后再组合为职工的标准工资。从1985年以来，我国机关和事业单位中普遍实行结构工资制，主要由基础工资、职务（岗位）工资、年功工资和奖金四个部分构成。一些企业也依自身的生产特点，采用了不同形式的结构工资制。在结构工资的各个组成部分中，与职务（岗位）和超额劳动贡献（奖金和经济效益增资）相联系的工资是最主要的内容，也是结构工资贯彻按劳分配的主要手段。但是从其结构上看，基础工资、年功工资和职务工资三部分都反映不出职工实际劳动贡献的大小，因此在实践中应将结构工资与各种工资形式、劳动定额、岗位责任制、奖惩制度和企业的经济效益很好地结合起来，并且使各组成部分保持适当的比例，才能收到预期效果。

二、工资形式

工资形式是计量职工劳动量和计算职工工资额的具体方式，我国企业工资形式主要有：计时工资、计件工资两种基本形式。此外，还有辅助形式，如奖金、津贴等。它们侧重于反映劳动数量上的差别。

(一) 计时工资

计时工资是根据职工的工资等级规定的工资标准和实际有效劳动时间来计算和支付工资的一种形式，其计算公式为：

计时工资=单位时间工资标准×实际有效劳动时间

在计时工资形式下，职工工资收入同他们的技术等级和劳动时间成正比；在劳动质量（工种、技术水平、熟练程度）相同时，职工间的工资差别取决于实际有效劳动时间的长短和出勤率高低。

计时工资根据采用的时间单位不同，可分为小时工资、日工资、周工资和月工资四种具体形式，其中月工资标准是法定的基础形式，其他三种都是在此基础上经核算得出来的。采用何种计时工资形式应根据实际需要而定。企业多为月工资制和日工资制相结合。

计时工资由于主要按工资标准计算工资额，因此难以反映劳动者实际劳动消耗量的变化。这样就必须用奖金等其他形式作为补充。此外，还应健全职工的考核与升级制度及岗位责任制和劳动定额制度，对职工的技术、业务能力和实际劳动贡献给予如实反映，以便使计时工资更好地贯彻按劳分配原则。

(二) 计件工资

计件工资是按照劳动者生产合格产品的数量（或作业量）以及事先规定的计件单价计算和支付工资的一种形式。它的显著特点是直接依职工的劳动成果计算劳动报酬。“对物不对人”，不论职工的工资等级和技术业务能力如何，只要生产合格产品的数量相同，就支付同样的工资。因此，它可以同时体现不同劳动者之间以及同一劳动者在不同时间上的劳动差别。

计件工资形式主要由工作物等级、劳动定额的计件单价三大因素构成。其中：工作物等级规定着产品的难易程度和从事该产品生产的工人应达到的技术等级标准，是计件工资制的基础；劳动定额规定着完成某一产品所必须的劳动时间消耗标准，是合理制定计件单价的关键；而计件单价则是用与工作物等级相应的工资标准除以劳动定额，所求出的完成某件产品或某项工作时应得的工资。从计件工资的三大因素间关系来看，计件工资是在计时工资基础上派生出来的一种特殊的工资计算办法。

计件工资根据其具体的计算办法可分为直接无限计件、直接有限计件、分段计件（又称超额计件）、累进计件、间接计件（用于辅助工人）、包工工资、提成工资和最终产品计件等形式，根据其计件的范围可分为个人计件和集体计件两种形式。

不论何种形式的计件工资制，都必须符合一定的条件才能实行，这些条件包括：产品的数量可准确计算并主要取决于工人的主观努力；产品质量应能及时、准确地加以检验；有先进合理的劳动定额和健全的管理制度；生产任务饱满、原料动力供应正常；产供销渠道畅通。

实行计件工资要加强管理和思想教育，使职工树立质量第一观念，克服盲目追求产数量，忽视质量、节约和安全的倾向，加强工人间的生产协作。对实行过程中出现的问题及时解决，并且要加强对计件工资经济效果的核算。

（三）奖金制度

奖金是用现金支付的物质奖励。经常性的生产奖金是对职工超额劳动给予的劳动报酬，是工资的一种补充形式。奖金制度从奖励周期上看，有经常奖和一次性奖两种；从奖励条件上看，有综合奖和单项奖两种。经常性的生产奖金制度主要包括奖励条件、奖励范围和奖金分配等内容，其中奖励条件是核心。在奖励条件的制定中应该做到：

第一，要考虑不同人员的工作性质和特点，使奖励条件与各类职工超额劳动的表现形式相适应；

第二，要抓住重点，主次分明，即要同企业生产经营主要任务密切联系，以此作为主要考核条件，以其他指标作为辅助条件，并随生产发展及时调整其主次关系；

第三，要明确具体，便于计算，尽可能规定具体数量指标，使职工充分了解劳动成果与奖金间的数量关系，以利调动积极性和评奖工作顺利进行；

第四，奖励条件应与和企业内部经济责任制密切结合，层层分解下达，逐级考核。

在奖金的分配中，首先要做到与企业的经济效益相挂钩，职工个人所得奖金应与其超额劳动贡献和企业超额收益挂钩浮动，并且注意使奖金与基本工资之间保持合理的比例关系，在先进合理的劳动定额基础上，坚持多超多奖，少超少奖，不超不奖原则，严格控制发奖范围，杜绝在奖金面前人人平均的错误倾向。

由于奖励条件可以依企业生产需要因时因事地制定，所以奖金制度和工资等级制度相比较，就具有灵活性和及时性的特点，可以根据需要灵活安排奖励周期、对象和奖金数额，及时对职工在某一方面的超额劳动给予报酬。因此它作为工资的一种补充形式，对于按劳分配的正确贯彻实施必不可少的。

(四) 津贴制度

津贴也是工资的一种补充形式。建立津贴制度的目的，是为了对特殊劳动条件和特殊经济地理环境中工作的职工所付出的额外劳动消耗及生活开支给予合理补偿。所以，津贴属于一种附加性的劳动报酬或是物质鼓励。我国现行的津贴大致有三种类型，一是为补偿职工额外劳动消耗的津贴，如井下、野外、夜班等津贴；二是为保护职工身体健康的津贴，如接触高温、粉尘和有毒有害气体等津贴；三是保证职工实际工资收入和补偿额外生活费用开支的津贴、建筑职工流动施工津贴等。

津贴的发放必须符合上述目的，坚决反对随意扩大范围，乱设项目和任意提高津贴水准的错误做法。要设立明确的发放标准并随情况变化及时调整。

(五) 浮动工资制

浮动工资制是把职工标准工资中一部分（或全部）与奖金等结合在一起，按照企业经营好坏，职工劳动成果大小，有上有下浮动地支付报酬的一种工资形式。其特征是企业经营得好，职工劳动成果大，职工获得浮动工资份额就多；反之，就少。浮动工资按职工标准工资部分参与浮动份额大小（即浮动范围），分为三种：小浮动，就是职工工资中大部分固定，小部分用来与奖金一起参与浮动；半浮动，就是职工工资一半固定，一半与奖金一起浮动；全浮动，就是职工标准工资全部与奖金一起浮动。

实行浮动工资制，能把企业经营成果、个人经济责任、劳动成果与职工个人经济收益挂起钩来，从而在一定程度上克服等级工资制度中劳酬脱节的弊端，更易于体现按劳分配原则要求。

第九章 财务管理

企业财务管理，是根据企业资金运动规律和国家与企业投资者的要求，正确组织财务活动与合理处理财务关系的管理工作。构成企业财务活动的基本元素是资金，企业资金运动即为企业财务活动，其客观经济内容包括企业筹资、投资、耗资、收入和分配。本章主要研究固定资产和流动资产管理、制造成本与期间费用管理、销售收入和纯收入管理等问题。

第一节　固定资产管理

固定资产是企业长期投资形成的资产，是企业进行生产经营活动的重要资源。所谓固定资产，是指使用年限超过一年，单位价值在规定标准以上，并在使用中保持原有物质形态的资产。包括房屋及建筑物、机器设备、运输设备、工具器具等。凡不具备上述条件的劳动资料，一般列为低值易耗品，纳入流动资产管理。

一、固定资产的特点

与流动资产相比，固定资产的特点是：

1. 固定资产以其自身技术性能为生产经营服务，运营中不改变其实物形态；

2. 固定资产使用期限较长，要为若干个生产周期服务；

3. 固定资产的价值随着其损耗的发生而逐步地、分次转入新产品成本和价值中去。

固定资产在生产经营中发挥作用的特点决定其价值周转方式相对固定，其价值以折旧方式逐步转移到新产品价值中去，并随着产品价值的实现从收入中收回，转化成货币形态。这样，固定资产价值获得双重存在。“其中一部分仍束缚在它的属于生产过程的使用形式或实物形式上，另一部分则作为货币，脱离这个形式”。[①] 随着企业再生产活动的进行，固定资产磨损程度加深，实物形态上固

① 《马克思恩格斯全集》第 24 卷，人民出版社 1979 年版，第 109 页。

定资产的价值越来越少，货币形态的固定资产价值越来越多，当固定资产丧失性能或从经济上考虑停止使用时，即用货币资金实现实物更新，完成一次价值循环。固定资产价值周转的相对固定性，决定了固定资产管理的基本要求。

二、固定资产管理的基本要求

根据固定资产的性质和特点，固定资产管理应达到以下基本要求：

（一）保证固定资产完整无损

保证固定资产完整无损是管好用好固定资产的基础，是保证生产经营顺利进行的前提，是保护企业投资者合法权益原则的要求。为此，企业必须严格固定资产管理制度，组织好固定资产的验收、保管、使用、调出和报废工作，并定期对固定资产进行清查盘点，正确及时反映企业固定资产增减变化情况。

（二）提高固定资产的使用效果

企业应经常掌握固定资产增减变动、日常保管、维修及使用等情况，采取措施保持固定资产处于最佳使用状态，尽量增加生产经营性固定资产在全部固定资产中的比重，提高固定资产的完好率和利用率，充分发挥其使用效能，减少资金占用和耗费。其次，企业应建立健全固定资产归口分级管理责任制度，充分调动全体职工的积极性，搞好固定资产管理。企业应严格考核固定资产利用效果指标，对固定资产实行科学管理。

（三）正确核定固定资产需用量

核定固定资产需用量是根据企业的生产经营任务等因素，计算企业正常生产经营所需的各类资产的数量。正确核定需用量，可以合理配置生产资源，以尽可能少的固定资产满足生产经营需要，达到节约资金占用、提高经济效益的目的。同时，正确核定固定资产需用量也为固定资产投资决策提供了依据。

（四）有计划地计提折旧，保证固定资产简单再生产

折旧额必须依据固定资产磨损情况和国家有关规定有计划地提取。有计划地正确计提折旧，有利于正确计算企业产品成本和当期损益，有利于固定资产价值的顺利补偿。

三、固定资产折旧管理

固定资产折旧是固定资产因自身损耗而转移到新产品中的那部分价值的货币表现。对固定资产价值损耗必须及时足额进行补偿，才能保证固定资产简单再

生产。

(一) 企业固定资产折旧方法

企业固定资产折旧方法一般分为两类：直线折旧法和快速折旧法。前者主要包括使用年限法、工作量法和工作时间法。后者主要有年限总额法和倍率余额递减法。现行制度规定，工业企业固定资产折旧方法一般采用使用年限法。企业专业车队的客货汽车、大型设备，可以采用工作量法。在国民经济中有重要地位、技术进步快的电子企业、船舶、生产“母机”的机械企业、飞机制造企业和医药企业及其他经财政部批准的特殊行业的企业，其机器设备可采用加速折旧法。商业企业一般采用使用年限法或工作量法进行固定资产折旧。商品检测设备、电子计算机及经财政部批准的部分设备也可采用快速折旧法计提折旧。

在实际工作中，企业的折旧一般是按规定的折旧率提取。折旧率是一定时期内（通常为一年）固定资产折旧额与固定资产原始价值的比率。计算公式为：

$$\text{固定资产年折旧率}=\frac{\text{固定资产年折旧额}}{\text{固定资产原始价值}}\times 100\%$$

我国财政部门制定的《工业企业固定资产分类折旧年限表》、《商品流通企业固定资产分类折旧年限表》，规定了各类固定资产的折旧年限，可以据以确定各类固定资产的折旧率。

(二) 固定资产折旧计划

固定资产折旧计划是确定企业计划期（通常为年度）固定资产折旧额的计划。企业财务部门要正确编制固定资产折旧计划，确定计划期应提取的折旧额，保证企业有计划地组织固定资产再生产资金，也有利于正确计划产品成本，加强经济核算。计划期企业固定资产折旧额按下式计算：

$$\text{计划期固定资产应提折旧额}=\frac{\text{计划期应计折旧}}{\text{固定资产平均总值}}\times\text{年折旧率}$$

式中，计划期应计折旧固定资产平均总值＝期初应计折旧固定资产总值＋计划期增加应计折旧固定资产平均总值－计划期减少应计折旧固定资产平均总值

四、固定资产的日常管理

搞好固定资产的日常管理，主要应做好固定资产清理清查、固定资产维修、固定资产管理责任制度建立与固定资产利用效果指标考核等几项管理工作。

(一) 固定资产清理清查管理

固定资产清理，是企业固定资产使用磨损陈旧或从经济效果考虑停止使用时

进行的拆除清理工作。固定资产清查是对企业固定资产定期或不定期进行清点，做到账实相符。

固定资产清理清查是企业财务部门管好固定资产的一项重要工作。通过清理清查，可以掌握固定资产存量，摸清企业家底，做到账物一致；发现保管、使用、维修中存在的问题，改进管理工作；可以调整企业固定资产结构，尽量减少长期闲置、使用不当以及非常报废固定资产，提高资产使用经济效果。对清理清查中发生的各种收支，按现行《企业财务通则》有关规定及时处理和解决。

（二）固定资产维修管理

固定资产在使用中，由于物理和化学作用，必然发生损耗和磨损，降低使用精度和性能，影响其作用的发挥。为了保证固定资产在使用期内正常发挥其性能作用，延长其使用寿命，企业应根据固定资产磨损规律，作好固定资产的合理使用和维护保养及修理工作。

固定资产修理按其对固定资产性能恢复程度和修理范围及工作量大小，可分为大修理和日常修理。日常修理是维持固定资产正常使用效能而对固定资产的经常性修理工作，修理范围小、时间短、修理费用较少，一般不需要停工检修。固定资产大修理是为了恢复固定资产原有性能，对其主要构件或大多数构件的修理工作，修理范围大、时间长，修理费用较多，一般要停工修理。按现行制度规定，大修或日常修理的费用均计入当期成本、费用。若一次发生的修理费多，为避免一定时期企业成本、费用剧增剧减，可以分期摊入，也可以在成本、费用中预提大修费用。预提、摊销方法均应报主管财政机关备案。

（三）建立固定资产管理责任制和固定资产利用效果指标考核

企业应依据“管用结合”原则，实行固定资产归口分级管理责任制。“管用结合”就是谁使用的设备就归谁管。归口分级管理责任制指企业固定资产的管理工作，在企业厂长（或经理）统一领导下，按照固定资产的类别，由有关职能部门归口分管。然后，层层对口，再根据固定资产的保管和使用地点，由各级使用单位具体管理，进一步将管理责任落实到班组和个人，建立严格的岗位责任制。该项制度中，企业财务部门应负起专职管理责任，全面组织和保证固定资产的保管、使用工作，提高其利用效果。

企业还应建立固定资产考核制度，运用固定资产的考核指标，严格考核，并和职工的奖惩挂钩。固定资产考核指标有固定资产占用率、固定资产利润率、损耗率（净值率）、设备完好率、设备时间利用率和设备台时产量等。

第二节　流动资产管理

企业流动资产是指能在一年内或超过一年的一个营业周期内变现或运用的资产。流动资产是企业短期性投资的对象。其组成内容一般包括现金及各种银行存款、存货、应收及预付款，还有短期有价证券。

一、流动资产的特点和管理要求

（一）流动资产具有灵活的变现性

流动资产的变现性是区别于其他资产的重要特征。变现性是根据企业生产经营的需要，在预定的时间内，可将企业实物形态与其他形态的流动资产转化为现金。研究流动资产变现性基本特征，有助于研究企业的偿债能力和清算能力，也有利于根据该特征筹集和分配企业流动资金。

（二）流动资产占用水平的波动性

在一定生产经营条件下，固定资产占用量比较稳定。而流动资产的占用量则有较大的弹性，其占用水平与供销条件及企业的经营方针等有密切的联系。当这些条件和方针变化时，流动资产占用就应相应进行调整。因此，流动资产占用水平呈现波动性。这个易变性特征，决定了进行流动资产管理应及时组织资金供应，并控制资金占用水平。

（三）流动资产价值循环周期与生产经营周期具有一致性

企业劳动对象在生产经营过程中的一次性消耗与补偿，决定了企业完成一个生产经营过程，流动资产也就完成一次循环，二者在时间上一致。这个特点决定了应对流动资产实行定额管理，通过加速流动资金周转，促进企业生产经营顺利进行和提高经济效益。

二、存货管理

存货是企业在生产经营过程中为销售或者耗用而储备的各种物资。包括材料、燃料、低值易耗品、在产品、半成品、产成品、协作件及商品等。存货通常在流动资产中占有很大比例，在大多数企业的资产总额中，也有很大比重。存货对资金周转极为敏感，如果存货销路不畅，就会影响企业正常的产销活动。正确计算存货的数量和金额，对于确定销售成本，计算损益，加速资金周转，如实反映财务状况，进行控制和决策，都非常重要。存货管理主要是正确核定资金定额和搞好日常管理。

（一）存货资金定额的核定

由于存货的流动性大，不断购进，不断耗用和销售，因此，对于存货的储存，既要避免积压资金，又要保证企业生产经营的需要。企业财务部门应根据各种实际情况和具体因素，确定存货水平，核定存货资金定额。存货资金定额是在一定的生产技术和管理水平的条件下，保证生产经营正常进行所必需的、最低限度的存货投资额。核定该资金定额，便于企业对资金进行合理分配，联系其他因素正确分析和考核存货管理的效益，有效地贯彻存货归口分级管理责任制。

企业核定存货资金定额的方法较多，通常有周转期法、因素分析法、比例计算法和余额计算法。下面主要讲周转期计算法。

使用周转期计算法，存货资金定额的大小，取决于两个因素，一是存货资金循环一次的时间，即周转期；二是各种存货的每日需要额。用公式表述为：

$$存货资金定额=存货每日平均周转额\times周转期$$

周转期也叫资金定额日数，因此，周转期法又叫定额日数法，这是核定存货资金定额的主要方法，适用于各种主要存货资金定额的核定。下面分别讲述应用此法核定库存材料、在产品和产成品资金定额。

1. 库存材料资金定额的核定

库存材料资金指用于储备各种材料物资所占用的资金。其计算公式为：

$$\begin{matrix}库存材料\\资金定额\end{matrix}=\begin{matrix}库存材料平均\\每日耗用额\end{matrix}\times\begin{matrix}库存材料资金\\定额日数\end{matrix}$$

式中：

$$\begin{matrix}计划期库存材料\\平均每日耗用额\end{matrix}=\frac{\begin{matrix}计划期库存\\材料耗用量\end{matrix}\times\begin{matrix}库存材料\\计划价格\end{matrix}}{计划期日数}$$

$$\begin{matrix}库存材料\\资金定额日数\end{matrix}=在途日数+验收日数+（供应间隔日数\times供应间隔系数）+整理准备日数+保险日数$$

2. 在产品资金定额的核定

在产品资金是指企业生产经营过程中正在加工装配或进行了部分加工装配的未完工产品占用的资金，包括在产品和半成品等项。计算公式为：

$$\begin{matrix}在产品\\资金定额\end{matrix}=\begin{matrix}在产品平均每日\\资金占用额\end{matrix}\times\begin{matrix}资金定额\\日数\end{matrix}$$

式中：

$$\text{在产品平均每日资金占用额}=\frac{\text{计划期产品产量}\times\text{单位产品计划制造成本}}{360\ (90)\ \text{天}}\times\text{在产品成本系数}$$

资金定额日数就是该产品的生产周期。

3. 产成品资金定额的核定

产成品资金是制造完工入库的产品在未销售之前所占用资金。计算公式为：

$$\text{产成品资金定额}=\text{计划期某种产品的平均日产量}\times\text{单位产品计划成本}\times\text{产成品资金定额日数}$$

式中：

$$\text{产成品资金定额日数}=\text{库存日数}+\text{发运日数}+\text{结算日数}$$

（二）存货的日常管理

存货的日常管理，指企业在日常生产经营过程中，财会部门对存货管理进行的组织、协调和监督，以实现存货管理的目标。

1. 建立健全存货的日常管理制度

在企业流动资产中，存货的流动性比现金等要差得多，管理中如果发生偏差，纠正较难代价又昂贵，因此，需建立一些制度加以保证。

（1）实行存货的归口分级管理责任制。这是贯彻责、权、利相结合的原则，调动各方面管好存货的积极性的有效保证。该制度是在厂长（经理）的统一领导下，由财务部门负责存货的统一综合管理，将存货定额及有关控制指标分别归口给供应、生产、销售部门具体负责；然后由归口部门层层分解、落实到仓库、车间、班组等基层单位，明确有关部门和单位的管理责任，并给予相应的资金运用权力，同时考核评比有关指标的完成情况。目的是保证生产经营的需要，缩小存货投资成本，使企业提高经济效益。

（2）建立和完善厂内银行制度，加强对存货的控制、监督和考核。厂内银行是在企业经济责任制和内部全面经济核算相结合的基础上，将银行的核算、信贷职能引进企业内部，对企业内各个相对独立核算单位进行控制、监督、服务、考核和信息反馈的价值管理制度。在存货管理方面，实行厂内银行制度，可以推动企业计量、验收、检测手段的建立和完善，建立健全定额管理，加强对材料出入库、半成品转移的控制和监督，有效地堵塞财产损失的漏洞。因此，厂内银行对加速企业资金流动，节约资金占用起到了积极的作用。

2. 实行 ABC 管理法，进行存货的分类控制

ABC 管理法在物流管理一章已讲过，这里不再讲述。

3. 存货管理的考核与评价

存货管理水平和经济效果，通常用存货周转率指标加以衡量。

存货周转率指在一定时期内，一定量的存货资金循环周转的次数或周转一次的天数。表明企业销售能力和存货水平是否合理，是衡量企业供产销平衡及存货管理效率的尺度。

$$\text{存货周转次数}=\frac{\text{销货成本总额}}{\text{平均存货余额}}$$

式中：

$$\text{平均存货余额}=\frac{\text{期初存货}+\text{期末存货}}{2}$$

或

$$\text{存货周转天数}=\frac{\text{日历日数}}{\text{存货周转次数}}$$

一般，存货周转率（即存货周转次数）越高，企业存货资金周转速度越快，资金占用相对减少，企业利润也就越多，表明企业存货管理效率越高；反之，可能有存货超储积压。但是，这只是粗略的判断。存货周转率高，可能是因为企业库存太低或存货经常中断，这就不能判断企业存货管理效率高。相反，存货价格上涨，也会引起存货周转率降低。因此，需将企业一定时期的存货周转指标与历史最好水平、计划指标或行业水平进行比较，才能较为正确地作出评价。

三、现金与短期有价证券的管理

（一）现金的概念和特点

现金是企业购销活动中交换的媒介。企业的现金资产是指一定时期内为了满足日常生产经营、应付意外紧急情况或其他需要而持有的货币资金，包括库存现金和银行存款。其基本特点是普遍可接受性和流动性最强。

企业在一定时期的现金收入量（又称现金流入量）与现金支出量（又称现金流出量）是不平衡的，其差额为净现金流量。其计算公式为：

$$\text{净现金流量}=\text{现金流入量}-\text{现金流出量}$$

净现金流量是正数为净流入额，负数为净流出额。财务人员应积极组织现金流入，控制现金流出，并对净现金流量作出最佳安排。如现金结余可适当进行短期有价证券投资；反之则应采用适当方式筹集资金。

（二）现金管理的目的和内容

现金管理的目的是保证企业生产经营所需的现金和最大限度地利用现金并从闲置的现金中获得最大收入，增加企业盈利。一般，企业的库存现金没有收益，存入银行的现金或投资于有价证券的现金，利息率远远低于企业经营所得的资金利润率。因此，现金结余过多，会降低企业的收益水平，但结余太少，又可能影响企业交易的进行，甚至发生中断交易的风险。因此，现金管理应力求既保证企业生产经营现金的需要，以降低风险，又不使企业有过多的闲置现金，以增加收益。

现金管理的内容可用图 9－1 表示。

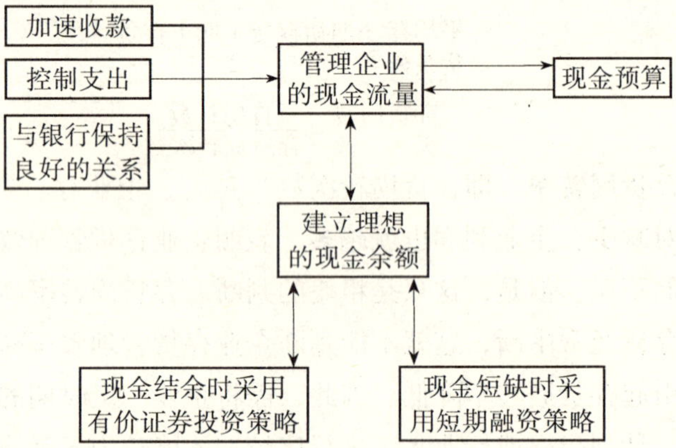

图 9－1　现金管理的内容

现金管理包括几个相互联系的环节组成：（1）现金流量的管理。包括加速收款、控制支出和与银行保持良好的关系；（2）通过现金预算估计现金需求。（3）建立理想的现金余额。当企业实际的现金余额与理想的余额不一致时，可采用短期融资或有价证券投资策略。

短期有价证券分为股票和债券两大类，由于其投资期限较短、种类较多，且随时可以出售，为企业利用闲置现金提供了方便。对企业而言，在短期有价证券组合中，若能结合企业的现金预算，较好地安排各种到期日的证券组合，同时考虑证券的风险、收益和流动性，注重证券的选择，那么有价证券也就相当于企业的现金，与企业现金共同成为企业流动资产中最易变现资产。

（三）现金的控制

现金的控制包括事前控制——编制现金预算和现金的日常控制。

现金预算是计划计算期内（通常是按月）的现金收入和支出，反映现金循环和流转情况。利用现金预算，可以了解企业在预算期的现金收支时间和金额，进行所需现金的筹集和控制，进行资金的平衡调度。

现金的日常控制，即对现金收支进行日常管理，实行现金归口分级管理制度，实现企业现金资产管理目标。这是现金管理的事中控制。现金收支管理包括加速收款和控制支出两个方面。企业要根据国家现金管理原则，使企业的现金收入及时足额存入企业的开户银行，还要注意保证现金收入的可靠性和安全性。现金支出力争在不影响和损害企业信誉的前提下，尽量推迟现金的支出。即最大限度地利用即将付出的款项，也就是增加将付出现金在本企业的停留时间，利用资金时间差，为企业创造财富。

企业财务部门是现金管理的专职部门，各有关归口部门根据部门特点分管与本身业务工作密切联系的现金收支指标，保证收入的及时取得和正常支出，同时结合部门特点将收支指标落实到班组和个人。通过归口分级管理责任制，使企业各部门和每个职工紧密联系，密切协作，搞好现金的日常控制。

四、应收及预付款管理

应收款是指企业向客户赊销商品而产生的，在今后一定时期内应该收回的账款；预付款是企业为了在今后一定时期内获得货物，而预先向购买单位支付的账款。

应收及预付款的管理包括建立企业的信用政策、确立企业的收账方针和日常管理等几个方面。也就是事前、事中、事后的控制。

信用政策指企业根据应收款投资所得收益及增加的费用支出，权衡收益与风险，而愿意提供给客户的信用标准和信用条件。信用标准指企业同意给予客户信用的最低标准。信用条件指企业要求顾客支付赊销款项的条件，一般包括赊销期限和现金折扣。收账方针指企业向逾期未付款的顾客收款程序的步骤，具体包括发信、打电话、派专人收款和采取法律行为等。这都是事前控制。

应收及预付款的日常管理，主要是搞好应收及预付款的质量和规模控制，这是事中控制。应收及预付款的投资效益分析和考核是事后控制，通过应收账款周转率和坏账损失率等指标进行分析和考核。

五、建立提取坏账准备金制度

坏账损失是因债务人破产或者死亡，以其破产财产或者遗产清偿后，仍未能收回的账款，或因债务人逾期未履行偿债义务超过三年仍不能收回的账款。提取坏账准备金的目的，是在企业确实发生坏账时能够及时得到补偿，保证企业资金的正常周转。新的财务制度规定，采用应收账款余额比例法提取坏账准备金，即企业在年度终了，按年末应收账余额的3‰～5‰计提坏账准备金，计入当期费用；企业发生坏账损失时，冲减坏账准备金，年末坏账准备金余额占应收款的比例高于或低于规定比例的，年终应进行调整。企业已收回的已经核销的坏账，应冲减坏账准备金。

第三节　制造成本与期间费用管理

一、制造成本与期间费用概述

（一）企业生产费用及其分类

企业在一定时期内的生产经营过程中所耗费的物化劳动和活劳动价值的货币表现，是企业的生产费用。企业生产费用是归集制造成本和期间费用的基础。

企业生产费用按照不同的标准，可以划分为不同的类别。

按生产费用的经济性质，可以划分为外购材料、外购燃料、外购动力、工资、提取的职工福利基金、折旧费、修理费、利息支出和其他支出等几个要素。

按生产费用的经济用途，可划分为直接材料、直接人工、其他直接支出、制造费用、管理费用、销售费用和财务费用等几个项目。

按生产费用与产品产品产量的关系，可分为固定费用和变动费用两大类。固定费用指其总额在一定时期和一定产量范围内不随产量的变化而变动的各种费用。变动费用指其总额随产量的变化而变动的各种费用。

按生产费用归集和补偿的方式，企业生产费用划分为制造成本和期间费用两大类。

（二）制造成本与期间费用的内容和作用

1．制造成本的经济内容

制造成本是企业生产品和提供劳务而发生的费用支出，又称为生产（经营）

成本。“制造成本法”规定，企业在实际生产过程中消耗的直接材料、直接工资、其他直接支出和制造费用，构成企业的制造成本，从企业的产品销售收入中得到补偿。直接材料指企业生产用以形成产品的各种材料支出。直接工资是企业直接从事产品生产人员的工资，一般包括工资、奖金、津贴和补贴。其他直接支出指在产品生产过程中直接支出的其他费用，如生产人员的职工福利费。制造费用指企业生产经营中基层生产单位为组织和管理生产所发生的各种费用。制造费用直接为产品生产服务却不直接构成某类产品的成本，只能通过一定的分配办法，分配计入各类受益产品的成本。

2. 期间费用的经济内容

期间费用指产品销售、企业行政管理和财务管理方面发生的费用。其经济内容包括企业的销售费用、管理费用和财务费用三个部分。其作用的是一个会计期间生产经营环境和条件的提供，生产经营条件一经形成，不管其实际利用程度如何，有关费用照样发生，所以是一种期间成本费用，不作用产品的直接生产过程，直接计入企业的当期损益，即冲减企业当期销售利润或计入企业当期销售亏损。

3. 不应列入制造成本和期间费用的支出

企业生产经营过程中发生的各种费用支出，按其性质可以分为经营性支出、资本性支出、社会性支出和消费性支出四个部分。属于资本性支出、社会性支出和消费性支出的费用，一般不应列入企业的成本费用，应按不同的规定进行财务处理。如企业为购置和建造固定资产、无形资产和其他资产的支出，对外投资的支出，支付的滞纳金、罚款、违约金和赔偿金，企业赞助、捐赠等等。

4. 制造成本与期间费用的作用

成本与费用是企业经济指标体系中极其重要的、衡量企业管理工作质量水平的综合性指标，反映企业的人力物力财力资源的利用程度。因此，成本与费用指标在促进企业加强经济核算，提高经营管理水平，降低生产经营中的劳动耗费、提高经济效益等方面均有十分重要的作用。

（1）成本与费用是反映和监督劳动耗费的工具。通过对成本费用的比较分析，有利于促进企业更加合理的利用资源，降低生产经营中的劳动耗费，以最小消耗，生产出量多质好的产品，提高企业的经济效益。

（2）成本与费用是补偿生产耗费的尺度。为保证企业生产经营活动顺利地不断进行，就必须对生产经营中发生的劳动耗费进行补偿，衡量耗费的尺度正是企业当期的成本和费用。

(3) 成本与费用是制订产品价格的重要依据。产品价格是产品价值的货币表现，产品价格的制定应以产品价值为基础。但目前只能通过产品的成本，间接地反映产品的价值。此外，虽然期间费用是列入当期损益，但实际上也是从企业的销售利润中扣除，因此降低期间费用可以直接影响企业的销售利润，销售利润是组成销售收入的一部分，而影响销售收入的主要因素之一，是产品价格。由于产品价格和成本与期间费用有着密切的内在联系，所以应以成本与费用作为制定产品价格的重要依据。

(4) 成本与费用是制约企业竞争能力的重要因素。在市场经济条件下，成本和费用水平的高低，制约着企业在市场上的竞争能力。在价格一定的条件下，降低成本水平，可以增加企业的利润，增强企业的竞争能力；在利润水平相同时，降低成本，可以相应降低产品价格，从而提高企业产品的市场占有率和竞争能力。因此，降低成本是成本管理的重要任务。通过加强成本管理，有利于企业提高技术水平和经营管理能力；进行最优化的生产经营决策；降低成本，提高企业经营效益，为国家积累更多的资金，同时，不断地降低成本，也有利于降低物价，不断提高人民的物质文化生活水平。

二、制造成本与期间费用的预测和决策

成本与费用的预测和决策，是在分析研究与之相关因素关系的基础上，利用调查研究的数据，结合企业发展规划和增产节约潜力，对企业未来一定时期的成本费用水平和降低目标进行测算，选择最佳的成本费用方案。

(一) 成本与费用的预测

成本费用预测是成本管理的首要环节。是在分析研究各种技术经济条件、发展趋势的基础上，根据成本特性及有关数据，对一定时期的产品或方案的成本水平、成本目标和费用水平进行预计和测算。搞好成本费用预测，对于加强成本管理，挖掘降低成本潜力，提高经济效益以及对企业的生产经营决策都有很大作用。

成本费用预测的方法很多，如比例法、技术测定法、回归分析法、因素分析法、量本利分析法等。下面主要介绍常用的量本利分析法确定目标成本。其步骤如下：

(1) 计算保本的销售额。

$$\frac{\text{盈亏平衡点}}{\text{销售额}}=\frac{\text{期间费用总额}}{1-\text{变动成本率}-\text{税率}}=\frac{\text{期间费用总额}}{\text{边际利润率}-\text{税率}}$$

其中，$\text{变动成本率}=\frac{\text{单位制造成本}}{\text{单位产品售价}}$

（2）确定目标利润。根据国家或上级主管部门的要求和企业自身的经济利益确定。

（3）计算为保证目标利润的销售额或产值。公式为：

$$\frac{\text{必须完成的}}{\text{销售额}}=\frac{\text{保本点的}}{\text{销售额}}+\frac{\text{目标利润总额}}{1-\text{变动费用率}-\text{税率}}=\frac{\text{期间费用总额}+\text{目标利润总额}}{\text{边际利润率}-\text{税率}}$$

（4）确定目标成本。

$$\text{目标成本}=\text{必须完成的销售收入}-\text{目标利润}-\text{应纳税金}$$

（二）成本与费用决策

决策是在预测的基础上进行的，指在预测的基础上，从可达到同一目标利润的不同方案中评价选择一个最优方案的科学方法。其核心是达到成本费用的最优化，即实现同一利润目标的成本费用消耗最低。

成本费用决策的方法很多，有量本利分析法、差量分析法、成本利润率分析法、线性规划法和微分极值法等等。

三、制造成本与期间费用的计划和控制

（一）制造成本与期间费用的计划

成本与费用计划是根据成本费用决策方案，以货币形式预先规定企业计划期内的生产耗费水平和成本降低任务。

1. 成本费用计划的构成

一般包括以下几个计划：

（1）主要产品单位制造成本计划

一般是一种产品编制一张计划表，表中主要反映直接材料、直接人工、其他直接支出及制造费用等项目。同时，还应按定额管理的要求，反映出单位消耗定额。

（2）商品产品制造成本计划

主要反映企业在一定时期内，为了完成一定的产销任务而预计发生的全部制造成本水平。包括：制造成本总额及降低额和降低率、各类可比产品单位制造成本和制造成本总额及降低额和降低率、不可比产品制造成本总额及单位制造成本

等内容。

（3）期间费用计划

反映企业在计划期内发生的各项费用的控制数额。一般包括管理费用、销售费用和财务费用三个部分。

（4）生产费用预算

生产费用预算是企业一定时期内，发生在生产过程中各项费用的测算和计划。生产费用预算一般按生产费用要素编制。

2. 成本与费用计划的编制

企业应按照一定的工作步骤，编制成本与费用计划。见图 9－2。

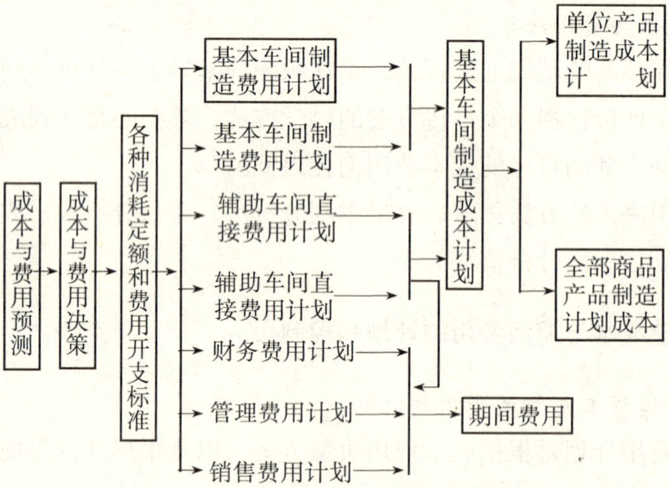

图 9－2　成本费用计划编制程序图

（1）车间制造成本计划的编制

按新财务制度规定，企业用“制造成本法”进行成本的计算。车间制造成本计划首先从辅助车间开始，因为辅助车间是为基本车间和企业管理部门服务的，所发生的费用按规定分别摊入基本车间的制造成本和期间费用的企业管理费用。

企业辅助车间成本计划，主要包括直接费用计划和制造费用计划两个部分，分别按有关定额和开支标准进行计划。然后按基本生产车间和企业管理部门受益情况，分别将辅助车间发生的生产费用分配给基本生产车间的制造费用和企业管理部门的企业管理费。

编制基本车间成本计划时，首先编制制造费用计划。由于车间制造费用是整个车间生产发生的，所以应先将计划数汇集分解，并按一定标准分配计入某产品的制造成本，作为编制该车间制造成本计划的基础。车间制造成本计划一般是根据产品的不同类别和费用构成项目分别列示。汇集同一产品在各基本生产车间的制造成本就得该产品的单位制造成本。

(2) 全部商品产品制造成本计划的编制

在编制单位产品制造成本计划的基础上，就可编制全部商品产品制造成本计划。根据汇集依据不同，分为按费用项目编制的商品产品制造成本计划和按产品类别编制的商品产品制造成本计划。两种计划都要规定出成本的降低率和降低额。

$$\begin{matrix}\text{全部商品产品}\\\text{制造总成本}\end{matrix}=\Sigma\text{（单位产品制造成本×该种产品计划产量）}$$

$$\begin{matrix}\text{可比产品制造}\\\text{成本计划降低额}\end{matrix}=\begin{matrix}\text{（上年预计平均单位制造}\\\text{成本}-\text{计划单位产品制造成本）}\end{matrix}\times\begin{matrix}\text{可比产品}\\\text{计划产量}\end{matrix}$$

$$\begin{matrix}\text{可比产品成本}\\\text{计划降低率}\end{matrix}=\frac{\text{可比产品制造成本计划降低额}}{\text{上年预计平均单位制造成本×可比产品计划产量}}\times 100\%$$

(3) 期间费用计划的编制

企业的期间费用计划，通常包括管理费用计划、销售费用计划和财务费用计划三个部分，分别按费用项目和要素汇编。期间费用计划指标不需分摊计入产品的制造成本。产品的制造成本就是企业产品的成本，是销售成本结转的直接依据。产品的制造成本和期间费用两大计划共同构成企业的成本费用计划。

生产费用预算按生产费用要素编制。具体编制时一般有两种方法。一是根据有关费用消耗资料编制。二是根据车间生产费用预算结合企业的期间费用计划，汇编生产费用预算。

(二) 成本与费用控制

成本与费用控制是企业在生产经营过程中，按预定的成本费用目标，对实际发生的各种费用进行严格的考核和监督，及时揭示偏差，并采取有效措施，以降低企业成本费用的一项管理工作。进行成本费用控制的目的，在于不断降低企业生产经营的物化劳动和活劳动的耗费，并不断挖掘节约消耗的潜力，节约费用，降低成本，提高经济效益。

1. 成本费用控制的基本环节

(1) 制定成本费用标准

成本费用标准是产品生产经营过程中，物化劳动和活劳动耗费的数量界限，是成本费用控制的依据。成本费用控制标准，主要有：①目标成本；②计划指标，一般指成本计划指标；③消耗定额；③费用预算，如管理费用、期间费用等。

（2）检查、督促标准的执行

成本费用控制按进行的时间可分为事前、事中和事后反馈控制。事前控制是通过事先成本预测、制定目标成本、计划和定额；事中控制是在成本费用发生过程中进行的指导和调节；事后控制是通过事后的核算、考核和分析，并进行情况的反馈，采取措施，保证控制目标的实现。

（3）总结经验，提出改进措施

企业要根据差异的原因，制订必要的措施，挖掘降低成本的潜力，达到控制的要求。还应对成本费用执行情况，进行严格的考核，并和职工经济利益挂钩，以调动职工群众的积极性。

2.成本费用控制的基本方法

（1）建立成本费用归口分级管理责任制

成本费用归口分级管理责任制，是在厂长统一领导下，以厂部成本管理为主导，建立厂部、车间和班组的纵向成本费用管理责任体系；另方面以财会部门为核心，建立各职能部门的横向成本管理责任体系。企业财务部门是成本费用管理的核心，车间是企业成本费用管理的中心环节，班组是成本费用管理的基础环节，指标的分解是实行该责任制的关键。成本费用指标的分解落实和生产技术经济指标的分解落实相结合，也必须和企业内部经济责任制的实施结合起来，本着“干什么，管什么”和“用什么，管什么”相结合的原则，明确各级成本管理的职责分工。

（2）进行项目控制

企业成本费用主要由直接材料、直接人工、制造费用和期间费用构成。前三项直接构成产品的制造成本。加强成本费用控制，应从以上项目控制各部分的费用支出。

①直接材料费用的控制。直接材料包括原材料、辅助材料、燃料、动力、外购半成品等。直接材料费用在成本中所占比重最大，是影响成本水平的一个重要成本项目。直接材料控制，重点要搞好车间这一环节，主要是进行定额控制和制度控制，通过制订各种先进的消耗定额进行定额控制，并通过系统的管理制度（如限额发料，领料、补料、退料等制度）加强制度控制。同时与班组成本管理相结合，严格控制直接材料费用。

② 直接人工费用的控制。直接人工费用指生产工人的工资费用。通过制订先进合理的劳动定额和定员标准，减少工资的不必要支出，节约直接人工耗费。

③制造费用的控制。制造费用是企业基层单位所发生的管理人员工资、办公费、水电费等费用支出。可以通过合理编制定员减少冗员，制定合理的费用用开支标准，进行总额的控制。

④期间费用的控制。企业的期间费用内容复杂，项目繁多，主要包括管理费用、销售费用和财务费用三个部分。期间费用水平具有相对固定性。在我国企业管理中，期间费用的节约潜力很大，是降低成本费用的重点。应通过合理设置机构和配置管理人员，提高工作效率，制定、执行费用开支标准，节约费用开支等措施进行期间费用的控制。

第四节　销售收入和纯收入管理

一、销售收入管理

企业销售收入是企业在一定时期内因销售产品或者提供劳务所得的货币收入。销售收入是企业主要的财务指标，销售收入的取得和分配，既是一次资金循环运动的终点，又是下一资金循环运动的起点。因此，企业销售收入是企业简单再生产的资金来源，也是企业扩大再生产的资金来源，同时又是国家建设资金的重要来源，加强销售收入管理有非常重要的意义。

(一) 销售收入的预测

销售收入的预测就是根据相关资料，运用一定的科学方法，对企业未来的销售收入的动态发展趋势进行估计和测算。销售收入预测是企业组织销售收入、编制销售计划的重要依据，同时也是企业利润预测的一个依据。

搞好销售收入预测应作好两项工作：一是搞好市场调查和预测，正确分析和估计未来市场对企业产品的需求量及变化趋势，这直接影响企业的销售收入。二是正确选用预测的方法，根据不同的预测类别选用相应的预测方法。市场调查和预测在销售管理一章中已有讲述，这里主要讲述销售收入预测的方法。

1.“量本利”分析法

“量本利”分析法是根据一定时期企业产品销售量、销售成本、销售利润等相关因素的内在联系确定企业计划期销售收入的一种方法。

(1) 保本点销售收入的预测

预测中，制造成本和期间费用指标应取企业计划指标。如果企业上交增值税，在扣税法下计算公式为：

$$\text{保本点销售收入}=\frac{\text{期间费用总额}}{1-\text{适用增值税税率}-(\text{单位制造成本}-\text{单位应扣税金})/\text{单位价格}}$$

例：某企业生产甲产品，计划期预计期间费用总额为25980元，单位制造成本为400元，单位产品的销售价格为1500元，单位产品预计应扣税金40元。该产品适用增值税率为16%，则其保本点销售收入为：

$$\text{保本点销售收入}=\frac{25980}{1-16\%-(400-40)\div 1500}=43300\text{（元）}$$

(2) 实现目标利润销售收入的预测

计算公式为：

$$\text{实现目标利润销售收入}=\frac{\text{期间费用总额}+\text{目标利润总额}}{1-\text{适用增值税率}-(\text{单位制造成本}-\text{单位应扣税金})/\text{单位价格}}$$

接上例，若企业测算的目标利润为12000元，则其销售收入应为

$$\text{实现目标利润销售收入}=\frac{25980+12000}{1-16\%-(400-40)\div 1500}=63300\text{（元）}$$

2. 递增率测算法

递增率测算法是根据企业过去的销售收入的实际情况和近期市场预测来测算企业近期产品销售收入的方法。使用该法必须具备两个条件：一是企业近期内产品销售一直呈上升趋势，且上升按比例递增。二是近期市场预测确定企业产品的销售未来也将递增。若直接预测下一期的销售收入，其测算公式为：

$$\text{预测销售收入}=\text{基期实际销售量}\times\left(1+\text{销售平均递增率}\right)\times\text{价格的预测值}$$

其中，$\text{销售平均递增率}=\sqrt[n]{\prod_{i=1}^{n}(1+X_i)}-1$

X_i 为基年度各期销售量增长率

$i=1\cdots\cdots n$

例：某企业在基期年度1～4季度的实际销售量呈递增趋势（表9-1），根据市场预测计划年第一季度的销售也将保持上升趋势；计划年第一季度预测产品价格为2500元。

表 9-1　　　　某年销售量增长情况表

项　目	一季度	二季度	三季度	四季度
销售数量	7200	7500	7800	8260
递增数量	—	300	350	410
递增率%	—	4.17	4.67	5.22

则基年销售量平均递增率为：

$$\text{销售量平均递增率} = \sqrt[3]{(1+4.17\%)\times(1+4.67\%)\times(1+5.22\%)}-1$$

$$= \sqrt[3]{1.0417\times1.0467\times1.0522}-1$$

$$\approx 0.0468$$

计划年度第一季度销售收入预计为：

$$\text{第一季度预计销售收入} = 8260\times(1+0.0468)\times2500 = 21616420\text{（元）}$$

递增率测算法也适用于企业产品销售量呈递减变动的预测。这种方法适用于近期销售收入的预测。还有加权移动平均法、指数平滑法、直线趋势回归分析法等，其原理和计算公式均和第三章所讲销售预测方法相同。以上均为定量预测方法，还有定性的预测方法，如集合意见法，可参见第三章有关内容。

（二）销售收入的计划

企业销售收入计划包括商品销售收入和其他销售收入计划两个部分。该计划是组织企业销售收入的执行依据。是根据销售收入预测值，结合企业的销售合同编制。

1. 商品销售收入计划

一般按照商品产品的品种或类别，分别计算销售收入，然后汇总算出计划期商品销售收入总额。计算公式为：

$$\text{计划期商品销售收入} = \Sigma\left(\text{计划期该种产品销售量}\times\text{该产品单位售价}\right)$$

商品销售量和价格的确定第三章已讲。

确定了计划期各种商品销售量及价格，即可计算并汇总编制商品产品销售收入计划。见表 9—2。

表 9—2　　商品销售收入计划　　单位：元

商品名称	计量单位	期　初结存量	计划期生产量	期　末结存量	计划期销售量	单位商品销售价格	计划销售收入
A B C D E	（略）						
合　计							

2. 其他销售收入计划

其他销售收入计划，指对企业计划期内将取得的其他销售收入的规划。包括销售原材料和外配套商品等所得收入。一般以基期的实际数为基础，结合计划期预计的增减变动情况确定。

确定了计划商品销售收入和其他销售收入，汇总就可得出企业计划销售收入。

$$\begin{matrix}\text{计划期企业}\\\text{总销售收入}\end{matrix}=\Sigma\begin{matrix}\text{计划期某种商}\\\text{品销售收入}\end{matrix}+\begin{matrix}\text{其他销}\\\text{售收入}\end{matrix}$$

（三）销售收入的组织

为使企业销售收入目标得以实现，需对销售收入实施有效的组织，为此需从以下方面加强管理。

1. 销售合同的订立及履行

合同的订立应符合国家法律、政策规定，本着平等互利、协商一致、等价有偿的原则进行。企业应尽可能和购买方签订合同，而且应详细、准确、明白，必要时应经过公证机关公证，以保障购销双方的合法权益。而且应按照合同规定及时有效地组织商品发送，严格履行合同。这是实现销售收入的前提条件。

2. 及时办理结算，尽快收回货款

销售部门发运商品以后，应迅速将发货凭证交付财会部门，立即与购货单位结算、及时收回货款。企业之间结算货款，同城一般采用支票或付款委托书，异地多采用托收承付方式。

3. 销售收入的分配

企业进行销售收入分配时，要补偿产品生产和销售的资金耗费，又要按规定向国家交纳销售税金，最后确认企业当期的经营利润额。

二、企业纯收入管理

企业纯收入是企业的销售收入扣除销售成本、销售费用、管理费用、财务费用后的余额，其实质是企业全体职工为社会创造的剩余产品价值的货币表现，是企业新创造价值的重要组成部分。企业纯收入是企业扩大再生产和不断提高人民物质文化生活水平的重要资金来源，也是保证整个社会正常活动的必要条件。因此，加强纯收入管理有非常重要的政治经济意义。

（一）企业纯收入的基本形式

1. 销售税金形式

销售税金是按国家税法规定的税种、税率和企业的销售收入计算征收的。只要取得了销售收入（或营业收入），不论成本高低，也不论实际纯收入是多少，都应及时计算和上交税金。销售税金具有强制性、无偿性、及时性和稳定性等特点，对保证国家财政收入的及时、稳定有重要的作用。

2. 利润形式

利润是纯收入扣除销售税金后的余额。在商品价格和税率一定的条件下，利润的多少与企业制造成本（营业成本）、期间费用等有直接联系，利润额具有变动性，企业利润的有无和多少，直接决定于企业的经营管理水平、成本的高低。因此，利润是反映企业经营成果的综合指标，可以用以评价企业的工作质量，可以促使企业改善经营管理，加强经济核算，不断降低成本和费用水平，提高经济效益。同时，利润也是国家财政收入和企业生产和职工生活水平提高的资金来源。所以，企业纯收入采取利润形式也有利于调动职工积极性，促进生产的发展。

（二）销售税金管理

1. 销售税金的预测和计划

销售税金又叫流转税，是根据企业的流转额（营业收入、销售收入），或其中的法定增值额，按税法规定的税率计算征收的税金。主要包括消费税、增值税、营业税、盐税、城乡维护建设税、农林特产税和屠宰税等税种。

销售税金的预测主要包括企业营业收入和税率的预测。前者在第一个问题已作了阐述。至于税率是国家税法规定的，一般是确定不变的。但是国家经常利用税收作为经济杠杆，减免或变动税率，用以指导生产、调节消费。因此，企业应经常了解和掌握国家税收政策的变动，以便正确运用税率进行计算。

企业应纳销售税金是作为一项指标反映在企业预计损益表中，作为计算企业利润或亏损的依据。企业应纳销售税金是根据企业产品品种的销售收入或营业收入、适用税率分别计算汇总的办法计算的。税种不同，计算方法也不相同。如以消费税和营业税为例，计算公式如下：

消费税的计算公式为：

$$\text{消费税应纳税额} = \text{产品预计销售数量} \times \text{单位售价} \times \text{适用税率}$$

营业税的计算公式为：

$$\text{应纳营业税额} = \text{预计销售收入（或进销差价或营业收入）} \times \text{适用税率}$$

企业应纳销售税金总额就是按应纳税种的上述计算公式分别计算然后汇总的。

企业缴纳销售税金的办法，一般由企业自行计算、自行核实、自行缴纳，税收机关进行纳税鉴定、辅导和检查。这样，可以发挥企业履行纳税义务的主动性，加强企业的责任感，简化稽征手续，保证税款及时解缴入库。

（三）企业利润管理

1. 利润预测和决策

利润预测主要是对未来一定时期内的利润额进行估计和判断。即运用一定的科学方法，结合企业生产经营活动有关因素的变化，进行研究和分析，预测将来的利润水平，并根据目标利润的要求，寻求实现目标利润的有效措施。常用的方法有：

（1）因素分析法。就是在上期某项经济指标的基础上，根据预测期各项因素变动情况测算的方法。影响利润增减变动的因素有产品产量、销售成本、销售产品品种、价格和税率等。这种方法只适用于可比产品的销售利润预测。

（2）量本利分析法。

这种方法主要适用于目标利润的预测。

（3）比例分析法。根据历史上企业利润与有关经济指标（如销售收入、资本金等）的比例关系，测算未来一定时期的利润额。

利润决策是利润预测的继续。目的是对预测的利润指标全面审查评价，对预测的利润指标和措施作必要的调整和补充，最后确定企业的目标利润和实现目标利润的较优方案，为编制企业预计损益表提供依据。

2. 企业预计损益表的编制

企业预计损益表是反映计划年度企业利润（亏损）预计数额的计划表，它是企业财务计划的重要组成内容。为了使财务分析和考核方便，预计损益表的格式和内容的设计必须与企业的会计报表一致。

预计损益报表的编制，首先从销售预测和决策开始。企业财务部门应研究销售部门测定的产品销售量的决策数和预计售价的正确程度，在此基础上算出销售收入的预计数。其次要正确估计销售成本。销售成本反映销售产品和提供劳务等经营业务的预计成本，一般可根据历史销售成本率（销售成本与销售额的百分比），结合计划年度销售成本变动的情况，确定计划年度销售成本率，结合企业的销售收入可计算出销售成本的估计值。

预计损益表中其他项目容易计算。销售费用可根据销售费预算填列。如果没有具体预算资料时，可按过去企业销售费用用与销售收入之间的比例关系适当调整，再结合估计的销售收入计算。管理费用也可按此法计算。财务费用可根据贷款计划等资料估算。预计损益表格式如下：

预计损益表

年　月　日　　　　　　　　单位：元

项　目	行次	分月数			全年预计数
		1月	2月	…	
一、产品销售收入	1				
减：产品销售成本	2				
产品销售费用	3				
产品销售税金及附加	4				
二、产品销售利润（亏损）	6				
加：其他业务利润（亏损）	7				
减：管理费用	8				
财务费用	9				
三、营业利润（亏损）	10				
加：投资收益（损失）	11				
营业外收入	12				
减：营业外支出	13				
四、利润总额（亏损）	14				

3. 企业利润分配

（1）利润分配的意义

企业利润的分配，实质上是利用价值形式对社会剩余产品进行分配。合理的利润分配，能正确处理企业与各方面的经济关系，调动各方面的积极性，促进经济的发展。因此，利润的分配具有重要意义。

合理分配利润，应兼顾国家、企业和职工个人的利益。国家除了以政权行使者的身份，根据税法向企业征收各项税收外，还应根据投资者的身份，通过一定的形式参与国有企业的利润分配。企业作为独立的商品生产者和经营者，也应取得到部分利润，用于发展生产、技术改造、举办集体福利事业和职工工资奖金等的需要。

（2）企业利润分配的顺序

①弥补企业亏损

企业亏损要严格区分政策性亏损和经营性亏损的界限。经营性亏损是由于企业经营管理不善而造成的，原则上由企业自行解决。按企业财务通则规定：企业发生的年度亏损，可以用下一年度的利润弥补；下一年度利润不足弥补的，可以在五年内用所得税前利润延续弥补。连续五年未弥补的亏损，用所得税后利润弥补。

②缴纳所得税

所得税是对企业生产经营所得征收的一种税，是国家参与企业利润分配的主要形式和手段。它是按年计征，分期交纳。计算公式为

$$\begin{matrix}\text{企业应纳所}\\\text{得税的数额}\end{matrix}=\begin{matrix}\text{企业的应税}\\\text{所得额}\end{matrix}\times\begin{matrix}\text{所得税}\\\text{的税率}\end{matrix}$$

其中，应税所得额＝实现利润总额＋经批准增加的收入项目—经批准减少的项目（如弥补以往年度亏损的利润等）

③税后利润的分配

缴纳所得税后的税后利润一般按下列顺序分配：

支付被没收财物的损失和违反税法的各项滞纳金和罚款；弥补以前年度亏损；提取法定公积金，按照税后利润扣除前两项后的10%提取；提取公益金，用于职工集体福利设施，按企业议定的比例，从税后利润扣除前三项的余额提取；向投资者分配利润。

不同所有制形式和经营方式的企业都应按上述分配顺序分配利润。股份有限责任公司的税后利润分配有其特殊性，财务制度作了单独规定。

10

第十章 信息管理

客观世界的三大构成要素是物质、能量和信息。其中，人们对物质的认识最早，它是古典力学的基础。到了19世纪，由于热力学的研究，提出“能量”的概念。虽然人类自古以来每天都要接触信息，每天都要处理信息，但人们对信息的认识却是比较晚的。一直进入到20世纪50年代，由于科学技术的进步，特别是微电子学的发展，使得信息与知识的传递、交流，无论在空间和时间上都达到了空前的规模。“信息是企业的神经中枢”，信息管理是企业管理的重要工作之一。本章将主要讨论有关信息和信息处理、管理信息系统的概念、职能与开发过程等内容。

第一节　信息与信息处理

一、数据与信息

（一）数据的概念

数据是表征客观事物的，可以记录的，能共同识别的符号。它可以是字母，数字或者诸如※、$之类的特殊符号。数据通常分为数值型数据和非数值型数据两类。数值型数据是用数字描述的基本定量符号，如15.46、5.83×10^6 等是数值型数据，非数值型数据是用字符表示的，用来描述各种事务和实体属性的符号。如李波、男、天津、财务科长等就是非数值型数据。

数据对客观事物的反映总是有误差的。衡量误差的指标是精确度和准确度。精确度用来表示所测数据重复性的好坏，准确度用来表示数据与真值符合的程度。

（二）信息的定义

信息是经过加工后的数据，它会对接收者的行为和决策产生影响，它对决策者能增加知识，具有现实的或潜在的价值。

信息与数据的关系如图10-1所示。

根据图10-1的概念，显然数据和信息的概念是相对的。对于第一次加工所

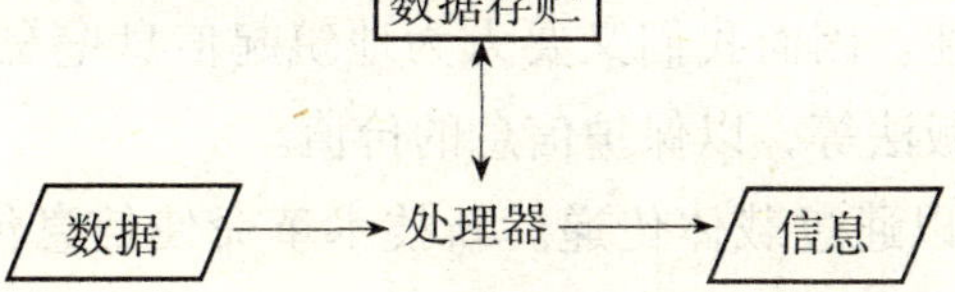

图 10-1　信息产生的概念

产生的信息，可能成为第二次加工的数据。第二次加工得到的信息则又可能成为第三次加工的数据。这和物质生产中原料和产品的关系相似。

概括地说，“数据”和“信息”这两个术语通常可以交换使用，但它们还是有所不同。数据是一种原始材料，经过加工可以使其变成信息。只有在特定的决策环境中，信息才具有价值。即使是未来的决策和行动，同样也能体现该信息的价值。

二、信息的特征与分类

（一）信息的特征

信息具有下述特性：

1. 事实性。信息最早的概念是“关于客观事物的可通讯的知识，通讯是把信息用于事实。”所以事实是信息的中心价值。不符合事实的信息不仅没有价值，而且可能成为负价值，既害别人也害自己。所以事实是信息的第一和基本的性质。

2. 可压缩性。信息可以被压缩、集中、综合和概括，而不至于丢失信息的本质。当然，在压缩的过程中要丢失一些信息，丢失的应当是无用的或不重要的信息。压缩在实际中是很有必要的，因为我们没有能力收集一个事物的全部信息，也没有能力和必要贮存越来越多的信息，这叫信息的不完全性。只有正确地舍弃信息，才能正确地使用信息。

3. 扩散性。信息源好像热源，它总是力图向温度低的地方扩散热能。信息的扩散是其本性，它力图冲破非自然的约束，通过各种渠道和手段向四面八方传播。信息浓度越大，信息源和接收者之间的梯度越大，信息的扩散性越强。越离奇的消息，越耸人听闻的新闻，传播得越快，扩散的面越大。

信息的扩散存在着两面性。一方面它有利于知识的传播，所以人们有意识地通过各种新闻媒介、宣传机构、学校，加快信息的传播。另一方面，信息扩散会造成信息的贬值，不利于保密，可能会给国家利益和企业利益带来损失，不利于保护信息所有者的积极性。因而我们又要人为地筑起信息壁垒，制定各种法律，如保密法、专利法、出版法等，以保护信息的价值。

4. 传输性。信息可以通过载体传递。新技术革命使信息传递手段挣脱了传统的束缚，信息不仅通过文件，书刊来传递，并已越来越多地采用各种电讯手段高速，高效地传输。信息的可传输性加快了资源的传输，加快了社会的变化。

5. 共享性。信息可以多次被人们使用，也可以被多方共同使用。信息的共享性有利于信息成为企业的一种资源。严格地说只有达到企业信息的共享，信息才真正成为企业的资源，才能很好地利用信息进行企业的计划与控制，从而有利于企业目标的实现。

6. 增值性。用于某种目的的信息，可能随着时间的推移价值耗尽。但对于另一目的又可能显示出用途。信息的增值在量变的基础上可能产生质变。如对某种产品广告和消息累积的提炼，可对该产品全貌进行估计，甚至能对全国工业有个估计，从而使提炼出来的信息成为重要、保密信息。信息的增值性、再生性使人们能在信息废品中提练有用的信息，在司空见惯的信息中分析出重要的趋势。

（二）信息的分类

按照不同的分类标志，信息可以有不同的分类。

1. 按照信息的目标和需要分，信息可分为社会信息、政治信息、自然信息、经济信息、管理信息等。

2. 按照信息的作用分，信息可分为战略决策信息、战术决策信息和作业信息。战略决策信息多来自企业外部。战术决策信息有内有外，作业信息则主要来源于企业内部。这种分类方式反映了信息的层次性和联系性。

3. 按照信息的作用范围分，可分为宏观信息和微观信息，宏观信息包括政治和政策，人口和社会趋势、经济、技术环境等等。这类信息综合性、概括性强，主要为宏观决策服务。微观信息则主要指组织内部或局部区域内的信息。这类信息的数量大，时效性强，时刻都要产生发送。

4. 按照信息在企业中应用的情况分，可分为固定信息和流动信息。固定信息也叫定额查询信息，具有相对稳定性，在一段时间内可以在各项管理任务中重复使用。流动信息也叫作业统计信息，它反映不同时间生产经营活动中各个环节的实际进程。流动信息是不断变更的，时间性强，一般只具有一次使用价值。

5. 按照信息的特征分，可分为定性信息和定量信息。定性信息是以非计量形式进行描述的信息，定量信息则是以计量形式进行描述。在经济管理活动中，如何处理好这两类信息的关系，是如何有效地利用信息的一个重要问题。

三、信息处理及其发展

（一）信息处理

信息处理包括信息的输入、存贮、加工、传输和输出五个方面。

1. 信息的输入。信息的输入包括原始数据的采集、整理和录入。原始数据的采集是一个十分重要的环节。信息的质量在很大程度上取决于原始数据是否及时，真实和完整。采集有用的数据必须把握恰当的时间和地点，对原始数据还必须进行整理，以便去伪存真，去粗取精。

信息采集由于目标不同，采集方法也不同。一般来说有三种方法：

（1）自下而上的广泛收集。它服务于多种目标，一般来说即是统计收集。如全国统计局每年公布的经济指标。这种收集有固定的时间周期，有固定的数据，一般不随便更动。

（2）有目的的专项收集。例如了解企业的利润留成情况，有时可以全面调查，有时只能抽样调查。

（3）随机积累法。调查没有明确的目的，或是目标很宽，只要是“新鲜”事就把它积累起来，以备后用。

信息的记录有手工和自动两种方式。自动方式是通过自动采集装置实现的，有的还可以自动传送到处理机，避免了人工输入常易出现的差错。

2. 信息的加工。数据要经过加工后才能成为信息，其过程如下。

数据$\xrightarrow{\triangle t_1}$信息$\xrightarrow{\triangle t_2}$决策$\xrightarrow{\triangle t_3}$结果

数据经过加工后成为信息，信息使用才能产生决策，有决策才有结果，每种转换均需要时间，因而不可避免地产生时间延迟。这也是信息的一个重要特征—滞后性。信息的不可避免的滞后性要求合理选择信息处理方式，即采用批处理还是实时处理，以满足决策的要求。信息加工是信息处理的基本内容，包括合并、排序、更新、查询（检索）等操作以及统计和运用经济数学模型进行逻辑处理和算术处理。信息加工能力的强弱是信息系统功能的重要标志，涉及计算数学、数据结构、计算机软件工程、运筹学、经济学和管理科学等各方面的知识。

3. 信息的存贮。不管是现在使用，还是将来使用，凡是有参考价值的信息必须存贮起来。随着存贮量的不断增大，相应地产生了存贮信息的查询问题，也叫检索。检索方式与存贮方式密切相关。

信息存贮的主要问题是确定要存贮哪些信息，存多长时间，以什么方式存贮，如何支持目标，经济上是否合算等等。

要存贮什么信息主要由系统目标确定。如为了预测国家长远的经济发展，要存贮几十年内每年的经济信息。而要了解仓库物品的数量则要存贮每种产品现在数量的数据，信息保存时间的长短和存贮方式也都是由系统目标确定的。

4. 信息的传输。要实现信息在信息用户之间的共享与分配必须进行传输。信息传输的要求是高效和准确。传输不灵，会造成许多不必要的延误。现代通讯已提供了高速度和低误码率的传输技术，为扩大信息的传输空间创造了物质技术条件。

5. 信息的输出。指通过一定的手段，将经过加工的有用信息输送给管理者。为了便于识别和阅读，输送的信息应按习惯的、标准、统一、易懂的格式显示或打印出来，使信息得以发挥作用。

(二) 信息处理技术的发展

有信息就有信息处理。人类很早就开始出现了信息的记录、存贮和传输。在人类发展的初期阶段，人们利用自己的各种器官来记录和传递信息。即通过耳朵听、眼睛看、脑子记、语言表达来进行信息的收集、录入、存贮、加工处理和传递。文字的出现，纸张的发明是信息处理的第一次巨大的飞跃，使人们能超越时间和空间的限制，进行信息的存贮和传递，大大增强了人类处理信息的能力。

信息处理技术的发展，大致可以划分为三个时期。

1. 手工处理时期。手工处理时期是用人工方式来收集信息，用书写记录来存贮信息，用经验和简单手工运算来加工信息，用携带存贮体来传递信息。信息人员从事简单繁琐的重复性工作，信息不能及时有效地输送给使用者，许多重要信息来不及处理，甚至贻误了战机。

2. 机械处理时期。随着科学技术的发展，逐步出现了机械式和电动式的处理工具，如算盘、出纳机、手摇计算机等，减轻了计算强度。以后又出现了一些较综合的电动机械装置，穿孔卡片并进行成批处理和自动打印结果。古老的烽火台和驿站系统已逐步被电报电话所取代，极大的改善了信息传输手段。

3. 电子计算机处理时期。电子计算机的出现，计算机技术与通信技术的结合，使信息处理的面貌发生了崭新的变化。各种不同表现形式的信息，如声音、文字、无线电波、符号、图像等，都可以利用各种传感器（如电声传感器、光电传感器等）变换为电信号的形式输入计算机进行加工处理，处理结果再从计算机输出，供人们利用。电子计算机的高速运算能力，极大地提高了信息的价值，及时地为企业的预测和决策提供了可靠的依据。

四、信息在企业管理中的作用

1. 信息是企业不可缺少的资源。信息与原料、设备、能源、劳动力一样是企业的重要资源。现代企业的信息处理采用了如电子计算机技术、现代通讯系统等现代化手段，加之科学技术的不断进步，企业所拥有的信息量不断增大，企业的各项管理，各项决策，不依赖于可靠的信息已无法进行。因此，信息是企业的一项重要资源，其重要程度已超过了物质资源。管理者对信息的占有量和企业处理信息的能力已成为衡量企业管理水平的标志。

2. 信息是企业计划决策的依据。决策必须通过对客观实际的探索，对未来的行动及其后果作出正确的判断。要使企业的生产经营目标制订得比较正确，符合实际，就必须掌握全面、及时和准确的信息，否则，决策就无依据。因此，企业需要掌握内、外部信息，并根据不同层次决策的特点和要求，采用一定的方法进行信息处理，提出方案，供选择决策。

3. 信息是对企业生产过程进行有效控制的工具。企业管理者的任务是计划、组织、指挥、监督和调节企业各项资源的运动，形成畅通的物流。通过对各种原材料的加工处理，提供社会需要的产品。物流的全过程包括采购、运输、库存、加工、外协、齐套、装配、存贮、销售和发送。物流是单向流动，反向流动的是需返工的废次品。

随着物流的运动过程，不断产生着各种运行信息。管理者根据客观环境信息作出决策，再用决策信息控制物流的运动，使物流畅通，并沿着预订的目标发展。这些环境信息，决策信息和运行信息构成了企业的信息流。信息流是双向的，具有反馈环节。

物流与信息流相辅相成。物流是企业的基本流，没有物流就没有企业经营管理活动。信息流是管理的基础和管理的体现，在控制物流中起主导作用。表现在一是信息流的指挥作用，二是信息流的反馈作用。

4. 信息是财富。虽然信息并不直接构成产品，但信息会带来巨大的直接和间接的经济效益。特别是应用电子计算机进行信息处理后，使得信息准确、及时，大大提高了企业管理工作效率和生产效率。价值的增长不只依赖于体力劳动，还要依赖于信息知识。

第二节　企业管理信息系统

一、企业管理信息系统的概念

管理信息系统是管理学科发展的一个重要领域，也是实现管理现代化的关键因素，它对于国民经济的发展，企事业单位有效的运行都有着非常重要的作用。

按照中国企业管理百科全书的定义，管理信息系统是一个由人、计算机等组成的能进行管理信息的收集、传递、贮存、加工、维护和使用的系统。管理信息系统能实测企业的各种运行情况，能利用过去的数据预测未来，能从全局出发辅助企业进行决策，能利用信息控制企业行为，帮助企业实现其规划目标。

由这个定义可以看出，管理信息系统不只包括计算机系统，而且把人、用户也包括在内。应该说，任何企业或组织只要有信息流动，就有管理信息系统存在，而不管它是否使用计算机。但是，计算机是处理信息的最有利的工具，只有有了计算机的管理信息系统才能成为先进的系统。管理信息系统是以计算机为基础的人—机系统的这一特点，影响着系统开发者和系统用户的知识需求。“以计算机为基础”是说管理信息系统的设计者必须具备计算机及其在信息处理中应用的知识。人—机概念要求信息系统设计者应该了解人作为系统组成部分的能力以及人作为信息使用者的各种行为。

管理信息系统的应用不要求用户一定是一个计算机专家。但是，用户要有能力确定自己的信息要求，并适当地了解一些有关计算机、信息的性质以及在各种管理职能中应用的知识，会对自己的工作大有裨益。

二、管理信息系统的结构

管理信息系统从总体上来说可以由四大部件组成，即信息源、信息处理器、信息用户和信息管理者。见图 10－2。

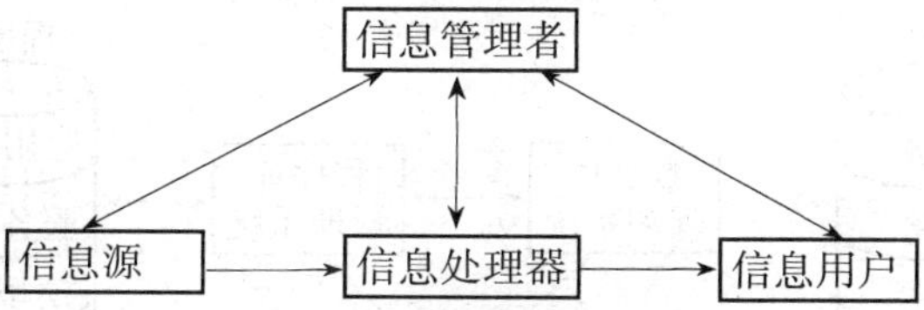

图 10－2　管理信息系统总体结构

这里信息源是信息的产生地。信息处理器是进行信息的传输、加工、保存等任务的设备。信息用户是信息的使用者，他应用信息进行决策。信息管理者负责信息系统的设计实现，在实现以后负责信息系统的运行和协调。

根据不同的角度出发可能产生对管理信息系统结构的不同看法，因而也就有不同的结构形式。下面将主要从用户的角度和计算机专家的角度出发，来讨论企业管理信息系统的结构。

（一）基于用户观点的管理信息系统的结构

从用户的角度出发，他只关心系统的功能，因而也可以说是功能的观点。对于一个企业来说，这些功能如市场、生产、财会和人事等。这些功能又往往有层次之别，例如高、中、基层。这样纵向按功能分，横向按层次分就形成了管理信息系统的金字塔结构，见图 10－3。

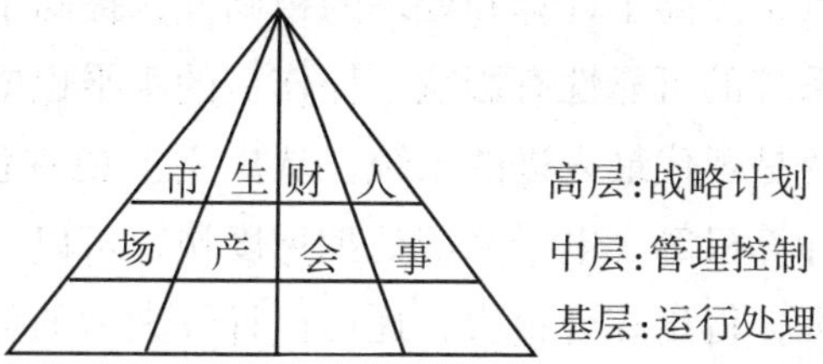

图 10－3

从这种概念出发可以把管理信息系统划分成各种子系统，如生产管理子系统，人事管理子系统。这些子系统可以按照不同的构成原则综合形成整体系统。

（二）基于计算机专家观点的管理信息系统结构

从计算机专家的角度出发，他把管理信息系统看成是一堆硬件和软件的组合。硬件包括主机、存贮设备、输入输出设备和通讯设备等。软件则包括用于管理计算机本身的操作系统软件、用于管理数据的数据管理系统软件，还有用于辅助决策的模型计算软件，以及其它的如通讯和图形软件等。见图 10－4。

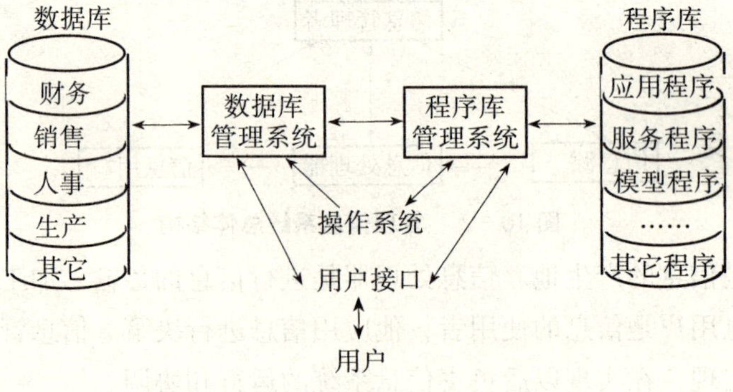

图 10-4　管理信息系统概貌图

按照所用的物理元件不同又可把管理信息系统分为三种类型：手工操作系统、机械操作系统和电子系统。

手工操作系统的技术最简单，全部操作由手工进行，它的信息存贮是用文件柜、卡片箱和笔记本。这种系统的特点是成本低，更换程序容易。缺点是不正规不严谨，很容易漏失信息，信息查询比较困难。

机械操作系统使用一些机械代替手工系统的手工作业，如用打字机、收款机、开支票机和自动记账机等。这些机械的主要功能是帮助运算和显示输出。这种系统的优点是提高了计算和处理的精确性，提高了处理的效率。其缺点是机械的可靠性对系统的可靠性有影响，操作员的水平也要求较高。

电子系统是现代最先进的系统，从广义上说它包括使用电传、电话、传真、电视和电子计算机等。电子系统处理速度快，可以存贮大量信息并可以方便地按各种要求查询，得出综合报告，还可以计算大型的数学模型，完成人无法完成的工作。电子系统一般来说是以计算机为核心，因此人们又往往称作电子计算机基础的信息系统。

三、企业管理信息系统的作用

（一）企业管理信息系统的作用

企业管理信息系统的作用，简单地说，它是管理信息发生源与使用者之间的媒介，它能提供信息，以支持一个组织机构的运行、管理和决策功能。管理信息系统具有以下主要功能：

1. 尽可能及时全面地提供信息，以支持达到系统目标的决策。

2. 能利用数学模型加工数据，可以根据过去的数据预测未来，或者根据过去、现在的数据选择最优决策。

3. 能根据不同管理层次的特点，完成不同要求的功能，从而达到各层次的沟通，完成控制和反馈作用。

4. 能有效地利用管理信息系统的人和设备，使信息成本最低。

（二）管理信息系统提供信息的方式

管理信息系统向管理人员提供信息的方式大致可分为三种：第一是提供报表，第二是回答查询，第三是提供模拟结果。

提供报表的方式是人们最熟悉的。企业中实际只有三类报表：

(1) 定期报表。例如日报、月报或年报等。这类报表由有关的信息系统定期地向管理人员提供，其内容和格式都是由预定接受报表的部门预先规定的，主要是为了对企业的日常作业情况和环境中发生的事件和它们的发展趋势进行扫描跟踪，使管理人员获得进行决策的背景信息。

(2) 例外报表。它是在企业内部作业或外部环境出现了异常情况（即例外情况）后由有关的信息系统按照规定的程序自动产生的，其目的在于及时提醒有关的管理人员注意可能发生的问题或机会。所谓异常情况的例子诸如：企业销售量出现了意外的增长或下降，产品质量指标出现了超过正常范围的变动，工人出勤率出现了反常的波动等。

(3) 按需要提供的报表。这是仅当管理人员提出特别要求时才提供的报表，其内容和格式也可以是事先规定。例如，当企业为完成一项临时追加的生产任务而突击加班生产，这时生产管理人员可能需要每天提供一份特别的加班进度完成报告。又如当企业正在采取某种促销手段推销一种新产品，这时市场经营管理人员可能需要每天提供一份特别的销售情况报告。这些都是按需要提供的报表的例子。

查询答复是一种很受欢迎的提供信息方式。管理人员可以在很大范围内“自由地”通过计算机终端向有关的信息系统提出问题并立即可在屏幕上得到回答，需要时还可将这种回答打印出来。任何企业的管理信息系统中都应当有一个数据库，并有一个专门对数据库进行管理的数据库管理系统软件，在这个基础上它的每一个子系统都可以设计成具有回答查询的功能，回答的内容可以从一个单独的数据项直到一篇完整的报告。在查询功能的支持下，管理人员可以通过计算机终端的屏幕观察到企业的一切业务活动情况。

模拟是一种在一定的决策问题中提供信息，帮助管理人员寻找各种可行方案并对它们进行评价的有效方法。这种方法的本质是建立能够代表决策问题实质的某种数学模型，并将它编制成计算机程序，然后通过在计算机上对该模型的运行来给出需要的决策信息。由于实际的决策问题不同，不同的模型可以是确定型的或是概率型的；可以是静态的或是动态的；可以是最优化的或是非最优化的。

模拟方法可以用来有效地帮助进行结构化决策和一些半结构化决策。但是，为了建立正确的模型需要了解管理问题的本质，有时还需要数学的抽象能力和计算机编程的能力。因此需要受过专门训练的系统分析人员的帮助。不但如此，由于企业是一个复杂的开放系统，它不能控制环境甚至不能完全了解其环境，再加上企业中许多与人有关的因素无法定量化，因此，在许多时候对于企业中许多管理问题建立合理的数学模型是十分困难的。

四、企业管理信息系统的职能

一般说来，企业管理信息系统具有四个基本职能：

（一）确定信息需要

管理信息系统在确定信息需要时，要回答下列问题：整个管理系统需要多少信息？需要什么形态和内容的信息？什么时候需要？为哪个管理层次提供这些信息？通过什么渠道来传递这些信息等等。事实上，管理信息系统是从调查信息输出入手的。在确定信息需要时，还要弄清楚企业不同管理层次的管理业务所需信息的具体要求。如果管理信息系统提供不适用的信息，或提供的不必要信息过多，反而不利于管理工作。

（二）收集与加工信息

管理信息系统进行信息的收集与加工，目的是为了改善信息的质量，以便更好地提供和存贮信息，这是管理信息系统的重要职能。收集与加工信息的工作主要有以下六个方面：

1. 收集。这是直接从信息发生源收集信息，或接收系统外传递来的信息。

2. 检核。确定某一特定信息的置信度如何，同时也包括确定信息来源的可靠性，数据的准确性等。

3. 加工。按照一定要求和方法进行加工整理，使之浓缩和有序化，既便于传递和存贮，又便于使用者使用。

4. 编制索引。为信息的存贮，检索和使用提供科学的基础。

5. 传递。把经过加工的信息适时地传递出去，提供给需要信息的使用者。

6. 存贮。把信息存贮到信息资料库或数据库中，以便再次使用这些信息。

（三）提供信息

企业各项管理工作如何使用信息，在很大程度上取决于信息的质量、提供方式和形式，以及信息的时效性等。而这一切都与开始阶段确定信息的基本需要有关。管理信息系统提供信息有如下几个环节：

1. 分析。就是对使用者提出的要求进行分析，以便确定提供什么样的信息和如何按要求对信息进行再加工。

2. 检索。依据分析的意见，从数据库找出所需要的有关信息资料。

3. 再加工。即对检索出来的信息资料，按使用者的特定要求进行再加工。

4. 输出。把再加工的结果按要求变成使用者能够理解的形式，提供给使用者。

（四）信息的系统管理

这项工作是指：

1. 设计。即依据企业生产经营发展和管理系统的要求及目标来设计、计划整个管理信息系统的工作。

2. 运行。这是指组织、领导信息收集与提供工作，包括内部的工作制度、工作秩序的确定、实施，各个环节之间的协调等。

3. 评价。就是对所提供信息的使用效果，所收集加工的信息使用状况进行评价，以便进一步改进工作。

管理信息系统职能关系如图 10－5 所示。

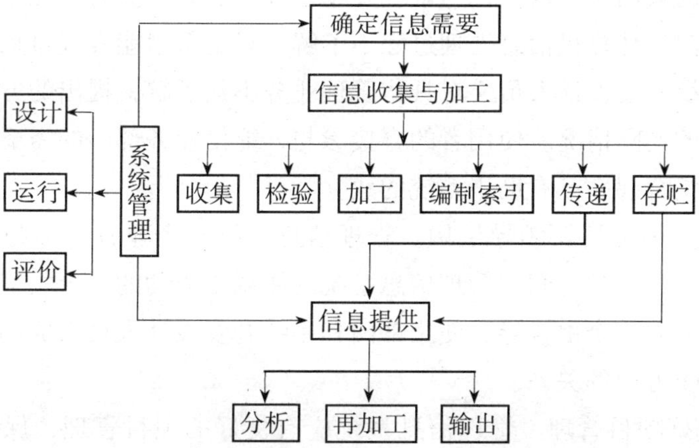

图 10－5　管理信息系统职能关系图

第三节　企业管理信息系统的开发

一、建立企业管理信息系统的基本条件

为了适应我国社会主义现代化建设的需要，迅速提高企业管理水平，在少数有引进项目的企业和设备比较现代化的大中型骨干企业，已逐步建立起电子计算机管理信息系统，用于对生产过程的控制和其他管理领域。但是，从我国整个情况来看，大多数企业管理信息系统尚未建立起来，有的虽已建立，但都很不完善。因此，在我国要普遍建立管理信息系统是一项复杂的工作，需要从组织上、资金上、人力上予以充分的考虑。

从多数国家的情况来看，要想成功地建立企业管理信息系统，需要具备若干基本条件：

1. 领导者的决心。这里是指主管部门和领导者对管理信息系统的认识程度，提供支持和给予资金保证的程度，所花的时间和精力，愿意承担责任的程度等。只有领导重视，出面协调、解决各部门之间关系，特别当管理信息系统出现修改或方案变动时，领导给予坚决支持是管理信息系统开发成败的关键。主管部门与领导者的决心越大，成功的可能性就越大。

2. 使用者的参与。要建立管理信息系统，使用者必须了解这种信息系统对其本身业务的效用及其性质，与系统开发设计人员共同努力。在实际工作中，各管理职能部门对计算机信息处理过程不了解，只是希望能实现自动化处理。而技术部门、系统开发设计人员又对具体管理业务不甚了解，提出的方案往往容易脱离业务部门的实际情况。使用者的直接参与，能使业务部门的需要与系统的开发设计很好地结合起来，有助于系统的建立。

3. 应成立一个协调领导机构。管理信息系统与企业各个部门，各个环节都有密切关系，各部门之间与管理信息系统的协调是成功的一个关键。因而，可行的办法就是成立一个由领导、使用部门和系统开发设计人员组成的协调小组，以便处理好各个方面的关系。

4. 要搞好项目管理。管理信息系统应有良好的项目管理，保证系统合乎规定并按期、按预算来完成。项目管理好可以使管理人员处于主动地位，事先就预计到可能发生的问题，在事件未发生之前就加以调整，使系统开发过程始终处于

控制范围内。

目前，我国建立管理信息系统只能循序渐进，由低到高地开展，切不可操之过急。在现阶段，首先要抓好如下工作：

1. 要把人工操作的管理信息系统建立起来，并不断完善。认真搞好企业管理的各项基础工作，建立和健全一套科学的管理制度和方法，提高信息工作的质量和水平。这是建立计算机管理信息系统的基础和前提。

2. 要大力开展关于信息和管理信息系统的普及教育，同时要抓紧软件人才的培训。要建立管理信息系统，必须培养一批系统分析人员、程序设计人员、计算机的操作和维护人员。没有一批软件人才，现代化管理信息系统是无法建立的。

3. 针对不同企业的实际情况，根据客观需要，认真搞好试点工作，先在条件成熟的子系统取得经验后再逐步推广。

应该看到，计算机并不神秘。随着科学技术的发展，计算机的应用将日益深入到社会经济生活的各个领域，在我国全面建立计算机管理信息系统已势在必行。

二、企业管理信息系统的开发过程

企业管理信息系统的开发过程划分为四个阶段：系统分析、系统总体设计、系统详细设计和系统实施。

（一）系统分析

一般来说，一个新系统的开发总是建立在现行系统的基础之上的。因此，为了要开发新系统，就首先要了解现行系统，弄清楚现行系统的情况，找出存在的问题，提出解决方案。这些就是系统分析阶段所要做的工作。

系统分析的具体步骤如下：

1. 初步调查。初步调查是相对详细调查而言的，其目的是，通过调查做到从整体上掌握现行系统的情况，以便对系统是否具备开发条件作出判断。初步调查的内容有：系统的目标、系统的边界、拥有的资源及与系统开发有关的背景材料。

2. 可行性分析。通过对现行系统的初步调查，可以大体上掌握系统开发的背景。可行性分析的主要任务是对系统是否具备开发条件作出判断，通常可以从以下四个方面进行分析：

(1) 系统规定的目标和边界是否合理;

(2) 组织机构及操作上的可行性;

(3) 经济上的可行性;

(4) 技术上的可行性。

可行性分析结果要整理形成可行性分析报告,提交审核。

3. 详细调查。经过可行性分析之后,如果分析结果认为不可行,那么下面的工作就没有必要继续;或者待条件具备后再继续;或者修改原来规定的目标;或者取消该开发项目。如果分析结果认为可行,那么就可以正式开始系统的开发工作。这时,首先就需要对现行系统进行详细调查。

详细调查要深入到企业内部,一个部门一个部门地调查,彻底地掌握清楚现行系统的运转情况,为各方面进行系统的功能分析提供第一手资料。调查的重点应围绕对人、物、财、设备等企业资源的管理过程中所涉及的各种信息以及这些信息的流动情况。

4. 功能分析。详细调查收集到的资料十分繁杂,必须要加以去粗取精,化繁为简,以便从系统应该实现的功能上把握住整个系统的分析整理过程,这称为系统的功能分析。若说得更具体一些,所谓功能分析,就是从功能的观点来分析系统,将系统按功能划分为若干个功能子系统或功能模块,并且弄清楚功能子系统内部及子系统之间的信息联系等一系列过程。

系统的功能分析是系统设计的十分关键的一步。掌握住系统的功能分析非常重要,为下面进行新系统的设计创造了条件。

5. 逻辑模型设计。经过对现行系统的详细调查以及进行了系统的功能分析之后,不但掌握住了现行系统的功能,而且可以进一步分析清楚其中存在的问题,即对实现系统所定的目标不相适应的环节,在这个基础上进行新系统逻辑模型的设计。新系统逻辑模型从逻辑结构上反映了新系统的设计构想,包括:系统的功能子系统,每个功能模块所含的业务处理及各种信息、人机接口等。

上述研究结果需要编写成系统分析报告,提交主管部门及有关各方审核。

(二) 系统总体设计

系统分析只是解决了“干什么”的问题,其全面反映就是系统分析报告。要使系统说明书所表达的设计构想成为现实,就必须将其中规定的内容逐步具体化,即要解决“怎么干”的问题,进行系统设计。设计工作一般分成两个阶段:第一阶段进行系统的总体设计;第二阶段进行系统的物理设计或详细设计。

因此，在进行系统总体设计时不应将注意力放在具体的物理细节上，而应当主要注意系统的结构以及业务处理的流程。只有首先保证系统在总体上是正确的，才能保证整个设计工作的正确方向。

系统总体设计要做的主要工作如下：

1. 代码设计。

2. 输入输出设计。

3. 数据存贮设计。

4. 计算机处理模块的划分及设计。

5. 系统结构设计。

6. 系统引进计划的制定。

（三）系统详细设计

系统详细设计是在总体设计的基础上进一步进行各个组成部分物理细节设计。这一阶段所产生的成果相当于系统实施阶段的施工图。

系统详细设计阶段要做的主要工作如下：

1. 代码详细设计。

2. 批处理输入输出详细设计。

3. 联机处理输入输出详细设计。

4. 数据存贮详细设计。

5. 程序设计（系统程序和用户程序设计）。

（四）系统实施

系统实施阶段的任务就是将系统设计转变成可以工作的实际系统。主要步骤如下：

1. 设备安装、调试。根据系统设计所确定的系统结构，进行机房的设计施工和计算机及外部设备的安装调试。

2. 程序编码。根据用户程序设计所产生的程序规格书写程序处理流程设计、编码、调试等工作。

3. 系统测试。将调试完毕的各个程序联成系统进行系统测试。系统测试通常分成两部：第一步是以子系统为单位进行测试，第二步是将各子系统联成系统，进行系统的总体测试。

4. 系统转换。指按预定计划将新系统代替旧系统的一系列转换工作。

系统转换方式通常有以下两种：

（1）平行转换。即新、旧两个系统平行工作一段时间，两者对照，利用旧系统测试新系统，证明新系统确能可靠运行后再正式使用新系统。

（2）逐步转换。即一个单元一个单元地用新系统替换旧系统。

5. 用户培训。用户培训是系统实施过程中不可忽视的一环。因为系统归根到底是要交给用户使用的。

上述系统实施的步骤并不是实际的实施次序。事实上，有些步骤是可以同时进行的。